U0926180

医者仁心

中国医学界院士口述访谈

周勍 张兴杰 舒阳 顾因明 | 访谈

吴阶平 吴英恺 巴德年 等口述

中国大百科全书出版社

图书在版编目（CIP）数据

医者仁心：中国医学界院士口述访谈/吴阶平等口述．—北京：中国大百科全书出版社，2020.4

ISBN 978-7-5202-0704-1

Ⅰ.①医… Ⅱ.①吴… Ⅲ.①医学家—生平事迹—中国—现代 Ⅳ.①K826.2

中国版本图书馆 CIP 数据核字（2020）第 033274 号

策 划 人 曾 辉
责任编辑 曾 辉
封面设计 今亮后声
版式设计 博越创想
责任印制 常晓迪
出版发行 中国大百科全书出版社
地　　址 北京市阜成门北大街 17 号　　**邮政编码** 100037
电　　话 010-88390969
网　　址 http://www.ecph.com.cn
印　　刷 北京君升印刷有限公司
开　　本 710 毫米 ×1000 毫米　1/16
印　　张 26.5
字　　数 328 千字
印　　次 2020 年 4 月第 1 版　2020 年 4 月第 1 次印刷
书　　号 ISBN 978-7-5202-0704-1
定　　价 68.00 元

序

时光如同滤纸，滤掉的大多是那些看似习以为常的平常。这就如同我们得病时需要吃药，而往往鲜少知道这个药是何人发明的；而那些救活人性命的神奇的手术，又是由何人首创？随着屠呦呦获得诺贝尔生理学或医学奖，中国的中医药走向世界的现状，以及院士遴选制度，一时间都成了社会的焦点。

其实，我们整个社会几十年来严重地忽视了医学界的中国科学院、中国工程院院士，这一批真正可以用“爱国”与“卓越”来形容的老知识分子，他们的命运走向和所取得的丰硕成果长期被忽视，这对中国乃至世界都是莫大的损失——假使我们有一个适合科学家发展的环境和向世界推介、宣传我国科学家成果的机制，中国大陆绝不会拖到21世纪才获得了一个诺贝尔生理学或医学奖！

这是我负责的团队历经两年有余，对这些可敬的“两院”院士做口述历史的过程中最直接的感受，甚或是一直憋闷在心底里的愤懑与嘶喊。

2002年，中国医学界健在的“两院”院士共有40余位，我们先后接触、访问了37位，他们当时的年龄从60到90多岁不等，在整个访问过程中，我发现他们最大的共性有二：

其一，他们一致爱国。像首批中国科学院院士、中国胸部及心血管外科奠基人吴英恺，作为美国一家大医院的首位华裔外科主任，当全面抗战开始，他抛弃“高官厚禄”毅然回国——冒险坐上装满弹药的船先到好望角，穿过纳粹深藏在大海里的潜艇防线，然后再一路跋涉到印度，乘坐军用机飞越“死亡航线”驼峰线到重庆。临行前，美国的院长竭力挽留：“你留下了就可以接我的班了，再说中美都是盟国。”吴英恺说：“中国的抗日战争更残酷，那里是我的国家。”

在访谈时，老人绝少谈在重庆给蒋介石、宋子文这些显要人物治病，谈的多是如何医治伤兵和平民。都到了92岁高龄了，吴院士仍坚持每周两次到医院看普通门诊。须知，吴院士在世界范围内，有30多种手术的首例都是由他实施的，他是一位“让院士们崇拜的院士”。

第二批像周同惠、王世真、薛社普、梁植权、吴阶平等院士，他们都是20多岁在美国取得了博士学位并从事着待遇优渥的研究工作。1949年，他们集体向美国总统艾森豪威尔写信强烈要求回国。由于他们中不少人是从事核医学等前沿学科研究，一直拖到20世纪50年代才由周恩来斡旋，用朝鲜战争的美军战俘交换回到了国内。

第三批像吴旻、刘耕陶、巴德年、于德泉、朱晓东等院士，都是20世纪50年代后或是出国留学或是长时间在国外从事研究工作。

其二，他们这个群体的共同点是“鲑鱼返乡”式的决绝归国。鲑鱼嗅觉灵敏，能从800万升的海水中分辨出自家乡水的味道，一旦嗅到家乡水的味道，即刻就逆流而上数千里洄游返乡。那种壮行是真正的赴死舍生——成功返乡的鲑鱼的比例只有千分之四，其目的就是回到祖先聚居的那片砾石滩孕育繁衍。而这些决绝归国的科学家们，心心念念的无外是：报效国家，服务同胞！

我有幸亲近院士这个伟大的群体，并按照国际口述史协会的访谈规则完成了部分院士的口述历史。我们开展这项工作的目的是：为科学家立传，为科学研究立言，为倡导科学精神立德。

关中民谚有云：日子好过，遇合难。就是说再好的事情，碰不上合适的协作伙伴都是枉然。从这项工作的开始至今，我算是有幸之人：开始筹划这个项目时，就巧遇了时任华银投资控股有限公司的负责人刘刚和李德福，是他们这间民营公司慷慨地为访谈工作提供了经费支持，才使得我们这个工作小组在国内第一次用口述史的方法完成这一颇具规模的访谈工程，首先感谢他们。其次要感恩我们这个团队，他们在这个过程中经历的种种境遇非亲历者实难感知。顾因明这位亲如家人的老大哥，用他的学识与睿智亲力亲为，完成了看似不可能完成的访谈；像“睡在下铺的兄弟”一般的张兴杰，一边要访谈，一边还要掌机拍摄所有的访谈对象；而无论平素工作多苦多累，总是一脸笑眯眯的艺术家舒阳老弟，我至今记得他背着一个大包匆匆奔忙的身影。特别要感谢的是负责沟通、联络院士们的张俊敏博士，她的负责认真令我动容——访谈开始时她刚身怀六甲，而现在书要出版了，她的宝贝女儿也要上高中了。她留给我的记忆则是：平日里拖着日渐沉重的身子，上车下车、风来雨往……

这本书能顺利面世，更要感谢老友郭银星博士和她的同事曾辉以及中国大百科全书出版社，正是大家拾柴，方为这个多舛的“新生儿”煨起一堆温馨的篝火。

是为序。

周勍于柏林斯潘道榆树街

2019年4月8日

目录

下篇　中国医学界院士访谈实录

上篇

中国医学界院士口述

程书钧（1939— ）

1939年12月2日出生于江西省玉山县，肿瘤病因学家。1962年本科毕业于北京医学院（今北京大学医学部），1965年6月于中国协和医科大学（今北京协和医学院）病理系实验肿瘤专业研究生毕业。1970年1月—1973年3月在甘肃临夏第二人民医院做临床外科医生，后在兰州的医药研究所工作近半年。1973年10月从甘肃调回到了中国医学科学院肿瘤研究所。1978年9月—1981年2月赴法国国家肿瘤研究所进修遗传毒理学。1986年9月—1987年7月美国俄亥俄医学院做访问学者。1990年3月破格晋升为研究员，同年被卫生部授予“全国卫生系统优秀留学回国人员”称号。

1992年和1996年分别在荷兰国家肿瘤研究所及美国MD安德森肿瘤中心做访问学者。曾任中国医学科学院肿瘤研究所副所长、肿瘤医院副院长(1992—2001)，中国环境诱变剂学会理事长（2003—2012），中国抗癌协会副理事长（2004—2012），国家重点基础研究发展规划“973”肿瘤项目首席科学家（1999—2009），北京市重大肿瘤专项首席科学家（2005—2010），卫生部肿瘤行业专项首席专家（2009—2013）。1999年当选中国工程院院士。

程书钧从事肿瘤病因研究30多年，对我国致癌物检测和遗传毒理学的研究做出了重要贡献。他发明了绿茶儿茶素治疗尖锐湿疣，此项原创发明成果已获国际专利，2006年经美国食品药品管理局（FDA）批准上市。这是美国50多年来首次批准的一个复杂成分的植物药作为处方药上市销售。2009年获何梁何利科学与技术进步奖。

程书钧院士

做一个永远学习的人

我第一次体会到生活是非常美好的

我老家是浙江临安。我母亲怀着我的时候，日本人正轰炸浙赣线。我父亲是一个很普通的铁路工人，那时候他们顺着浙赣线南迁，走到江西玉山县的时候我就出生了。我的父亲母亲因为当时生活非常困难，就把我托养给附近一做豆腐的人家，我小时候就在那里长大。我生父姓童，我现在跟随我养父姓。17岁以前我都生活在养父家里，直到上大学。上大学以后通过联系，我才弄清楚我还有亲生父母。大学第四年结束后，我才第一次回到自己的亲生父母家。这两个家对我都挺好。

我上高一的时候，就到了江西上饶地区。当时我养父母家里的生活也是非常困难，我高中三年的全部生活抚养费是我舅舅给的。我的舅舅对我的影响比较好，他是个工程师，负责修理机器。他是文盲，写不了几个字，但是他的技术很好。他很聪明，完全靠一些实践经验，肯动脑子。我在业余时间经常帮他绘图。

程书钧在江西省上饶上高中时的照片

我从上饶高中毕业以后，直接考到了北京医学院。我本来是想学工的，我们当地医生检查说我血压很高，不能学工，因为学工很累。而当时我什么也不懂，就选择了学医，后来才知道学医比学工还累。

1957年我去上大学的时候很苦。记得当时我用一个扁担挑着两件行李，从江西的横峰县出发，分三段路，全部坐慢车，用了三四天才到北京。因为我家里没钱，我舅舅送给我了几十块钱。

到北京下车的第一印象非常深刻，看到了前门火车站，之后第一次看见电车。北京医学院接待处也非常气派。我上大学的时候，第一次体会到生活是非常美好的。突然从农村那样的环境到了北京，我觉得非常满足了。中午有时候吃两个鸡蛋、一盘青菜或者是两根香肠。1958年“大跃进”开始以后，就困难了。我在学校献过两次血，印象很深刻，因为献完血的第二天可以得到一张票，凭票到食堂拿一碗红烧肉。1961年时，吃一碗红烧肉了不得。我觉得一个人从艰苦环境到比较好的环境是能很快适应的，所以现在遇到一些困难，我也觉得没什么关系，吃点苦头没有坏处。“吃得苦中苦，才知甜中甜”，这句话绝对有道理。三年自然灾害时期，我们并没有因为国家暂时的经济困难，而影响自己的学业。

研究生毕业后留在中国医学科学院

当首都机干民兵和拔麦子是我在学校里印象很深的两件事。1958年和1959年这两年的9月中旬到10月1号，学校停课差不多半个月。首都机干民兵师每天都在我们北医大操场走过去走过来，晚上到天安门排练到七八点甚至十点，第二天早上天亮回去睡觉。我们连续两年当了首都机干民兵。我们同班有几个高干子弟，所以首都机干民兵师检阅时，我们站第一排，穿着大皮鞋，挺神气的。另外，每年的6月学校也会停课，学生下乡帮农民拔麦子，我感觉这是所有劳动中强度最大的。女同学就跪在地上拔，而我们这些男同学一天下来也都累得够呛了，拔完麦子回来谁也动弹不了。每年都来这么一场，大概两三个星期。

修十三陵水库和大炼钢铁我们也都赶上了。修十三陵水库时，我们在那儿待了两三个星期。就住帐篷里，每天把石头子从这边挑到那边。吃大窝头、咸菜，有时候有个鸡蛋。吃饭管饱，吃完饭就干活，中间休息一小时，那也是累得一塌糊涂。冬天我们拿砸碎的破锅烂铁去密云大炼钢铁，做小高炉。我当时是非常兴奋地跟着一起去做。我们几乎整个冬天都在密云，也不上课。记得大概是12月份，在密云古北口那个地方的地下挖了一个洞。在路上筑成土高炉，家里的锅呀、铁呀都拿去炼，我也没看见炼出什么像样的东西，反正就是糟蹋了。但是对那时的我们来说，倒也不能说没一点锻炼，就是苦一点吧。当时谁也不敢不去，也并没有想这个可能不对，可能没有什么效果，只觉得是个运动。当时不敢去想偏异的情况，人的思想被禁锢。反正就按照毛主席的指示去做，至少大多数人都是这样。

我上大学时申请了当时最高的助学金。每个月的助学金十二块五毛，我交给学校十块五毛，还有两块钱。花几毛钱买点肥皂呀、墨水呀、笔记本呀，还要看一两次电影，每次五分钱。这样的生活一直持续了四年。因为没钱买火车票，在学校连续待了四年。实际上无论是上小学、上中学还是上大学，我在我们同学里面都算穷学生。我记得1962年我们班有的学生就有收音机了，那时候有收音机是很了不得的事情。

当时学校教俄语，我利用这四年时间自学了英语。1962年我考上了协和医学院的研究生（必须考英语），到1965年我一直在那里学习。那时候叫中国医学科学院实验医学研究所，我在病理系。我的研究生导师叫李铭新。研究生有很多研究工作且具有相对的独立性。因为我当时的工作量很大，有时候半夜两三点钟起来干活，经常要开夜车。我觉得研究生时的训练，对理顺思路、分析问题、总结问题、培养独立工作的能力都非常重要。

“文化大革命”前我正式通过答辩毕业，之后就留在了中国医学科学院。1966—1968年这三年，就是开会、写大字报、看大字报，工作基本停顿。我们早上八点到八点半就拿着毛主席语录小红本，到现在的中国医学科学院前面的广场跳舞。跳完以后，再回到我们九楼开会，晚上也开会。研究生毕业之初，我们的书记，他曾在苏联留学，说毕业证书是修正主义，把它撕掉，我也就跟着一起把我的研究生毕业证书撕掉了。还好没有撕碎，就是一分为二并上交了。后来不知道是谁把这个保留下来了，还把那撕开的两页粘上了。所以现在我的研究生毕业证书，是撕开的两页粘在一起的。

在甘肃的生活

当时要把医疗重点放到农村去，为了响应党的号召，1971年春节过完以后，我跟我夫人把未满一周岁的女儿送到江西老家，就到甘肃省临夏第二人民医院分别做了三年临床外科和妇产科医生。那时候条件极其艰苦，我们住在一个庙里，买了两个桶，在山下挑水，这两个桶前不久才扔掉。现在家里我睡的床，也是当时从北京搬到西北时买的，四十几块钱的双人床。每天晚上耗子在顶棚上面来回跑，脚下是土地，一扫地就冒土。房子是石头砌的，有洞，外面刮风，里面就呼呼呼地响。从1970年1月到1973年3月调回兰州，我们一直住在那里。

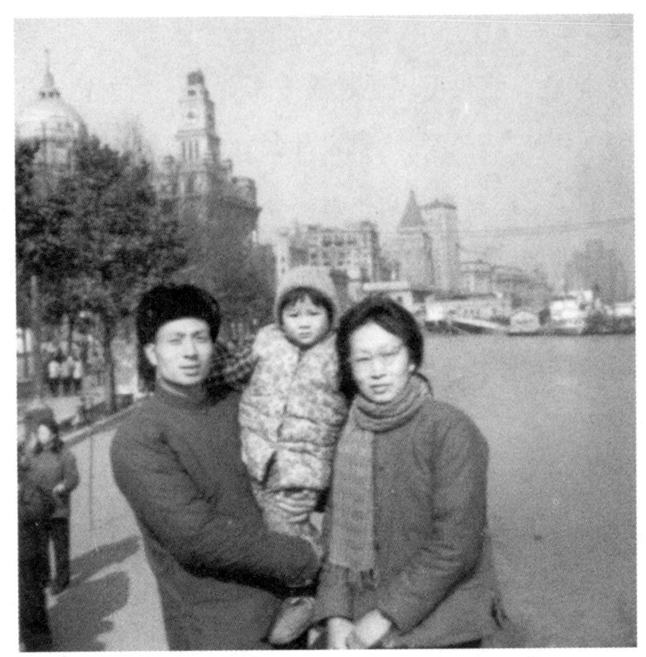

1972 年，程书钧和夫人把大女儿从江西接到甘肃，
途经上海时在外滩留影

在兰州的医药研究所待了不到半年，我们又被调回北京。当时我做的几个手术都不错，甘肃的报纸也登了。我曾经抢救过一个胃出血的病人，他的血色素可能不到4克。在当时的情况下，以我的水平救治他，是很困难的。那是个山区，在那个情况下，如果我不做，他也是要死，没有任何办法，所以当时咬咬牙，我给他做了胃部部分切除手术，把胃跟十二指肠接起来，这个病人就活了。术后过了半年多，他还骑着驴请我到他家吃一种叫锅盔的甘肃大饼。那是个回民地区，尽管生活很苦，但是群众对我们非常好。我还抢救过一个消化道出血的病人，也是血色素很低。因为我临床经验很少，而且本来也不是搞外科的，我就以为他是胃出血，按照老样子打开，可是没找到出血点。后来发现是胆囊炎穿孔出血了。而不做手术，这个病人也要死，结果把胆囊切除后，也救

活了。救活了这两个病人，印象非常深刻。我当时的水平，现在来看是很低的，但是我非常刻苦。我在兰州医学院外科学了不到半年，回到农村，把这两个手术做下来了。所以我想人要是在很艰苦的情况下，有些事逼得也能干成。

第一次穿着中山装到了法国

1973年10月，我们全家从甘肃回到北京，回到了现在的中国医学科学院肿瘤研究所。我回来以后，有一段时间到了林县食管癌高发现场。当时医院选派我于1978年去法国进修，所以我在1976年底到语言学院学了一年多法语。

我对当时去巴黎的印象很深刻。我觉得巴黎这个城市非常好，很自然，也很安全。去的时候国家给我400块钱，我做了两套西服，一套衣服不到一百块钱。这两套西服直到前几个月才处理掉。花30块钱买了一个箱子，还做了一套中山装。我从上飞机到巴黎，一直穿着中山装。那时候很简朴。坐飞机第一站先到卡拉奇。因为下了飞机以后不知道怎么走，所以我老盯着人家，跟着人家走。这是我第一次出国，很胆小，跟着人家就到了巴黎。那时候大使馆的官员来接我，他问我怎么穿着中山装就来了，哪有人出来穿这个的。我第一次穿着中山装就到了法国。

当时我在法国的国家肿瘤研究所，工作条件很好。我回国后开展的检查环境致癌物，就是在那里学的。当时给我的经费是每月2500法郎，我一个月花不到400法郎。大使馆规定，按超级市场买东西给的小票来报销，花300法郎就给300法郎，除此以外再给25法郎零用钱。我的那些小票加在一起也不到300法郎，再加上25法郎，所以一个月大使馆给我的也就300多法郎。我把剩下的2100法郎上交给大使馆，两年多余下来大约5万法郎。

在巴黎的时候，外国朋友要请我们吃饭，我们不能马上答应，先要跟大使馆请示。大使馆说行才行，但好在大使馆从来没说过不行。我们要是上人家家里吃饭也是很困难的，因为买不起礼品。当时25法郎能干什么？理发都不行。我们都带着理发的工具，大家互相剪。买酒也买不起，25法郎怎么买得起香槟酒？香槟酒七八十块。所以我们到人家家里吃饭，送不起礼物怎么办呢？那时候每年到了年末都有年画，就是日历。一本日历里面有12张画，我把每一张画都裁下来。每次到人家家去就用一两张的日历作为礼物。有的年画里有日历月份，我就裁一下，就那样去人家家里吃一顿饭。我有一本日历可以上人家家去12次。我去过好几十次人家家，都是凭着一本本的日历。

有一次巴黎一个手表商做广告，他说去得早的人（前12名）可以随便拿一块表。我当时非常想拿，又不敢拿，因为想着中国人怎么能随便拿人家东西。按现在的话，愿意拿就拿呗。很多超级市场处理扔掉的花，非常好看，但我们也从来都不敢捡。有时候垃圾里面也有好东西，但是我们绝不敢去捡，我们中国留学生怎么敢要人家的东西呢？虽然当时我们在生活上是最穷的，但觉得社会主义国家的思想觉悟应该很高，想要又不敢要，心里很矛盾。现在无所谓了，扔的沙发可以搬回去，人家搬家不要的也可以拿走。

我们去超级市场买酸奶，每个酸奶杯上面都有一张立体宣传画，我就把喝完的杯子攒起来，攒到一定时候，就托人带给我的孩子们，这就是我给他们唯一的玩具。有一次一个中国代表团到那儿去访问，我领着大家转，转半天也没买什么东西，没钱啊。我就送了他们喝完了洗干净的酸奶塑料杯。因为当时中国没有，而且这种杯子也不怕摔，所以他们就觉得这是好东西。

我觉得我的法国老师非常好，他有时候出差，就说现在实验室的事情由程来管（开玩笑）。他那么大一个实验室，有几十个人，尽管是开玩笑，但可以看出他对我非常信任，因为我工作非常努力，一个礼拜七天，一天到晚全泡在那里，没有休息时间。那个年代的中国留学生在国外工作得都非常好。我把在法国巴黎两年多的大部分经费上交了，回国后没有仪器开展工作怎么办？我就跟法国老师说，回去后没东西做实验。他就让我晚上加班做些工作，所以我在回来之前的3个月，就利用晚上加班。因为我有可以检查致癌物的技术，就帮医院检查，因此额外赚了一大笔钱。我用这一大笔钱买了实验室所需要的设备并整套带回来，使我回来时很容易开展工作。从我个人来讲，我觉得值，这也跟我法国老师的支持有关系。我是1981年春节前回国的，在巴黎待了两年五个月。

我从法国回来以后，就建立了一个研究组，叫遗传毒理研究组。这个研究组的主要任务是用一些快速的方法，来检测环境当中有什么东西能引起人的肿瘤发生。现代学科上将快速监测环境致癌物叫作遗传毒理学。我的研究组从1981年发展到今年（2001年），整整二十年。我从大学毕业以后就主要从事肿瘤研究。

1986年，我在广州主持一次国际会议时，认识了一个美国教授，他后来邀请我到他的实验室工作。1986年9月到1987年7月，我在美国俄亥俄州托利多的俄亥俄医学院病理系工作，主要是学习研究人的细胞培养与癌变机理，为现在的工作奠定了一个很好的基础。从美国回来以后，我在实验室建了一套无血清培养术，既可以培养人的多种上皮细胞，也可以培养人的肿瘤。我觉得美国是科技强国，它的科学技术还是不错的。许多美国科学家也非常好，我接触的这些人都不寻常，非常开通。从协作等方面看，比我们国内的科学家真不差。

我回国后就开始承担国家的“七五”“八五”“九五”肿瘤攻关课题，即关于建立快速检测环境致癌物的技术。我从1992年开始担任肿瘤研究所的副所长，一直当到今年（2001年）5月。

发现儿茶素是很有效的

茶本身是抗氧化剂，有很多作用，就像维生素一样，可以清除自由基，对射线和有些有毒的东西都有防护作用，确实是很好的健康饮料。

1992 年，程书钧在荷兰国家肿瘤研究所进行中荷肿瘤合作研究期间，参观荷兰郁金香花园时的留影

现在世界各国民众，包括美国人都越来越认同茶叶，我们这些研究也没白做。我相信茶叶对我们的健康有很大好处，所以鼓励国人多喝茶。中医也说茶叶可以延年益寿。我觉得茶叶对于一些老年病的治疗有很好的作用，但是茶叶能不能最终预防某些疾病，没有最后的结论，还需要经过实践去证明。

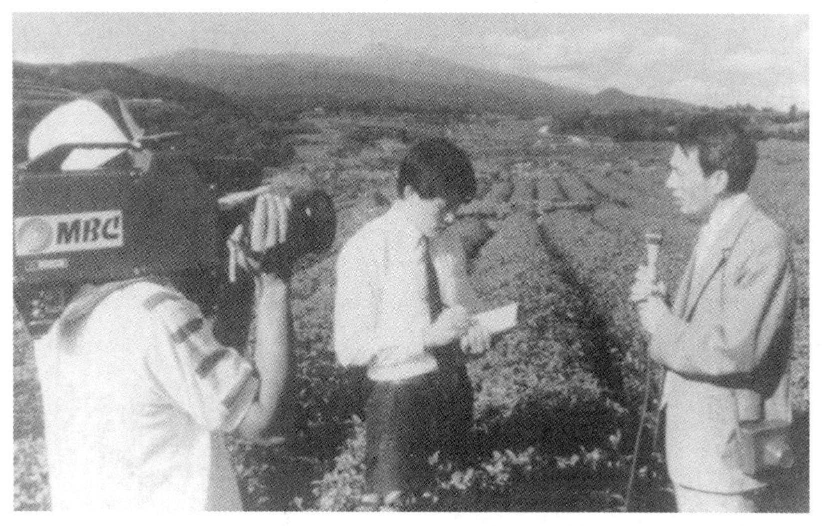

1989 年，程书钧应邀出席在韩国首尔召开的国际绿茶讨论会，
在济州乌茶园接受首尔电视台采访

1984年，一个美籍华人提取了很多不同的绿茶抗氧化剂，我帮他做分析。我们合作了很多年，我都还没见过他。我发现里面有一种抗氧化剂有很强的抑制作用，后来我大概研究了十年，发表了很多论文。这种抗氧化剂就是泡绿茶时，水里面那个苦的成分，叫儿茶素，可用于治疗尖锐湿疣。这是一种病毒感染，是在妇女中常见的一种病，后来我和别人合作做了一些临床研究。从我们的临床试验数据来看，儿茶素是很有效的。这个工作由日本人提供支持，他给我钱，给我药。这种药我们自己也能制作，但是得花钱。既然日本人提供一切，我就做，做不出来没

关系，做出来我们跟他共享。大概1997年我把资料给他，后来我们又申请了美国专利，其中的治疗尖锐湿疣的专利，被美国FDA批准，在美国做临床二期。

我有一次听专利局的人讲，说一项发明，发明者是没有权利的，专利的持有者才有权利。当时日本人说我是发明者，他是持有者，因为他掏钱，花了好几万美金。正因为我学了这点知识，所以我知道，我说不行，我既是发明者，也是持有者。日本人同意，但说持有者就得掏钱，这得好几万美金，我说我没钱。我们僵持了一段时间，后来日本人还是同意了。

1991 年，程书钧应邀出席日本茶与健康研讨会并作专题报告

上皮细胞无血清培养和癌前病变研究

上皮细胞无血清培养这个技术很重要，1986年，我们自己建立起来技术规程。现在我们可以培养人的上皮细胞。比如说肺气管表面那一

层细胞，它的下面是纤维跟软骨，而这一层细胞叫上皮细胞，而肺癌恰恰就是从上皮细胞长出来的。如果没有上皮细胞，怎么研究？皮肤也是从上皮细胞来的，人的恶性肿瘤80%是癌，癌是来自于上皮细胞。食管癌、胃癌、肝癌、肺癌、宫颈癌、鼻咽癌、口腔癌、大肠癌，全是从上皮细胞来的。没有上皮细胞很难研究肿瘤。这个技术恰恰是培养上皮细胞，所以是非常重要的工作。我们实验室这几年的发展，就得益于这项工作，我们培养了很多上皮细胞、永生化细胞。

现在，细胞培养研究极其重要。上皮细胞长出来很快就分化，培养时一般都得加血清。随着高新技术的发展，我们这个培养基根本不要血清，加了很多生长因子。这种培养基培养出来以后，我们才能培养人的上皮细胞，如支气管上皮细胞、食管上皮细胞、宫颈上皮细胞。这些细胞长起来就是未来发展成癌的原始细胞。我们国家在这方面做得不是很好。从1986开始，我们全部用自己制的无血清培养基，但原料是国外的。这项技术取得的实际效果很好，对我们研究肿瘤极其重要。因为我们有这项技术，才把中国人的气管上皮细胞培养起来了，所以我们手上有中国人的永生化的气管上皮细胞系。从1992年到现在，培养了十几年，能传好几百代。我们现有的这四株细胞系，对于我们研究肺癌极其重要。对我们现在研究基因、研究蛋白，也都是非常重要的。

这个仍然处在癌前病变阶段的永生化细胞，对我们研究癌前病变非常重要。癌前病变指那些有很高的概率发展成肿瘤的病变。那么癌前病变通过什么样的内在机制发展成肿瘤，什么样的机制不容易发展成肿瘤，现在人类对此的认识还非常模糊。人身上的癌前病变不好研究，谁也看不见，但我们可以在体外构建癌前病变模型，可以研究它基因上的改变。对于肺癌，我们要注重研究早期的改变。肿瘤研究的一个重要问题就是回答为什么有些人的癌前病变发展成肿瘤，而有些人的却不会发展成肿瘤，到底差别在什么地方。弄清楚了就能控制住，就可以不让它发展成肿瘤。最终人类肿瘤控制的根本目的就在于此。不是说肿瘤越来越多，用高科技手段来一个切一个，这不是人类的最终目的，不让它发生才是最重要的。我们的总体战略就是要把肿瘤的预防和治疗提前到它还没有发展成肿瘤的阶段，而不是已经发展成了肿瘤再怎么治疗的阶段。

2000 年 12 月，程书钧（右）在陕西某地的癌症高发村现场考察

实际上许多抽烟多的人都已经有了肺癌癌前病变。应该说现在我国肺癌研究的水平跟国际前沿非常接近。我们进行了许多新的探索。我从1986年开始研究肺癌，做了十几年，想把肺癌的科研一直做下去，决不改方向。我们国家有些科研组织，今天拿这个钱做这个，明天拿那个钱就做那个，课题变换频繁，科研方向多变。我们不是，我们做肺癌坚持十年、二十年、三十年，要全力以赴一直做下去，这样才可以出点东西。

我就坐老二、老三的位置

我从1999年担任“973”肿瘤项目首席科学家。从北到南，现在有十多所大学参与这个项目，应该说是集中了我们国家肿瘤基础研究最好的研究者的一支队伍。这个项目的杰出青年基金获得者有12个。我觉得既然有这么一支很好的队伍，我就应该尽我的全部力量来组织好，使我们国家肿瘤的基础研究能够得到发展。所以我现在不断地在想，怎样使我们的队伍结合得越来越紧密。基因组、蛋白质组、芯片、生物信息系统，都是21世纪人类所看重的，是医学科学研究的四大支柱。两年前我说过我们医科院要高度集中，建立一个不是属于哪一个研究所的，而是属于医科院的共有的技术平台中心，所以我想建立一个虚拟式的肿瘤研究中心。不是靠国家弄个编制、盖个大楼，而是说第一步至少要集中北京地区的优势力量进行功能性组合，把一些分散在各个单位的顶尖人才结合在一起，共同研究肿瘤医学最高精尖的内容。比如说我们依托国家的一些重要单位，建立一些高新技术平台，大家都到这儿来讨论关键问题。没一个单位敢说自己集合了所有顶尖的力量，所以发展一个功能性的联合体是有可能的。这样一个队伍要有很好的心态，大家在一起合作，不要有人去称老大。我们能够解决一个共同的问题，是代表中国。将来利益怎么分享，当然要有一个原则，但是不要还没做起来就过于考虑这个合作怎么分享。我不反对事先签协议，但是也不能过分强调这个，有时候过分强调就什么也搞不起来，老在盯着怎么分钱。还是应该先把事业做上去，在这个基础上考虑贡献以及将来的整体发展。我觉得我们大部分科学家会接受这个观点，因为这不是做买卖，寸步不让。现在想做些像样的东西，必须发挥整体优势，用人家的优势来弥补自己的

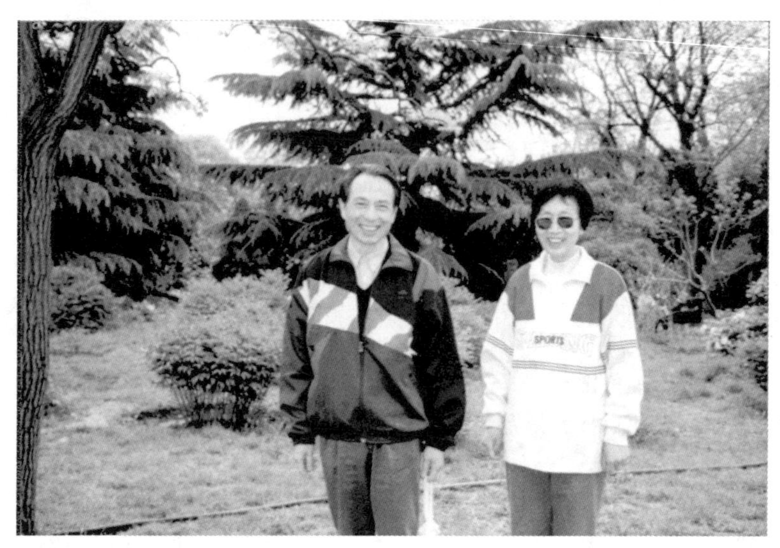

1999 年春，程书钧和夫人在香山公园

弱势，不要人人都想当老大。

我觉得学术上要永远学习。所以我跟我学生的关系是互教互学。我经常问我学生："为什么我觉得我很多东西不懂？"在某些方面，我没有我学生看的书多。每一个学生做一个方面，我没有这么多精力去做，很多地方肯定不如我的学生。所以我觉得，一个人不要把自己看得绝对。我在宏观组织方面有优势，但是我也有很多弱势。弱势怎么办？要在向人家学习的过程中来弥补，要多去学习人家的优点，把人家的优势拿过来。不要老觉得自己是权威。我觉得在学术上永远不要称老大，就坐老二、老三的位置，在这样的位置上向老大学习。我跟我的学生讲，一个人的思路是有限的。我现在为什么经常"充电"学习？因为我有很多学不完的东西。为了我的工作，我必须永远把自己摆在学习者的角色上。我现在老觉得没有时间，学不够。

我希望为国家踏实做点事情

我想到中国医学科学院时，脑子就非常清楚，知道自己现在处在什么位置；该干什么，不该干什么；不能端着老一辈创下的这块牌子，它并不代表我现在所处的位置。我觉得协和医学院的发展不能固定在一个模式上。不要指望一下子全盘都怎么样。什么东西都有先有后，我们可以先从某个局部、某件事情做起。有很多事情国家也在看，要看我们拿出的是否是最顶尖的东西。说协和整体水平高，这当然很好，但是现在人家要局部特别冒尖的，在国际上冒尖的。不可能说整体在国际上冒尖，干好一件冒尖的事情就很好了。到现在为止，咱们国家的核弹和航天事业在国际上能够叫得响。这两件事就是靠国家集中优势，统一调动和安排所有顶尖的人力、物力，这样一下子就搞上去了。但从整体看，中国的实力还是有待加强。

现在国内很多评选，什么什么领先，我并不很欣赏这个东西，我觉得炒作过多。有许多记者找过我，但是讲心里话，我一般是非常保守的。我觉得现在不是宣传报道的时候，因为我们的工作离国际水平还有差距。想说要到国际舞台上说去，不要只在中国的舞台讲。这么一个泱泱大国，在国际舞台上只有几个能叫得响的，太少了。那怎么办？就干活啊，不干活怎么能有一天到那儿去呢？所以我现在尽我微薄的力量，看能不能起些作用。我现在主要起些组织作用，就想在我当首席科学家任内铺平道路。在我任内这五年，我哪怕做不出很显著的成绩，也要为我下一任铺平道路，在下一个五年做出一些在国际上有重大影响的工作。我预计只要我们坚持不懈地努力，就会建成具有持续发展后劲的队伍。因为现在要想做成一件事情，绝不是一个研究组短期内就能做出来的，应该靠团队，就是靠大的集团——多学科的集团在一起完成一项到两项关键研究，这才能出来高水平的理论成果，而且将来也有应用前景。这就是我要做的最主要的工作。

另外就是能够帮助一批中青年上去。现在培养出来的青年人都要先出国。实际上，在我们这支队伍里，最活跃的就是中年人。因为在我现在这个项目里面，课题负责人的平均年龄为四十五六岁，他们都在国外留学了五六年以上。这支队伍非常好，非常活跃。把这支队伍的优势发挥出来，我觉得很有希望。现在我上面还有我的一批老师，还有很多七十多岁的人，我正好处在中间。我们上面这批老师很好，要多学习他们好的经验，尊重他们，把他们团结好；还要把下面这一拨人很好地扶上去，现在我需要做大量的工作。这样一支队伍，老中青结合在一起很不容易，但是我觉得经过这两年工作运转，应该是越来越顺手。严格来讲，我们现在还处在摸索阶段。一旦找到了关键问题，我会把能够调动的所有力量都集中起来。但是现在应该说我们还没找到，我认为这就是非常大的问题。大家要一起突破，突破这个关键问题，这会对我们国家的肿瘤防治起非常重要的作用。但是这需要给我们时间，踏踏实实去做。我现在看到了一点曙光，大家都非常支持。

还有我们的研究生、博士后的培养体制还有一些问题。研究生一块儿入学，如9月1日，在5月31日前必须答辩毕业，这是违反客观规律的。不可能几十个学生到了5月份全部答辩，到处都答辩。国外绝对没有这个现象。因为每个人情况不一样，必须在5月31日以前通过毕业答辩，这种体制不能适应现代要求。

博士后是科学研究最重要的主力军之一，但我们国家博士后的培养极不发达，为什么？培养的博士出国了。我们刚刚把学生培养起来，他们刚懂一些事，该发挥作用，却出国了。这也不能赖我们学生，因为现在整个趋势如此。他愿意干的事，才能干得好；他不愿意干的事，怎么强迫也是干不好的。我的某个学生办出国，我觉得这个学生确实很聪明，各方面很好，我也很愿意留下他。我可以利用权力不许他出国，可以卡他一年，但是这会弄得两败俱伤。类似这样的情况，我还是按照事情发展所需顺应的自然规律办。他不愿意办的事情，硬要让他办，办得好吗？办不好呀。那就帮他一把，让他去做他愿意做的事情。我想事情靠压制是不行的。利用权力压制，常常起不到很好的作用。每个人对发展都有不同的想法，有时候研究生跟老师的想法不一样，不能算错误。何必去训他一顿，骂他一顿，再卡他一年，没必要。所以我处理什么都是顺其自然，但对于弄虚作假这方面，是绝对不能饶恕的。

我跟学生讲，科学上极其重要的东西是要实事求是，一就是一，二就是二。如果这件东西我没有做，等于我不知道。你没做，等于你也不知道，但要是你给出一个错误的结果，我可要花十倍的精力才能回到原来没做的地方去，所以虚假的东西绝对不行。就像我想到王府井，我没有走过，但我可以打听王府井怎么走。如果你说王府井从这里向南走，我走的时间越长，离王府井越远。我还要倒退到原点，再去找王府井怎么走，一个道理。

创新都是从非常基础的事情做起

我现在越来越感到，创新前面再加个“原始”可能更容易理解。为什么？因为很多创新都是从非常基础的事情做起的。而我们现在很多工作，是在人家的原始工作基础上做的，我们从当中抽点出来，说这叫

“创新”。一幢房子要盖好，地基非常重要。我们现在是在人家盖的地基上添砖加瓦。真正的创新必须踏踏实实地从非常原始的工作做起，这样才能有第一手材料，才可能会有很多创新的概念。所以有些科学的东西没有什么窍门，就是要从非常基本的事情做起。现在我们都想做原始创新，但不能着急，应该需要一段时间、一个宽松环境才能去做。那么我们现在这些工作就要花钱，花时间，而且要很有耐心，不要急于一年发表几篇文章。因为有时候可能三年五年到了关键时刻，发表的东西才真正有价值。所以我就让我们课题组成员踏踏实实、安安心心地做。我并不是压得他们喘不过气来，反正有什么压力我顶着。因为只有这样，在一个宽松的环境里，他们才可能做出东西。压着，过一两天就问他们出什么东西了，对于他们是很难的。我觉得我们的科学家已经处于高度紧张的状态，包括我们的学生，如果我每几个礼拜就说：“你怎么不好好干活呀？你怎么不出东西啊？”这样绝对会造成一个错误的导向。国家为普通科学工作者创造了宽松环境，让他们踏踏实实地安心工作，这样不会不出东西。但是不要限制他们，因为他们自己有这个意识，不会去浪费国家资源。让这些很好的科学家放手做，中国会做出东西来的。

说心里话，我觉得国家这几年发展得很快。别看我们还有这样、那样的不足、缺点，但总体是在发展。尤其这两年，我觉得形势对我们极其有利。我们成功申办了奥运会、举办了亚太高峰论坛、加入了世界贸易组织（WTO），中国的运气很好。作为一个中国的科学工作者，在国外非常受重视，我觉得很自豪。尽管我们的设备在有些方面看起来不如人家，但是国际上确实越来越重视中国。跟我们20年前出国时的情况相比，我们国家的地位完全不一样。从这点来讲，我觉得我们国家还是要努力抓发展。

人类要认识生命现象的本质

随着科学的发展，人的生活发展到一定水平以后，衣食住行已经不是主要问题了。现在一些发达国家在哪方面投入最大？就是在健康方面，具体讲就是人的保健。就拿我们北京居民来讲，现在个别人住得可能还差些，但总体来讲不是主要问题。那么现在老百姓关心什么问题？就是他们的健康啊。我想健康是一个永恒的话题，上到最高领导，下到普通老百姓，没一个人会反对“健康是所有人最关心的问题”这一观点。

进入21世纪，有一个很重大的挑战，就是在社会上要树立高度重视保障人民健康的科学导向，让老百姓提高科普水平，知道什么样的钱应该花，什么样的钱不应该花。我觉得这得从国家层面落实，国家的科学研究工作者，尤其是医学、生物学研究工作者，应该很好地加以引导。健康研究是全人类关心的话题，我们中国也不例外。谁要是有兴趣，好好地去统计一下，老百姓为生命健康花了多少钱，这会是一个巨大的数字。不少人常常是花了很多的钱，效用却非常小，甚至有的有负面作用。国家要逐渐增加对医学、生物学的投入，但不要急于赚回多少钱，当然能赚更好，因为事物发展要有一个过程。现在国外医学设备公司赚很多钱，那是二三十年前投入的回报。我们现在刚刚启动，必须要有耐心，有一个宏观的安排，要看得远一点。因为未来生命科学的竞争，可能会大于其他学科。无论是发展哪门科学，其最终目的都是为了提高人的生活质量和水平，延长人的生命。宇宙飞船上了天，到了月亮上，也是希望将来有一天地球上不宜居住时，人类可以移居到外太空去。所以我觉得要高度重视生命科学的重要性。我希望我们国家能有些科普专家、科幻专家，对科学家和普通老百姓给予引导。

我觉得这件事情非常关键，而我们国家恰恰在卫生方面投入的经费很少。当然我非常理解我们国家的情况，大环境决定国家不可能把钱一下子放在生命科学领域。我觉得从宏观上看，未来生命科学的受重视程度会高于其他科学。人类可以上天，可以做很多伟大的事情，对空间、外环境的认识，处在相当高级的阶段。但是人们对自己生命的认识，还是处在初级阶段。如果不是初级阶段，为什么控制不了心血管病？为什么控制不了肿瘤？这说明生命现象极其复杂。

近三十年来，分子生物学发展速度大大加快。应该说现在人类对于自己生命的许多基本现象的认识取得了非常重大的进展，但是我觉得仍然没有取得关键性的突破。这表现在人类对一些重大疾病的发生、控制还没有一个最好的解决办法，最常见的是肿瘤、心血管疾病和老年性疾病这三类。老年性疾病的范围非常广，包括糖尿病、阿尔兹海默症等。另外，虽然传染性疾病控制得比较好，但是艾滋病是个很大的问题。然而我觉得有朝一日艾滋病会被控制得很好，而且会早于肿瘤，肿瘤却未必能解决。实际上人类最终控制肿瘤不是治好了肿瘤，而是要肿瘤不要再发生。不是我治疗手段很高明，来一个肿瘤我治一个，这不是治疗肿瘤的最终目的。我们要控制肿瘤不要发生，极个别漏网的很快就给它治好了。所以有些记者采访时，我说现代治疗肿瘤的医院是很辛苦的，但这是初级阶段。经过几十年或更长时间的发展，未来的肿瘤医院绝对不是这样，而是监控各个人群，很早就知道一个人大概容易患什么病，或者这个人现在已经存在着非常早期的病变，并不断给他提供信息，指导他在生活方面应该怎么办，这样到我们肿瘤医院看病的人都可以轻轻松松地进来出去。这是未来肿瘤医院的发展方向，而不是说未来怎么用放射、怎么开刀将再大的肿瘤都切得干干净净，这绝不是未来的发展方向。我们国家的“973”肿瘤基础项目，是研究最早的癌前病变是如何发展到肿瘤的机理，以及该如何控制。我们最终的目标是预防肿瘤发生。只有人类对自己的生命本质进入决定性的认识阶段，人类对很多重大疾病的控制才能进入决定性的控制阶段。现在还没有到这个阶段。简单来说，如果给人类对自己生命的认识打分，那就是还不及格。

人类不可能违反自然规律达到长生不老，但是人能延长寿命，控制很多疾病，提高生活质量。比如说将来人活到100岁左右时还能挺健康，这是完全可以办到的。现在我们国家人民的平均寿命已经达到70多岁，而解放初期也就30多岁，经过近50年，已经翻了一番。我觉得中国卫生事业的发展还是相当可以的，按照这个速度发展下去，可以想象再经过50年，人民的平均寿命完全可以达到90、100岁。有朝一日，人们活到100多岁时的生活质量可能相当于现在50岁人的生活质量。因为现在人70岁时的生活质量就相当于50年前30多岁的生活质量，那时候很多30多岁的人得了传染性疾病死了。所以我觉得人的平均寿命在21世纪可以达到100岁。但是人不死，这不可能。有些科学家预计人的平均寿命可以达到150岁，也就是说是平均成长期的5倍。所以你可以看到越是靠北边的人，他的寿命越长，越是靠南边越短，因为成长期不同。所以我相信21世纪人可能到了八九十岁时，其生活质量还是很好，当然这要靠人类加强生命科学的研究。

访谈人：舒阳

访谈时间：2001年7—10月

梁植权（1914—2006）

1914年3月5日生于山东烟台。原籍广东中山。1933—1937年在北京燕京大学化学系学习，获得理学学士学位。1938年考入广州岭南大学化学系，后由于日军进攻广州，学校被迫迁往香港。1939年回到燕京大学学习，1941年毕业，获得理学硕士学位。1941—1944年在中国大学教授化学。1944—1945年在清华大学农学院做研究工作。1947年赴美留学，1950年在美国宾夕法尼亚州立大学获得生物化学博士学位，并回国到中国协和医学院（今北京协和医学院）工作。1969年随单位迁到四川简阳工作，1972年回到北京。1980年当选为中国科学院学部委员（院士）。历任中国协和医科大学（今北京协和医学院）教授，中国医学科学院基础医学研究所研究员、生物化学及分子生物学研究室主任。曾任国务院学位委员会委员，国家科委自然科学奖励委员会委员，国家科委发明评选委员会医药卫生评选小组委员，中国生理科学会、中国生物化学会副理事长，世界卫生组织免疫学专家小组成员等。

梁植权早年从事营养学和脂肪酸衍生物的物理常数研究，后来研究蛋白质结构与抗原性的关系，先后制成“实研二号”及“实研三号”代血浆，其安全性优于当时国内外同类产品。

梁植权在中国人异常血红蛋白的类型、分布及血浆蛋白质的多态性研究、血红蛋白病基因治疗、转基因动物模型制备、针刺麻醉镇痛分子基础、核酸研究和基因工程等方面均做出了令人瞩目的成绩。他发现6种我国人异常血红蛋白新变异体，发现3种我国人血清蛋白变异体，发现3种a1-抗胰蛋白酶新变异体，并证明中国人最常见的a1-抗胰蛋白酶变异体为Etokyo。发现马利兰能重新开启g珠蛋白基因，可用于治疗β-地中海贫血。对转运核糖核酸一级结构的研究方法及针刺麻醉的镇痛原理，也做出了重要贡献。

1978年获全国科学大会及卫生部科学大会成果奖，1982年获卫生部科研甲级成果奖，1994年获卫生部科技进步奖一等奖，1995年获国家自然科学四等奖。

梁植权院士

研究就是要做新的东西

我的家史

我曾祖父是在烟台做山东绸缎生意的。我祖父是个念书的秀才，他死得很早，我没见过他。他不是长期在烟台，也常回广东老家。

我父亲十几岁就自费到美国留学，他是学农业的。祖父去世后，他就回国了，大概是一九零几年吧。他回国后没有从事与农业相关的工作。那时盐税是押给外国人的，所以需要一些人把中文的文件译成外文。我父亲就在盐务稽核所翻译科工作，一直工作到他退休。当时家庭的主要收入来源就是我父亲的薪水。因为那个时候，翻译的工资还是比较高的，一月有二百多块钱，不少了。生活水平应该属于中等以上吧。

1908 年，梁植权的父亲（左一）在美国读书时留影

当时有这样生活水平的人不是太多。我们那时候就住在现在江苏连云港港口那个出盐的地方。

我外祖父也是留学美国的，他是广东台山县人。那时候慈禧派过四批留学生到美国去，他是第四批，也是最后一批。他在美国是学海军的，回来后在矿山工作。他在矿上是技师。外祖父在好几个地方工作过，在北京工作过很长一段时间，也去过烟台，别的还有些什么地方，我就不太清楚了。我母亲曾在天津女子师范学校念书。她是很严格的，对我们子女念书的要求很高，所以小时候我们都比较怕她。

我出生在山东烟台，但在烟台的时间不长。因为我们在广东有家，所以住一住就回去，还是在广东的时间长一些。我有一个哥哥，有一个弟弟，我们是三兄弟。我哥哥在中国科学院化学所，今年90岁了。我们家在连云港时，我和哥哥回广东去念过一两年书，后来我父亲调到北

梁植权一家，前排左三为梁植权母亲，
左四为梁植权父亲，后排左一为梁植权

梁植权（6岁，右）与哥哥梁树权（8岁）合影

京，我和哥哥就到北京读书。哥哥从燕京大学毕业后就去德国留学了。他是搞分析化学的，后来也回国了。他1938年回国后，一直在中国科学院化学所工作。1955年当选为中国科学院院士。我弟弟是学经济的，后来一直在上海的银行里做事，我弟弟已经去世了。

化学老师对我的影响比较大

我在燕京大学读书的时候，整个学校里有800个学生，不是很多。我是1933—1937年读的大学，化学系是自己选择的。因为我想学理科好一点，找工作也容易一点。祖辈、父辈他们多是从事科学技术、自然科学等方面的工作，我可能也有点受影响。上大学除了专业课，还有一些主要的课程，像英文、数学等。有些是选修课，像学理科的学生可以选历史、社会学这些课。我一般不大用心学选修课，反正容易考。当时化学老师对我的影响比较大一点。大学里有位张子高教授，他是教化学的。还有蔡镏生教授也是教化学的，后来调到东北了。蔡镏生教授不但讲课，还开皮革厂，所以我觉得他很能干。那时候我家不在北京，假期就回父母家。大学毕业的时候，我做的研究是从植物里提取卵磷脂。卵磷脂在鸡蛋里含量多，是动物性的，但我是从植物里提取的，那是我第一次做研究工作。卵磷脂含有不饱和脂肪酸，那时候用作补药，现在也有人吃。

1937年“七七事变”发生后，我就去安徽芜湖了。同年我回到广东。1938年我考进岭南大学化学系，可是不到一个月，日本人又进攻广州，我就去了香港。这个学校搬到香港大学，借地方开课，不过条件很差。那时候北京的燕京大学没有被日本人关闭，所以我在1939年就回燕京大学念硕士。我研究的题目是钙的代谢，也就是研究钙在小鼠身体里被吸收的情况。当时校长是陆志韦，后来是吴雷川。吴雷川是前清的老翰林，只是挂个名，学校主要是由司徒雷登来办。我觉得司徒雷登还是专心在中国培养人、教育人的，他是个教育家。他不是太注重政治，不像说的那样。我结婚，他还是证婚人。后来解放了，他就回美国了，就没有联系了。

我在国内念研究生的时候，有个教授是美国人，叫窦威廉，他指导我工作了很多年。新中国成立以后他也到了协和医学院。我从国外回来后，也是他介绍我到协和医学院工作的。后来他就回美国了。本来他要回来的，但是朝鲜战争爆发了，他就没再回来，我们也没通信。他后来好像去黎巴嫩教书了，现在已经去世了。他教书不在乎学生考的成绩怎么样，而是要看学生能不能动手，理解力怎么样。

我念完硕士以后，就在中国大学教化学课。中国大学是私立大学，我在那儿工作了一段时间，主要是教分析化学，但没有做研究，因为那时候条件比较差。1945年我又转到清华农学院工作了一年多，当时我觉得清华好一点，就在那里做点研究。1947年我就出国了。

我工作的时候，日本人已经占领北京了。那时候燕京大学比较特殊，因为是美国人办的，所以日本人干涉得不多。后来“珍珠港事件”发生后，才停办了。当时比较困难，教书是按钟点算钱的。赚钱不多，仅能够给孩子提供教育经费和维持家用。我还要照顾我父亲，所以钱比较紧。我父亲那时候在广西，他辞职后就回到上海闲住。那时候日本人对中国大学干涉得还不多，而且我上课才去，不上课不去，所以对我影响不大。那时候粮食被限制得很严，只能吃杂合面什么的。日本人挺凶的，反正我们一进城到西直门那里，就得下车检查，还得被搜身。

1941年，我念完硕士以后就结婚了。我的妻子曾就读于贝满女中，毕业于女子文理学院，我是在大学和她认识的。她学的是经济，但后来也没有从事与经济相关的工作，而是在协和医学院图书馆工作。我们有两个孩子，一个男孩，一个女孩。孩子一直跟我们在一起生活。大女儿是1944年出生的，后来在第二十四中学教生物。儿子于1950年底出生，

1941 年，梁植权与夫人王婉明的结婚照，证婚人为司徒雷登

现在在美国工作，他是搞计算机的。两个孩子都是国内大学毕业的，女儿是北京师范大学毕业的，儿子是武汉大学毕业的。

我在美国读书时，好像没那么用功

我出国学习的时候，女儿大概三岁。当时就想有机会出国深造一下。我直接跟美国学校联系，学生物化学，有奖学金，但奖学金不多。一个月一百美元，除了吃饭，剩不了多少钱。但因为可以维持生活，我就去了。我先在纽约，后来转到宾夕法尼亚州立大学，1950年获得博士学位后就回国了。

我在美国读书时，好像没那么用功。虽然学习方法差不多，但是爱

梁植权（后排右二）在美国宾夕法尼亚州立大学获得博士学位

玩一点。我在宿舍住，在食堂吃饭，很简单。那时的中国同学不多，不到十个人。当时在那里，中国人和中国人交往比较多一些，主要原因是跟外国人交谈，语言不那么流利。有一个是在北大教物理的杜连耀，我跟他比较熟。那些美国的教授或者同学对中国的了解比较少，也有歧视中国人的，我们跟他们不大来往。美国是一个比较富裕的国家。上学很简单，就是上课、听课、考试，缺课的人比较少。在实验室里边，我做自己的论文，也帮他们做点工作。我在美国研究的是脂肪类、脂肪酸的各种常数。那时国内已经解放了，我觉得一切都比较有希望了，毕业以后就回来工作了。国内的设备差一点，有的东西没有。我1950年回来，到1958年才能在一般的杂志上发表论文。

新中国初期一般人对研究工作不太重视

我回国以后就到协和医学院工作，一直到现在。学校改了几次名字，但还是协和那个老底子。当时改成了中国医学科学院基础医学研究所，主要做独立研究，还指导年轻人做些研究。那个时候课题是自己选择的，我在抗美援朝初期想做动物的代血浆给人用。动物代血浆可用在人身上，临床用过，人注射后没有什么太大的反应，但是没有大规模使用。我后来就研究血浆蛋白多态性，从理论上分析血浆里有哪些不同的蛋白质。

有些人回国后想做一些研究，但社会上一般人对研究工作还不太重视，条件不够。当然，我们也积极为研究做准备。国内那时候没有超速离心机，不能进行高速离心实验，后来我们就把它备齐了。差不多到

1958年吧，工作条件就具备了，后来我们就可以顺利地进行研究工作。回国以后我没有被调查过，因为我不大发表自己的意见，怕惹事，怕遭到批评。当时的一些话可能会引起麻烦。那个时候大家也很少互相讨论，都比较小心谨慎，不去惹事。

我是1956年入党，回国前没有接触过共产党。我觉得入党能够很好地理解党的方针政策，能够更好地工作，所以就入党了。我是在入党之前做的展示会。每个系里都有指导员，他们在系里做一些领导工作。当时我们同指导员交换意见的机会不多，没有认真地去讨论，彼此都比较谨慎，没有太大的分歧。

生活过得很平凡，没有哪一段比较特别。那时工作很忙，每天都是白天做实验，晚上抓紧看书，不浪费一点时间。早晨九点钟开始做实验。八点钟从家走到所里去，家离所里近，走路顶多8分钟就到了，这是优点，节约时间。晚上也去所里看书，到十一点才回来。一般都是结合一些实际问题来开展工作。抗美援朝时，我觉得部队里需要维生素，就研究了一段维生素，但后来也没有拿出去应用。接着做蛋白质性质跟抗原性的关系研究，做了差不多10年。后来我们就搬到四川简阳三线去了，在那我研究针刺麻醉的机制，看看什么原因使针刺产生麻醉。当时这是很时髦的一个题目，大家都在做，尤其研究生理方面的人。我们研究了好几年，发现它跟身体的免疫力可能有关系。后来到了北京就研究基因治疗，一直到现在。

那时候的口号是反美，反对亲美、崇美。我还在一次大会上发了一次言。我当时觉得自己并没有怎么太亲美、崇美，也是这么说的，反正就讲讲自己当时在美国的情况。

20世纪50年代末，我在系里做了一次研究工作的展示会，是用文字和实物展示的。那时我正在做蛋白质结构和抗原性的关系研究，主要展示的是每一步工作怎么做，有什么结果，好的研究工作总得有一个方法。我就是告诉大家，应该怎么样一步一步来工作。我当时还写了一副对联："说甚专长感谢党十年培育，如有成就赖群众数载勤劳。"我的意思是说工作是大家一块儿努力做出来的，不是靠一个人。后来系里的指导员建议不要挂起来，就没挂，但他没有讲是为什么。

我撕了燕京大学的毕业证书

我在1960年访问过英国生物化学家霍普金斯的实验室，他是研究代谢过程的，比如蛋白质到身体以后，转变成什么。他在这方面做了很久了，很有成绩。我们没做的，他都做了。从实验室、设备或者研究方法方面比较，他们好很多。我非常欣赏他挂在实验室的座右铭："我不希望你们每天工作超过二十四小时。"他这是在强调勤奋。

后来又有好多政治运动，包括"反右"等。我那时候已经是党员了，在各种会议上发表意见时比较谨慎，所以没有碰到什么大的争论。运动有时候对工作有阻碍的作用。搞运动总是要花时间的，整个工作也就停下来了。我被停止研究应该是在1966年。我们是1969年搬到四川的，那是上面的意见。那时很多单位都搬到四川，搬到四川后我就继续做研究工作了。有些人就放弃了研究，不像以前那么干了。可我们改变不大，还继续做研究。

三年自然灾害的时候，全国很多地方都闹饥荒，有一个时期一个月就给一斤油。对研究工作来说，就是物质条件差一点，别的没有什么。工作还是要做，不过可能慢点，可能有些东西就做不了了。

“文化大革命”的时候停了一阵课，就是开讨论会。当时的生活没多大改变，就是开会开得多了。我也受到一点冲击，不大。我们系里有个管这个运动的头头，他找我谈，说我有历史问题。一开始是让我去烧锅炉，烧了九天。因为我的力气不大，就没去做那个铲煤续炉子的工作，光把碴子用小车推到别处去。我做得不是太好，他们倒也没要求我太多。我觉得这只是一时的运动，不会长期让我烧锅炉。烧了九天，他们就不让我烧了，把我隔离了，就在动物室。我整天写检查，没别的事情。我写不出来没有的事，就把在国外的情况如实地写一写，他们也不怎么满意。

当时是二月份，我被隔离在所里的动物室，就睡在地下。我可以去食堂买饭，也可以参加早请示晚汇报。其他被隔离的人都不让参加早请示。审查的那些人也是所里的，反正是一个组织吧。可能我平时对他们不太苛刻，他们对我还是比较客气的，我心里也不害怕。当时他们的好

梁植权与妻子、儿女

多说法，我不大同意，但也不敢说不对。有人说我在国外发表过文章，就是“特嫌”。他要这么说，我也没办法。后来也没审查出什么特嫌来，就把我放了。另外主要是学术上被批判，理由是理论不结合实际。我觉得结合实际是应该的，不过有的时候结合得不那么紧密。批判我的就是系里一起工作的那些人。争论倒有，平常都会有讨论嘛，倒没什么太大的结果。燕京大学的毕业证书，我全给撕了。后来怕他们要，我就把那些碎片搁在一起全交了。当时有些临床的书被拿去，也没拿回来。到1969年单位搬到简阳了，有的书就扔在那儿了。

搬到一个陌生的地方对工作是有影响的。四川的条件不好，水从江里提上来就用，不干净，对做实验有影响。还有就是四川比较闭塞。到四川后，我们和当地人没什么接触，只帮他们搬过麦子。有时候劳动，但时间都不是很长，也就两个星期。我的妻子和孩子都在北京，他们没走。我儿子去过一趟四川。孩子那个时候在北京都是自己照顾自己。有个时期家里一个人在一个地方，我爱人下干校去了，儿子去武汉念书，女儿在北京教学。1972年我又搬回北京了，后来就一直在北京。

做文献里没有做过的东西才叫研究

我一开始研究脂肪，后来研究血浆里各种蛋白质的提取和基因治疗。代血浆就是把经过处理的动物血浆注射给人。各种动物都有自己的特性，血浆里的蛋白质不能随便混用。这就要把抗原性去掉，让它可以用。因为那时候抗美援朝，人血浆的供用可能不够，所以想处理动物的血浆给人用。但它到底不如直接采取人的血浆好，后来就不做了。

我们还在一个异常血红蛋白类型和血浆蛋白质多态的研究中，有一些新的发现。在人血的血浆蛋白中有好几种清蛋白，我们又发现了一些新的种类。清蛋白里边，大概发现了3种，其他的类型也发现了3种，共6种类型。这项研究在1982年获得卫生部科研甲级成果奖。

此外，就是核酸结构与功能的研究。人体的主要成分，一个是蛋白质，一个是核酸。每个细胞里都有核酸。因为转运核糖核酸分子比较小，只有七八十个核苷酸，所以我们就从简单的开始。我们研究的就是小分子的核糖核酸结构。这项研究在1978年就获得了全国奖。

20世纪70年代我们开始从事遗传工程的研究，因为治疗一些疾病可以采用遗传的方法。我们做的是地中海贫血的治疗。这种病最先在地中海发现的，在我国广东、广西、贵州比较多，主要症状是贫血。血浆里边是α链、β链组成的。地中海贫血有的是α缺乏，有的是β缺乏。后来也做过一些理论性研究。与广西一个军医大学合作，在那里取样品，

1979年，梁植权（右一）访美时与导师（右二）及同学夫妇合影

拿回北京作分析。后来发现我们研制的药对治疗地中海贫血有效。这项研究在1994年获得卫生部科技进步奖一等奖。此外，遗传基因治疗在1995年获得了国家自然科学四等奖。当时在实验室里工作，不是商业性的。遗传工程现在逐渐发展起来，方法也多了，范围也广了。

针刺麻醉镇痛原理研究也是从20世纪70年代开始的。那个时候大家都采用针刺麻醉，这是生理方面的应用。我就想看看其中的原理是什么，所以进行了这方面的理论性研究工作。我们觉得针刺麻醉可能跟免疫有关系，可以影响身体的免疫系统。

研究就是要做新的东西，比如说文献里没有做过的东西，那才叫研究。我们做的就是以前没做过的。

1980年，我成为中国科学院学部委员（院士）。因为之前好多年没选了，这次选出的人比较多一点，可能有100人吧。20世纪90年代以后，我们在基因方面做的工作就多一些。我主编了《中国医学百科全书分子生物学》分册，当时就是想介绍分子生物学的一些研究方法，先后出了3

1981 年，梁植权（左一）在夏威夷开会期间

本书，被大家当成重要的参考书。

研究就是要知道一些新的东西

做研究是很严格的，马马虎虎不行，这是一个基本的精神。在实验室里做研究工作，主要是观察一些现象。比如研究蛋白质与抗原性的关系，那就要观察它们到底是什么关系，有什么样的影响，是什么样的结构。像一些不规范、不可靠的结果我们就不拿出去了，不发表了，只作为自己的一个参考。

科学研究的动力是想要知道一些新的东西。对研究者来说就是创造性吧，是自己做出来的，不是抄袭或者重复别人的；是要开拓一个知识领域，开拓一些新的地方。

基础研究和社会的联系不是那么紧密，因为它不是应用的，不是要做一个什么药，做一个什么样的产品；而是按照研究方向，去开拓新的领域。理论方面对社会的要求也不多，只看这种创造性能推动这个学科走多远。

我的学生

我收学生的时候，要求比较严格，要求他们的理解力和动手实验能力都比较好。他们工作也挺努力，及时地汇报、写论文，我帮他们详细修改论文，改正以后再经过减缩，刊登到杂志上去。

1956年我招收了第一个研究生，20世纪60年代初才毕业。开始招研究生的时候，没有教学大纲，研究生的数量也不多。王琳芳是我的第一个研究生。她1956年入学，我按自己过去的做法让她写论文，并让她补习一些功课。那时候没有什么严格的招生考试，就是看学生过去的工作干得怎么样。王琳芳之前在哈尔滨医科大学。她翻译过一本生物化学的教科书，第一次把一些国外的生化教科书介绍到中国来。1960年毕业到苏联去了一次，不过收获不是太大，差不多一年就回来了。1984年又到美国去学习。她做研究做得挺好的，工作做得也很有成绩。

强伯勤是1976年以后跟我学习的，当时他在我的实验室工作。他工作挺好，比较踏实。他是在世界范围内，第一个找出可以切八个核苷酸的内切酶的。平常的都是可以切三四个的，那做起结构来就不大容易。而八个呢，片断就切得少一些，可以一段一段做出来对上。强伯勤很能动手做研究，也是一个很聪明的人，能够接受一些新东西。我怎么指导

梁植权在北京协和医学院电泳实验室

他，他就怎么做，而且做得挺好。他毕业以后到美国一个大学实验室做研究，待了差不多三年吧。

我一般只带一个或者两三个研究生，不多。因为实验室地方有限，所以不能收太多。而且人多了，照顾起来就比较难。学生的工作能力也很重要，比较好才行。主要是他能理解、消化所学的知识，同时在实验室动手也要有次序。还要及时总结工作，提出意见，然后再进一步做。一步一步地，到最后再写出论文来。科学研究要有创造性。我定题目就注意创造性。自己要有所创新，不是重复别人的东西。

我在1984—1987年收了一个博士研究生，就是刘德培。他原来读的是蚌埠医学院。我凭成绩来录取学生，面试一次，还有笔试，就看他成绩怎么样，不管他到底是从哪个学校毕业的。当时参加考试的有五六个人吧，刘德培考得比较好。面试时，我感觉他很能干。他工作干得好，也有办事能力，现在他是中国医学科学院院长。他为人和蔼，说话比较委婉，人也实在。

我觉得应该有次序地指导学生怎么做研究工作，怎么念书。学生首先得有一个良好的基础。搞生化就应该补充一些生化方面的知识。搞免疫就得去念念免疫学，了解免疫学的工作范围、研究情况，等等，多看点书。学生主要还是应该自己去看书，主动去查一些文献，仔细阅读、理解，能够表达出来学过的东西，不能让老师一点一点地去教。

我培养的硕士研究生有二十多个，博士生有十多个。他们毕业了以后，几乎都到国外去做博士后了，就刘德培没出去。我平时跟他们联系也不是太多，他们都工作得挺好。国外条件好一点，当然能回来最好。现在趋势就是这样，这也是一种科技人才的流失。如果他们回来做些工作，各地方的人才水平也能提高。人越多，工作做得越多，水平越高，当然就好啊！

我对学生管得不那么严，最满意的就是实实在在的，真正做工作的，而且能坚持做下去的学生。也碰到过一两个不大好的学生，他们做着做着又不想做了，要求这、要求那的，不好好实习。我常跟学生们接触，他们做研究并且也经常向我汇报。我让他们一个礼拜写出一个小的研究小结，一个季度写一个大的小结。

院士是没有退休的

我从1953年开始任协和医学院教授。后来任生物化学及分子生物学研究室主任，在50年代的时候就担任这个职务，一直到现在也没有改。任中国生理科学会和中国生物化学会副理事长，那个是五六十年代的事。学会的工作不多，我主要的精力还是在本单位。1980年当选为中国科学院学部委员（院士），院士是没有退休的。

我的研究论文以及跟别人写的一些传记什么的，钉了两本合订本。我这里没有，一共才印了十本，都给别人了。论文发表了一百八九十篇。现在生活没有什么变化，就这样了，我好像一直是很努力工作的。最近几年年纪大了，工作不多了，以前都是积极参加这些工作。我认为自己是一个普通人，生化方面的工作做了一些。这些荣誉、这些成果对我没什么压力，我对自己的生活感到满意。

我现在还在指导研究的工作不多。我们那个组差不多有三十多人，有些研究生，还有些工作人员。我现在和他们常常在一起碰头，开开会，交换交换情况，听听他们的汇报。开会的时候提出意见，写的报告也可以看看，可以提出意见。年轻时我就喜欢诗，我喜欢陆游、李商隐、杜牧的诗。我对年轻人的建议，主要是自觉努力，发奋图强。念书要把它弄懂，多看点书。研究要有秩序，有创见。不能抄袭别人的，或是重复别人的工作。

访谈人：舒阳

访谈时间：2001年8—9月

刘玉清（1923— ）

1923年3月14日出生，天津宁河（原河北省丰润县）人。中国医学影像学专家，中国心血管放射影像学奠基者。

1948年毕业于原国立沈阳医学院，1951年北京协和医学院研究生毕业。中国医学科学院阜外医院教授。1989—1993年任中华放射学会主任委员。曾任世界卫生组织专家咨询委员会（放射医学部）委员。1994年当选中国工程院院士。

刘玉清在支气管造影、肺脓肿、食管癌、心血管造影、心肌病、主动脉疾病、肺心病、冠心病的放射诊断及数字减影血管造影和心脏大血管磁共振成像等新技术的应用研究中处国内领先地位。在心血管放射影像学领域获7项科技成果奖，其中大动脉炎研究达到国际先进水平。

刘玉清院士

亲历医学影像学的发展

在伪满求学的岁月

我五岁时随父母由当时河北省丰润县农村老家，迁移到辽宁开原，后来搬到四平。抗日战争胜利后，国民党发动内战，战火波及四平，我们全家不得不离开四平迁往关里。我在四平读完小学，又到沈阳读中学和大学。听老人说，当年因家庭困难才闯关东，但是我在生活上并没有感觉到那么困难，还是比较顺利地读完了大学。

我父亲非常能干，很努力。他一直从商，先在一家商号做事，不断进取，后来就自己经商，所以在“文革”期间，我家被定为商业资本家。我父亲在我们从四平迁往关内的途中不幸得病逝世，这使我一直感到非常遗憾。

在我的印象当中，从高小到中学，父亲一直鼓励我上进，要好好读书，将来有所成就。父亲常讲，他读完小学后到镇上念中学，但就是因为家境困难，一年后就辍学了，所以不得不到关东找个更好的工作。这对我有深刻的影响。

我读的中学和大学都是当时日本南满铁路管理机构在沈阳开办的学校。中学是南满中学堂，除了教中文的教师是中国人，其他教师都是日本人。有的教师还好，有的教师就不太好。那时候我们只管读书也不理他们。大学是满洲医科大学，是当时东北少数高水平的大学之一。那时候父亲非常关心我的学习。他了解到在日本学校，日本教师用日语授课，知道我的中文底子薄，所以每到寒暑假，他都给我请老师补习中文。回想起来，这为我后来的工作和发展打下了很好的文化基础。

日本人办的中学也教英文，但水平较差，尤其发音。小时候在四平受家庭的影响，每周六日我常到加拿大天主教堂去学英文，这为我的英文打下了好的基础。修女老师披着大白披肩，她们都挺好的。所以一直到现在，包括我在协和医院工作期间，我的英文并不差，这与早年打下的基础很有关系。当时，满洲医大的第二外语是德语。

“九一八事变”后，东北地区实际上已沦为日本的殖民地，后来日本一步步扩张，又扶植了伪满洲国傀儡政府，首都设在长春，当时叫新京。东北人民的抗日情绪也不断增长，众多有志之士走上直接抗日之路。抗日战争爆发前夕，日本在东北的侵略嘴脸日益暴露，老百姓恨在心里。那时在我就读的满洲医大，也有一定的表现，一些日本教师相当傲慢。中国学生和日本学生在生活待遇方面的差距日渐加大，例如日本学生吃大米，而中国学生就得吃高粱米。同时受所读进步文艺书籍的影响，中国学生更增强了自己的爱国主义思想。所以在日本学校读书的中国学生，同当时东北的老百姓一样，憎恨日本人，称他们为“日本鬼子”。后来经过学习，逐步认识到侵略中国的是日本军国主义，大多数日本人民还是好的。现在回想起来，当时在东北的日本人民也是比较友好的。

从医学教育来讲，第二次世界大战之前，医学上曾分英美派和德日派。日本医学主要采用德国体系，英美医学则自成体系。例如，我就读的满洲医科大学当时属于德日体系，所以我们学人体解剖课程的时候，用的就是日、德两语对照的解剖教科书。大学毕业以后，我还经常读德文的医学杂志。当年德日更重视基础方面的研究，比如说生理、解剖、病理和生物化学等，而对临床教学的重视程度，远不如英美体系的医学院校。那时候不少优等毕业生，都争取到基础的教研室去工作。当时协和医学院是英美体系在中国最具代表性的医学院校，非常重视临床教学，多年来协和培养的临床医生不少是我国顶尖的专家，为我们国家的医学事业的发展做了很大的贡献。从协和毕业或多年在协和工作的临床医生，如张孝骞、黄家驷、吴英恺、吴阶平、曾宪九等，都是我国业绩卓著的临床学家。但第二次世界大战结束以后，日本医学就逐步纳入了英美体系。现在连德国也融入英美体系了。

新中国成立初期，我到北京协和医学院学习和工作。那时候强调学苏联。我还记得，我们常到协和医学院礼堂听苏联专家讲课，如巴普洛夫学说等，所有人都要去听，这属于政治态度问题。在中苏关系最为紧密的20世纪50年代初，协和还是军管，后来正式筹建了中国医学科学院。那时都学俄文，我还订阅了一本俄文放射学杂志，就把英文丢下了。实际上俄文也没学好，而且后来不用，渐渐都丢了。现在回过头来看，什么都一边倒是过分了点儿。巴普洛夫学说在生理学方面做出了巨大贡献，但是什么都用巴普洛夫学说来解释，显然是不对的。

“文革”期间烧锅炉、出国

我曾挨过两次批斗：一次就是“文革”时期，另一次是在协和的时候。那时我刚到协和不久，在“反右”之前有一段批判亲美崇美的思想运动。协和开始由军方管理，经过一段时间以后，才由政府正式接管。当初虽然新中国成立了，但仍然维持原来的体系。因为协和留下来的教授级的专家，多是协和医学院毕业的，大部分也都是留美的，那时候按照“一边倒”的观点，当然就被批为“亲美崇美”了。我当时已经在协和医学院读完研究生，留院工作了。我业务比较突出，虽然在亲美崇美这方面批不了我，但因为我曾在日本学校读书，就批我是亲日崇日。我说根本没那个事。我前面也说过了，虽然我在日本学校读书，但“九一八事变”以后，我最恨日本人。我们这一代人，亲身经历过半殖民地和殖民地生活。早年我们常读鲁迅和老舍等名家的进步文艺作品，一直有爱国之心，尤其在日本侵占东北的年代，受不平等的待遇，反抗心理是很强的。

“文革”时期，我所在的单位主要是批判学术权威，如当时的吴英恺、朱贵卿教授等。他们是主要挨批的对象。当时我是个年轻医生，但因为我在业务上比较突出，就说我只专不红，作为一个小典型，挨了一顿批。

“文革”一开始我就从科主任的岗位下来了，在科内当一般医生。后来又烧了四个月的锅炉。那时候医院成立连队、班组，不分科室。原来放射科登记室的一名登记员主管科里的事。过了一段时间，业务基本停了，除了特殊任务以外，科研、教学也都停了。当时我已经算个“小权威”了。为了改造思想，我被派到家属宿舍的锅炉房去烧锅炉。开始有一段时间相当困难，但没有太大的精神压力。当时推那个独轮车总是摇摆不稳，开始师傅教，扶着独轮车告诉我怎么推，后来师傅就不管了。当时烧锅炉的有两位工人师傅，一位是关师傅，一位是魏师傅，到现在我们还是很好的朋友，他们对我都挺好的。

“文革”期间是我最舒服的时候了。我和病理科主任吴遐都穿着锅炉房工人的衣服，早晚两班倒。倒班中间休息，所以我们就不必上医院了，什么事都不用管，既不检讨，也不开会，最舒服了。这个锅炉房就成了我当年的世外桃源。

当时，我也不敢公开读书了，顶多回家的时候背地里读读。因为我们支部包括放射科、病理科、化验室等，业务上我最钻研，在学术上当时我就算是所谓的“权威”了。因此，把我作为内定的“右派”准备加以批判。后来形势变了，支部被打倒了，支书等人成了挨批的对象。等我烧完锅炉回来，我们就没事了，就是这么个过程。

那时候我女儿念小学，非常单纯的一个小女孩。当时在学校里，最高指示一出来，她半夜起来就到街上去游行了。所以她怀疑我这个父亲，我一点也不奇怪。她总和我老伴说：“我爸可能有问题，要不为什么去烧锅炉。”我老伴就说：“你爸肯定没问题，他是知识分子，知识分子不都得劳动改造吗？”我老伴对我一直都很好。她的姐姐在新中国成立前夕去台湾了，她老早就把这事向组织作了交代，“文革”期间她又向组织上交代了一次，所以并没有因为这个事纠缠她。她就是一般地挨批。那时候她也理解我，我也理解她。回过头来看，“文革”期间所谓的批判，我觉得在某些方面，多是假的，既然大家都说假话，那我能不说话就不说。当时我并不认为，把主要精力放在业务上有什么错。

1968年秋冬之际，我又被下放到内蒙古集宁，也是劳动改造。我到集宁的时候，据说缺医生，所以我没到农村去劳动改造，而是被分配到一个铁路医院，做医生工作。在集宁那段不到半年的生活挺好的，人家拿我当医生看。后来我突然接到命令，有任务要我回北京。到京后才知道是为一位国家领导人会诊，当时周总理非常关心，有一次还亲自主持会诊。

1968年底，我从内蒙古调回来以后就没再回去。那时候我们国家与阿尔巴尼亚关系最好，很多方面都有中国专家去支援，其中轻工业、工矿、建筑方面的专家最多，医药卫生领域的专家仅占小部分。我作为医学专家，被派去支援阿尔巴尼亚。这一下就好了，居然能够出国，说明我肯定没问题；我的女儿也高兴了。

我们先是坐飞机到莫斯科，再转去地拉那。本来预定在阿尔巴尼亚半年，后来又多留了三个月。我作为地拉那第二医院放射中心顾问医师，帮助他们建设心胸放射学。我们的任务很简单，主要是参加会诊、讲课等。

那时阿尔巴尼亚人一般都会俄文。我不会说俄文，就用中文给他们讲课，一位阿尔巴尼亚专业人员再帮我翻译。但因专业不同（他是学药的，曾在北京大学药学系进修），好多专业名词他说不清楚。后来，该院有位放射科年轻医生会英文，同他商量后，我用英文讲，他再翻译，这样就顺利多了，并得到了阿尔巴尼亚方面的好评。

当时阿尔巴尼亚是欧洲最穷的国家，其社会制度是照搬苏联模式的，但整体生活水平，特别是农村似乎比我们还好一些。当然整个国家的城市建设等，比我们就差多了。

“文革”巨大的灾难影响了三代人。虽然从1966年到1976年，只有十年，但前后十年都受影响。真正改革开放，完全恢复正常是在20世纪80年代初邓小平同志主持工作以后。那个阶段的学生们不念书，才有所谓的工农兵学员。改革开放以后，工农兵学员不受尊重，所获大学学历也不被承认，就得再回炉，重新念大学。所以这个影响太大了。这是其一。其二，把中国几千年的某些传统美德都给破坏了。例如，批判师道尊严。这点我个人体会最深了。说教师和学生都是一个战壕的战友，学生批判教师是常事。那位答卷得零分的张铁生竟成了大家的榜样！这点我颇为反感。尊师重道是我们国家的传统美德，我觉得到现在还是对的。连国外都是这样。在日本表现得最明显，他们对教师是非常尊重的。那时候批判师道尊严，影响深远，当然后来逐渐有所纠正，但是其影响波及经济、生活各个方面。现在经济、生活等方面已经逐渐恢复了，尤其改革开放以后，取得了飞跃性的发展。但是在精神上恢复传统道德，我觉得还需要相当长的时间。再如，那时批判孔夫子，也是一大错误。

回过头来看“文革”，阜外医院比协和医大幸运多了。阜外医院没有在读大学生，不像在协和，张孝骞等知名教授个个挨批，协和医大病理学教授胡正详，他是中国病理学的奠基人之一，自杀了。

亲历医学影像学的发展

1956年我在协和医院已是主治医生，并被提升为讲师。当时吴英恺教授在协和医院任外科主任，他是胸外科专家，在黑山扈结核病疗养院的基础上创建了胸科医院。由于那时协和还是军管，所以定名为解放军胸科医院。当时从协和调去了十六七名专业人员，其中多是与我年龄相仿的中青年医生。我负责放射科。

当时协和医院的放射科分两个组：治疗组和诊断组。治疗组组长是谷铣之医生，比我年龄大一些，后调至中国医科院肿瘤医院；诊断组组长是徐秀凤医生，后来被调走了，我接任诊断组组长。当时调我去胸科医院，我从心里并不愿意去，但只能服从组织分配。因为当时我还年轻，在协和医院放射科当诊断组长，正是事业发展时期。那时候协和医院发展比较全面，各个方面在全国都是领先的，放射科也是如此。我当然愿意留在那里继续深造。

1956年2月，吴英恺院长已经去黑山扈开始筹建工作，我们4月初过去时医院已初具规模，就“开业”了。1958年迁至阜成门外大街，由中国医学科学院组建，并改名为阜外医院。组建早期以胸部为主，后来逐渐转为心脏。20世纪60年代初期重点转为心血管了。

那时候放射学还没有心脏放射学这一亚专业，只是做胸部，兼做心脏。

我们早期与病理科协作，开展了X线与胸肺切除标本的对照工作，明显提高了诊断水平。重点转到心脏后侧，改为X线与手术对照。在实践中我们发现，临床杂音和心电图对心脏病的诊断非常重要，于是逐步创建了X线、临床、心电图三结合的心脏放射诊断进程，显著提高了心脏放射诊断水平，为创建心血管放射学这一亚专业奠定了基础。其后，自20世纪70年代中后期至80年代初期，CT、磁共振（MRI）和数字减影血管造影（DSA）等新技术相继被开发、应用，并与过去的X线平片和心血管造影相结合，逐渐发展成为心血管影像诊断学。

CT诞生于1972年，与普通X线成像不同，它是在以体层（即断层）成像和电子计算机图像重建的基础之上，借鉴过去的体（断）层摄影和现代计算机技术发展形成的一项新技术，是革命性的进展。

20世纪50—60年代，核医学（即利用放射性同位素诊断、治疗和进行科研的学科）和超声，都是各成体系的诊断技术。自CT问世以后，采用了体层成像和电子计算机图像重建的方法形成了核医学和超声成像。这样就由原来的单一X线成像，变成由多种成像技术组成的影像诊断学。20世纪70年代中期，介入放射学在国外兴起，主要是介入治疗。我国是在20世纪80年代初期引进的。因此，放射科不仅做诊断，而且也做治疗。所以，现代医学影像学是一个诊断和治疗兼备的临床专业，与过去的单一X线完全不同了。

在我国医学影像学领域，特别是在心胸影像学方面，我做的工作中有一定影响的主要有四项。

第一项，是学术著述。我的第一本著作是1959年由人民卫生出版社出版的《支气管造影术》，这是国内第一本以国内实例为素材的放射学专著，包括自胸科医院开院以来至1958年放射科所做的1000例支气管造影检查，并在分析总结其经验的基础上撰写，当然也参考了文献。出书前征得了院领导同意。为此，吴院长还亲自给医院的张政委写了封信，大意就是说放射科主任刘玉清同志总结了本院1000例支气管造影检查的经验写了本书，吴院长同意出版。

第二项，我到胸科医院不久，就开展了被切除的肺、食管的病理标本与X线片的对照工作，以此来印证当初X线诊断是否正确。尽管影像技术是进步的，但我在协和医院工作时也意识到了所见的毕竟是图像和影像，而不是真正的病理解剖和组织结构。其实我们在满洲医大读书的时候，就已经开展“临床病理讨论会”。就是在为病人做手术或做尸体解剖的基础上总结经验、吸取教训，这对提高临床诊治水平非常有益。我是最早在国内开展X线病理对照工作的，并一直坚持做。我会定期分析、总结并记录。后来，阜外医院治疗重点由胸部疾患转为心脏疾患，结合心脏手术的特征，把X线病理对照改为X线手术对照。

当年，我们放射科和病理科、外科之间都有很好的业务联系。比如说，无论手术时证明我们事先的诊断是否正确，外科医生都会把我们叫去总结经验，吸取教训。这对增进互相了解，提高业务水平很有帮助，并逐渐形成了不成文的制度。此外，我每两周都会结合实例，和科里的其他医生进行分析、总结。

第三项，是多年来，我主张培养有功底较全面的放射科医生，使他们密切结合临床和基础，养成较强的综合分析能力。在实践工作中我逐渐意识到，临床医生考虑问题比我们要全面。因为临床医生通常把体格检查、化验、心电图以及影像学资料等都收集在一起，经过全面综合分析以后，才给病人做出诊断，进行治疗。我们也是医生，为什么不能这么做呢？经过一段时间思考和实践，我们将X线、临床、心电图相结

刘玉清（左一）工作照

合，逐渐形成了以X线为主的心脏X线诊断思维，这样就避免了很多单靠X线而贻误病情的可能。

当然并不是对每个病例都采用这种思维方式。如果X线有典型表现的，基本上没问题。对比较不容易诊断的病例，我们宁肯稍微晚发报告，也要尽量全面了解杂音、心电图、有关化验检查等，必要时还要自己去检查病人，再与X线所见对照，全面分析，提出诊断和鉴别意见。例如对先天性心脏病患者来说，有没有紫绀的差别很大。因为先天性心脏病可分紫绀属和非紫绀属两大类。因此，放射科医生要查看病人有无紫绀（时而能发现被临床忽略的轻微紫绀），了解心脏杂音、心电图等有关情况。因此，在阜外医院放射科，多年来形成了巡诊制。每天有一位年轻医生，参照临床医生申请单的要求，必要时查看病人，决定X线检查方法。分析X线征象时也是如此。即便有了更先进的影像技术，也不能够忽略病人的临床整体情况。所以一直到现在我还强调，放射科医生不是读片员，而是医生，不仅要会看片子，还要尽量全面了解病人的临床情况，才能做好工作。

第四项，重视实践、勤于总结。我一向重视实践，在实际工作中要求严格。例如以普通X线工作为例，我要求技术员一定要照好片子，要重质量。临床X线实践也是如此。同时，多年来我勤于总结，善于总结，遇到问题时，就查书读文献，一定要把它搞清楚。

我们在X线诊断实践过程中，对疑难病例的正确诊断，或者误诊漏诊，都要加以总结。积累一定的病例后，如果认为是有益的，就写成资料，把成熟的结论写成文章发表。这就形成了所谓的“严于实践，勤于总结，善于总结”的机制，由感性认识上升到理性认识，形成了良性循环。这不仅有助于提高医生本人的诊断能力和水平，对科室的学术建设也很有好处。

我觉得放射科医生还要不断涉猎国内外文献，了解影像学的动态和

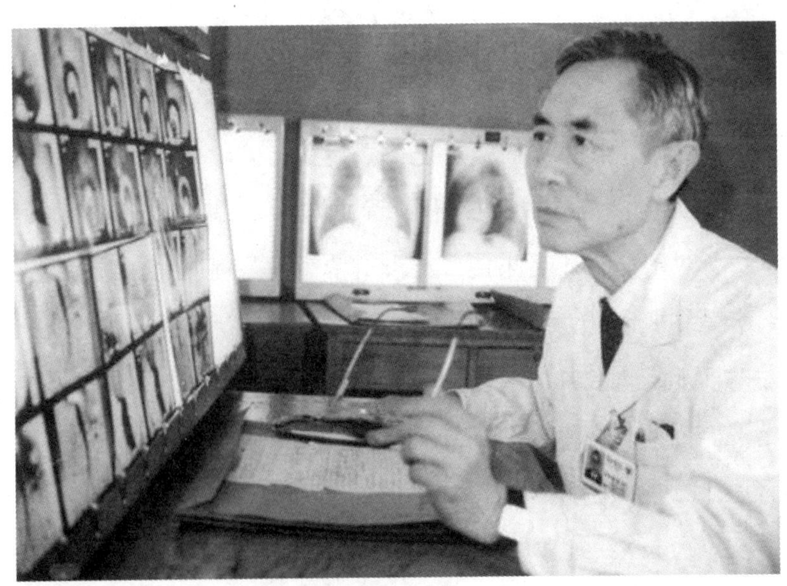

刘玉清工作照

进展，扩大自己的知识面。我经常对年轻研究生讲，做影像工作，除了对自己所从事的专业要深入钻研，还一定要扩大自己的知识面，不能只局限于影像。相关的临床和基础知识，都要很好地学习和了解。特别是对有关分子生物学、基因等方面的新知识，也要跟踪学习。

1978年，经卫生部的推荐，我成为世界卫生组织（WHO）专家咨询委员会（放射医学部）的委员。从1978年到1994年，我参加了4次放射学—医学影像学的研讨会。参加研讨会的人员，来自美国、英国、印度、日本、加拿大、瑞典等国，还有一些来自非洲等发展中国家或不发达国家，如乌干达、尼加拉瓜等。

开始参加研讨会确实有些紧张，它不是纯学术性的，还具有宏观性和前瞻性，而我过去没做过这方面的工作。比如，1982年我第一次参加时，正是放射学向现代医学影像学发展的过渡时期，那次研讨会讨论的题目就是“放射诊断检查的合理应用”，主要研讨的是如何使放射学规范化，并使其获得更准确、更多的信息，能有序地发展，主要是针对发展中国家。会前要求先写出发言稿或提纲寄去。当时来不及了，无法进行全国性调查，我就对北京市几家大医院做了些调研，用英文写了一篇《北京一些大医院的X线检查概况》的文稿，在会上做了发言。我最后一次参加会议是在1988年，并被选为副主席，确实不易。

我觉得参加这种会议对我是一个很好的锻炼。那时候我还做科主任，每次参加研讨会回来后，我都在科内传达会议的相关内容。我也在全国放射学专业会议上，对所参加过的国际研讨会作简要介绍。例如我第一次参加研讨会——那时在国外基本上已不进行胸部透视了，因为一次胸部透视射线量约为病人照一次胸片的10倍，对人体有害，我回来就加以宣传，情况逐步得到改善。但由于经济等诸多方面原因，至今

刘玉清作学术报告

仍有些单位使用胸透。再如孕妇进行产检时，已不再照X线了，都改用超声，因为X射线对胎儿有影响。这些都是通过总结发达国家的经验以后，逐步认识和推广的。世界卫生组织出版的第一次研讨会的技术报告图书，我将其译成中文，并定名为《放射诊断检查的合理应用》，由人民卫生出版社出版。世界卫生组织的学术会议对促进我国影像学的发展起了一定的积极作用。

实际上世界卫生组织的研讨会既是学术活动，又是社会活动。通过参加研讨会，我还结识了不少世界各国影像界的朋友。在改革开放以前，由于我国相对封闭的政策，我们很少有机会参加国外学术会议。我们在这方面相当闭塞，某些新的进展、信息只能通过文献查找。其后就不一样了，改革开放政策对扩大我国影像学事业的视野大有裨益。

参加世界卫生组织的研讨会，给我最大的启发就是，我们必须走出去，接触世界，专业学术事业更是如此。我们走出去，也增加国外同道对我们的了解。同时也感到了自己肩负的重大责任，就现代医学影像学而言，我务必兢兢业业地追赶世界领先水平，从某种意义上来说，我如果落后了，我们国家就落后了。

医疗和科研相辅相成

改革开放前，我们的医疗和科研体制还是符合实际的。近年来，特别是年轻医生，在一定程度上受经济利益的驱动，某些外科和其他有手术技巧的医生外出“走穴”挣钱，不能把主要精力放在不断提高医疗和科研水平上，这会影响整体专业、学术水平的提高。影像学也是如此，科研和医疗是相辅相成的，没有科研成果，医疗也难以不断提高。在高质量的科研成果指导下诊治病人，才是对的。但我认为加强医生的医德医风教育也是非常重要的。这几年医德医风在某些方面有下滑的趋向。

当然，收红包问题与我们的国情不无关系。据我所知，医生的待遇实在太低。中国医生的工资可能是全世界最低的，还不如尼泊尔。尼泊尔医生的工资在他们的社会里是相当高的。我们医生的工资比台湾地区、香港特区医生的都低得多。如果能把医生的工资提高到应有的水平，在很大程度上就会杜绝红包这类问题。比如说在美国，甚至台湾地区、香港特区等，因为工资高，医生当然会好好从事医疗和科研工作，否则就会被辞退。

而医患关系应该是双向的，医生和患者应该互相尊重和体谅。患者不能动不动就打医生、打护士，这是不对的。而坚持救死扶伤的精神，不断提高医疗质量和医德医风，仍是医务工作者应该努力的方向。

与国外先进水平比较，国内高水平的医院，如重点医学院校的教学医院、一些三级甲等医院的医学影像学，在临床应用方面差距并不太大，但在基础和实验研究方面的能力却相当薄弱，因此造成创新研究少，新技术和新方法的开发与研究滞后。在临床应用研究方面，我们有优势，因为我们病例多，但只靠这方面是不够的。同时，也应致力于组织“多中心的研究”，不断提高诊断或治疗评价的“规范化”和“国际化”水平。

决不能忽视基础和实验研究的重要性。我举两个例子。首先一个就是，介入治疗是医学影像学的一个重要领域，现在发展迅速。对肝癌的介入治疗，不仅仅是插管注入抗癌栓塞剂，医生还应知道整个肝脏和肝癌各种并发病变的有关情况及供血规律等，有针对性地进行治疗，才能获得良好效果。此外，如肝癌的组织类型及其与介入治疗的联系；除肝动脉供血外，门静脉参与的规律；我国的肝癌有何特点等，这些问题都要通过实验或基础研究加以解决。

第二个例子与工程技术的基础和开发研究有关。例如，引进一台最新式的磁共振设备，我们多是只能按照厂家提供的硬、软件条件，如有关的脉冲序列等进行操作，很少能根据临床医疗和科研需要，开发新的脉冲序列和检查技术，这主要由于我们缺少这方面的基础研究力量。因此，在我国医学影像学领域，医工结合薄弱是影响发展的另一重要问题。医学影像学是设备依赖型专业，只有不断研制、开发新的影像设备、器具和技术，才能提高临床应用水平。因此有关工程人员、物理学家与医学专家相互配合、共同开发研究非常重要，这方面的工作亟待加强。电子束CT（又称超高速CT）的研制开发就是很好的例证。在1972年问世之初，CT主要用于检查颅脑，后来随着设备的改进，可应用于身体其他系统的检查。但因其扫描速度慢，一直不能应用于心脏扫描。当年美国加州大学旧金山分校的影像学医学专家就提出要求，由物理学家、工程专家积极参与，最后终于研制出应用电子枪的电子束CT，扫描时间缩短到100毫秒，现在已经缩短到50毫秒，可以有效地应用于心脏扫描。

我曾到宾夕法尼亚大学访问，那里的放射科专业人员中，医学博士（M.D.）占五分之三，工程和物理学专业博士（Ph.D.）占五分之二。他们密切配合，进行开发性研究。现在广泛应用于临床的数字减影血管造影（DSA）设备，是由美国威斯康星大学的医学专家和工程技术人员密切合作研制成功的。

我国的现状是物理学、工程专业人员毕业后多到工厂或科研机构工作，很少直接与医生沟通和合作，彼此缺乏了解。另外，分配到医院工作的工程、物理学专业人员，因医院缺少相应的条件，也很难开展工作。这是亟待解决的问题。而结合实际，探索适合我国国情的医工结合道路，既可促进医学影像学的发展，又有助于医疗器械、器具的研制、开发。近年来，医院与大学合并组建医学院校的优势之一，就是把医、理、工，甚至文、理、医、工互相结合，在教学上为大学生打下一个比较全面的基础。

从现代科学的发展来看，医学教育实际上是要打好基础的问题，既要帮学生打好医学及相关基础学科的基础，也应让学生适当地学习一些人文科学的相关知识。大学医学生毕业以后，要经过全面的住院医师培训。在国外住院医师的培训是比较严格的，一般是五年。

1986年中华医学会受卫生部委托，制定我国的住院医师培训方案，以内、外、妇、儿科为试点。当时，我任中华医学会常务理事和放射学会主任委员。针对国内外医学影像学的发展，我提出将已成为诊治兼备的临床专业也作为一个试点。经同意后，我们与中华医学会继续教育部共同召集专家组，制定了五年制《医学影像学住院医师培训方案及实施办法》，后经卫生部和中华医学会批准。那时就已经明确提出，医学影像学住院医师的培训，既要包括狭义的放射学，即普通X线、CT、数字减影血管造影、磁共振成像（MRI）和介入放射学方面的培训，又要包括超声和核医学方面的培训，相互轮转。此外，还应包括一定时间的临床培训。这在当时是比较全面和先进的。但根据国外近几年的经验，缺少科研能力的培训为其不足之处。

另外，缺少对培训基地的考评和培训期间缺少对住院医师的考核、认证及相应的淘汰制也是两个重要的问题，而这两个重要问题都需要我们从体制上进行改革。何为对培训基地的考评？现在一般医院都可以进行住院医师培训，而医生分配到某医院参加工作就算培训了。实际上在我国的台湾地区和香港特区早已实施了考评制。某医院能不能培训住院医师，要由政府委托权威的学术机构来进行考评，例如医院和科室整体学术水平、病床数、每年收治的病种和病例数以及师资力量等。符合标准者方能成为合格的培训单位。例如，阜外医院虽然是中国医学科学院所属的三甲医院，但是作为心血管专科医院则不能单独成为培训基地。肿瘤医院也是如此，然而协和医院就可以。阜外医院和肿瘤医院可以加入到一个大型综合医院中，承担有关的培训任务。

在住院医师的培训过程中，应该有淘汰制。一般都是第一、二年过了，第三年参加考试，不合格者被淘汰。20世纪50年代初我在协和医院时，那里还在实行住院医师淘汰制。

我国卫生部已经建立了人才流动中心，这是一个适应时代的举措。将来的医学院校毕业生，首先要到人才交流中心报名，根据志愿，毕业生和用人单位双向选择。因此，我想再次强调的是，住院医师的培养应该规范化，并采取人才流动和淘汰制，培训基地也应该实行考评制。

高层次科技人才的培养和梯队建设是当前一项重要任务。从医学影像学专业来看，先进或合适的设备、仪器是必要条件。由于国家的经济实力和某些机制问题，这方面确有不合理之处。例如，师资、专业等各方面较强的单位，却没有相应的设备。像阜外医院多年来（截至2001年）没有磁共振，这给心血管磁共振诊断、研究带来了不利影响。所以，我的几位博士研究生不得不借助其他单位的设备做课题研究，有诸多不便之处。但这些课题研究工作对推动我国的心血管磁共振的应用研究起着一定的作用。

2000年《科学时报》曾刊文提出国家科技的发展可分三个阶段：第一是以引进、仿制为主的阶段；第二是以消化、吸收、改进为主的阶段；第三是以自主创新为主的阶段。这三个阶段与一个国家的经济发展水平及其对科技的需求和投入有关。研究和开发（R&D）的投入与国内生产总值（GDP）应该成比例。第一阶段，R&D的投入小于或等于GDP的1%；第二阶段，1%左右；第三阶段达2%以上。这是就一个国家的科技整体水平而言，当然也包括医学科学和影像学。1998年我国R&D的投入占GDP的0.67%，而2001年已经达到了1%，其中相当大的一部分资金来自企业，我听了非常高兴。这为我们指出了一个重要方向。我认为大到一个医学院校，小到一个医院或科室，也应该这样做，除向政府申请资金外，应与企业联系或共同协作，获得资金支持，用以发展科研工作。

我现在做的工作

加入WTO后，在经济上，我们面临国内外的竞争。对医疗事业或医院来说也是如此。事实上，国内近年来已出现了一些民营医院，外资医院也会进来。这些医院会招聘高层次中青年或高级专业人才。面对新的竞争机制，我们应有思想准备和相应对的措施。

另外，随着基层医疗（社区医疗）体制的不断完善、社区全科医师水平的提高，我国整个医疗体制将会发生变化，中等医疗单位将会减少，大型综合医院和有专业特长的专科医院任务会更多，同时还要面临与上述民营、外资医院的竞争。如何提高医疗和服务水平，是我们面临的新的挑战和机遇。

作为老一代的医学影像学的专业人员，当前我主要致力于三方面的工作。一是结合国外发展和国内情况，尽力向国内医学影像学界评介今后的发展方向，即对21世纪影像学的展望和我国的战略对策等。实际上从20世纪末我就开始做这方面的工作，或写文章，或在不同的学术会议上作报告，反响是积极的。二是学科建设，积极倡导和推进“大影像”概念的现代医学影像学科的建设，即由原放射学（含CT、MRI、介入等）、超声、核医学共同组建现代医学影像学，以适应新世纪医学科学的发展和本专业人才培训的需要。但由于传统习惯和其他原因，这一工作相当困难。为此，我们提出分两步走：第一步，上述亚专业学科先组成行政上各自独立的医学影像学部，开展联合学术讨论、共同申请科研课题等工作。可喜的是，国内有些教学医院已经组成了医学影像学部，取得了一定的进展。第二步，待时机成熟时组建统一的医学影像学科室。面对新世纪医学科学包括现代医学影像学发展的机遇和挑战，培养中青年骨干专业人才是我的第三步的工作。在经过住院医师培训后，医学院毕业生在“大影像”概念的现代影像学范畴内应打下较全面的基础，在转为专科医师后，选定亚专业或分支学科，如胸心影像学、介入放射学或超声、核医学等作为主攻方向。同时，还要继续学习、了解相关的临床基础知识和分子、基因学等新知识，不断扩大知识面，以适应时代的发展。

访谈人：张兴杰

访谈时间：2001年6—8月

孙燕（1929— ）

1929年2月1日生于河北乐亭。临床肿瘤学家。1956年毕业于中国协和医学院（今北京协和医学院），获医学博士学位。1979—1981年在美国M.D. 安德森肿瘤中心任客座教授。曾任中国医学科学院肿瘤医院内科主任多年。现为北京协和医学院教授、国家癌症中心国家新药（抗肿瘤）临床研究中心主任、世界卫生组织（WHO）癌症部顾问、亚洲临床肿瘤学会和中国癌症基金会副主席、国际化疗学会理事、中国临床肿瘤学会指导委员会主任。1999年当选中国工程院院士。

孙燕是我国实体瘤内科肿瘤学的开拓者和学科带头人。他在开发抗肿瘤新药，运用现代科学方法阐明扶正中药的促免疫作用，特别是发现能抑制肿瘤病人过多的TS细胞活性，以及淋巴瘤、肺癌和睾丸肿瘤的综合治疗等方面卓有建树，多次在国内外获奖。他开发的贞芪扶正系列产品多年来畅销国内外。

孙燕院士

做爱国者、好医生、好老师

末代皇帝溥仪的幸福观

大约在1965年的时候，溥仪得了肾盂癌，先是右侧，后来左侧也得了。因为右侧肾已经切除，左侧就不能再做切除手术，只能做放射治疗了。我那时候还是个年轻大夫，给老院长吴桓兴教授做助手。那时吴院长主持溥仪的治疗工作，所以我和溥仪也有接触。一两年前溥仪第一次患癌症的时候，在协和医院住院，我们也去参加会诊，所以前后跟溥仪大概有两三年的接触。溥仪那时候就是一个典型的北京老头儿，跟他年轻时的脾气也完全不一样，穿着比较随便。他跟医护人员的关系非常好，对人很和气。

有两年过春节的时候，溥仪都给我们拜年。当然，那时候溥仪就是一个普通病人，过年了见人就作揖、拜年。我回家跟我父母说："你们看，今天皇帝都给我拜年了。"

有一天，在我们老院（当时称日坛医院），吴院长进到机房帮溥仪定位。照射的时间一般很短，完了以后就坐在外边跟他聊天。那天，他很高兴地说他要上王府井逛街。他说："你看现在我做一个普通人多好，非常自由，爱上哪去就上哪去，但我不幸生在这么一个家庭里头，前半生几乎都是在别人的监视下生活。我是个非常软弱的人，连个苍蝇、蚊子都不敢打死。"他开玩笑地说："当年我结婚入洞房的时候，就有四个老太太在那看着，我也没那个本事，我就跑了。"后来我和我们老院长谈了："您看看一般老百姓都羡慕当皇帝，可是皇帝又羡慕咱们。这正是钱钟书的'围城'思想，城里的人想出去，城外的人想进去。”

后来，意大利导演要拍一部叫《末代皇帝》的电影，那个摄制组曾访问过我们老院长，我也跟着参加了。访问的时候我们就告诉他们这个故事，它代表了溥仪晚年的一些真实思想。实际上，当时他们也提到溥仪特别喜欢自由。溥仪的确是觉得他的晚年生活很好，很喜欢做一个普通公民。

我觉得这个故事对我的影响也很大。每个人都有自己的难处，皇帝也有。对溥仪的前半生我不予任何评价，我也不怎么了解。但是我觉得在他晚年作为病人和我们谈话的时候，他还是很欣赏自己过的普通人的生活，感觉特别好。后来乔羽同志在《末代皇帝》电视剧里头写了一首歌，其中有这么一句话：“抛弃了金玉枷锁便是自由。”

我说这个故事，就是说大家应该热爱自己的生活。人不可能全部顺心如意，皇帝未必幸福，我们未必不幸福。皇帝也有皇帝的难处，这样大家对今天的幸福会有更多的理解。

我最早的偶像是我父亲

我1929年生在河北乐亭，那里离李大钊的家乡不远。我生长在海边一个非常普通的家庭里。因为我是家里的第一个男孩，因此我的祖父母和父母都很喜欢我。

早年在河北，因为农村的土地不够分，有很多人就去闯关东了。我祖父也跟着去东北做买卖了。祖父是一个小资本家，在长春的东街开了一家百货店。我记得那个百货店卖文具，有铅笔、纸张等，好像也卖点日用的东西。父亲在我很小的时候就出去在外面做事，他被我祖父安排到一家私人银行工作。我父亲是一个天赋很高的人，虽然他没念过多少书，但是他的知识面很广，而且也很爱国、有正义感，对我的影响比较大。应该说我最早的偶像就是我父亲。我父亲只比我大20岁，所以跟我比较亲近，我跟我父亲之间既有父子情义，也有朋友情谊，很多事我都愿意跟他说。我父亲非常好强，总希望多念点书。他还跟我说过，如果有条件、有机会的话，他还想念大学。由于他必须负担家庭生活的担子，他只读过函授大学，所以他把自己的理想和很多想做的事情就寄托在我身上了。他说过，他再难也要供我上学，让我受教育。我母亲就在家里面做家务。她认不了多少字，但却是一个通情达理、非常慈爱的人。因为我是长子，她有很多事情都跟我说。

我一懂事就面临民族危亡

我幼年最强烈的记忆是关于大海的，我觉得大海非常广阔，很大很大，是无边的。我还记得一些上学前的生活，比如春天去放风筝。放风筝很有趣，拉着线，看着蓝天、白云、远处的树林和树林后面的大海。后来到了昌黎县城，印象最深的就是山。当时我觉得县城北面的碣石山很高很高，树木也很多，郁郁葱葱的。那时我们很多同学都住在学校，每到星期天就到比较低的小东山去玩。因此我的童年生活跟大自然很亲近，我在大自然的怀抱里觉得很欢乐，无忧无虑。

我一上学，开始懂点事的时候，所接触到的就是民族危亡了。那时，日本人已经侵略我们国家，非常明确地要占领我所在的冀东地区了。

“九一八事变”以后，日本已经占领了我国东北并逐渐进入山海关。那时距离1937年“七七事变”比较近了。实际上，我一懂事就面临国破家亡。我们那一代人，有一个很深的概念是什么呢？就是如果没有祖国，你有天大的本事也是没有用的。不论贫富，更不论你有没有本事，敌人一来，都一样要完。后来，我看了老舍先生的《四世同堂》，体会就更深了。

我父母对我的教育也很严格。因为我是长子，父母就把他们一生想做而做不到的事情都寄托在我身上。在我很小的时候，父母就说：“你要努力，将来要为我们的民族，为中国人做些事，为国争光，不要辜负我们的期望。”而我从懂事以后就一直觉得要自强不息，为国家、百姓做些有益的事情。对于我们这个年代的人来说，这样的想法是很普遍的，好像生来就是这样，也用不着思考很多，没有豪迈动人的过程。那时我们崇拜像岳飞、文天祥这样为民族献身的英雄。

我父母送我到县城的昌黎中学附属小学寄读。你想一个刚刚十二三岁、从没离开过家的孩子被送到学校里去住，会是一个怎样的处境。当然，我的学校在当时还是非常好的，老师对我也挺关心，大家都非常照顾我，而且这段经历确实对我的成长很重要。那时同学们都住在一起，按时起床、吃饭、上课、自习、入睡。老师们很照顾学生，大家还是很快乐的。每到星期天或其他假日，小伙伴们就一起爬小东山。虽然有时也去爬昌黎北边的大山，去爬很多仁人志士曾经都爬过的碣石山，但由于当时我们年纪比较小，一年也就爬一两次而已。因为那个时候山里没有其他人，所以大家伙儿就谈谈自己的兴趣、抱负、志向。当时，我们已经隐隐约约地知道祖国正处在民族危亡的关头，都立志要做一些事情，能够解救老百姓于水火之中。从那时开始我就觉得自己长大了，一下懂得了很多事情。

我在昌黎的时候，日本已经占领了大半个中国。城里有日本兵和伪军，出入城门要对他们表示敬意，否则就会遭到打骂。那时候我们大多数都是孩子，日本兵也不是很在意。可有的同学长得比较高，行动会引起他们的怀疑。记得有一次，因为学校在城外的东关，我们出城门的时候已经比较晚，几个人走得有些快，站岗的日本兵马上拿着枪对着我们。我们经过很多解释，尽量跟他们说好话，出示学生证明，最后才被日本兵放了。从此，大家再也不敢天黑出门了。

另外，我们那个时候还经常看到日本兵无故殴打老百姓，比如有人在街上挡了他们骑自行车，几脚就被踢得远远的。因为我们很少出门，倒没有亲眼看到日军杀人的事。但是听说日军在农村干了很多坏事。所以我住校不到两年，很快就觉得自己成长起来了，懂了很多，这个过程对我的影响也是非常大的，让我对祖国有了一个明确的概念。

1943年小学毕业后，我到北京直接上了初中二年级（因为“七七事变”，我上学耽误一年，后来小学毕业以后，我就直接考上初二了，所以我初中只念了两年）。我开始读初中时，学校叫北京市九中，就在北京站旁边的船板胡同。我从小喜欢音乐，喜欢贝多芬音乐的气势磅礴，舒伯特音乐的简洁明快和王洛宾歌曲的深情。我对唱歌特别感兴趣。那时有很多歌流传，其中有一首叫《天伦歌》，歌中唱道：“收拾起痛苦的呻吟，现出你赤子的心情。老吾老以及人之老，幼吾幼以及人之幼。”而结尾正是道出了那时人们在困苦中的向往：“浩浩江水，霭霭白云，庄严宇宙亘古存，大同博爱，共享天伦。”当时虽然父母不在身旁，可我有父母，还是有人关心我的。

所以，对我们这一代人来说，印象最深的就是个人、家庭和国家的关系。早早理清这些关系对一个人的一生都有重大影响。在民族危亡的时候不可能实现什么个人理想，个人有天大的本领都是无用的，要把自己的一切遭遇放到整个民族的处境中去考虑。民族和国家在心中的分量相当重。

走上立志学医荆棘路

幼年和青年时期的老师对学生的一生有重要影响，他们常常是学生的榜样和偶像。我那个时候的老师也是如此。回想起来，他们有的是因为日军的侵略而辍学的大学生，有的是因家庭困难而失学的中学毕业生，还有几位因日军入侵而失业，不得不靠教书糊口的青年。

我的老师大都是热血青年，他们都特别愿意跟学生在一起。他们岁数比我们大一些，特别愿意跟我们谈论怎么样念书呀，将来的志向呀，怎么样去报国呀。后来有的同学就参加了八路军。但是当时多数学生主要的思想是，要学点技能和本事。在昌黎小学的时候，大家都说长大最好是学农，让我们国家的农业实现现代化，并使农民富裕起来，这样国家也就强了。我在农村上小学时，在收割季节去拾麦穗、捡花生等，所以我从小就非常喜欢农业。后来，我到过很多农村地区。1979—1981年我在美国时，还多次专门去那里的农村考查，写了专门的报道发表在《瞭望》杂志上。所以大家都开玩笑说我的第一职业是医生，第二职业是农民。

后来由于时代和一位同学家长的影响，我决定学医了。我有一个同学的父亲米大夫在昌黎东关开了一间诊所。这位米大夫非常敬业，名望很高，是当地的名医，对贫苦农民很同情，常常无偿地给他们诊疗，所以受到当地人民的敬佩，也就成为我们这些孩子们的榜样了。另外，在那个时代，如果学农，去哪里实现愿望？如果学物理（我那时对物理学也感兴趣），在那种情况下，也只能去当老师教书而已，而当医生可以治病救人。医生在那时是一个能够独立发挥作用的特殊职业。

所以，小学将毕业的时候，我就立志将来要去学医。当然我的父母也非常愿意。那时人们对医生都很尊重。我家里没有人做过医生。这是我人生的一个重要决定，无论遇到什么困难，我都从未动摇过。诚实地说，这一志愿也在一定程度上支撑了我克服后来人生道路中的坎坷。

在我上小学和初中的时候，家里的生活还是可以的，能维持下去，能供我到昌黎县城和北京上学。但是到1945年，我家就比较困难了，我父亲工作的银行倒闭了，他的肺结核病也复发了。我父亲有一段时间就失业了，所以家里非常困难，能卖的东西都卖掉了。我当时面临失学，但父母含泪要我坚持，坦率地告诉我，不到最后决不让我背上全家生活的担子。我明白他们是怕父亲万一因病故去。

我要到北京继续读高中，我父亲站在家门口与我话别，他说："我实在是没有能力供你了，你要靠自己，你自己能上到哪里就上到哪里；不能上，就没办法了。"我跟父亲之间的交流是比较多的，我也知道家里的情况，我很能够理解他。由于我还有弟弟，所以我已经作了各种准备。当时我已经准备去教书了，因为我是初中毕业，可以去教小学。我对他的想法没有任何埋怨，对那个时代我看得很清楚，大家都困难。

我读的是北京汇文中学，抗战胜利后又恢复为教会办的学校。多数教会学校都设有各式各样的奖学金，以资助困难学生。其中最重要的是资助优秀学生继续完成学业，如果考进前三名，可以免交学杂费。所以我从上高中开始，就必须念得好、考得好。因为如果能争取到学校里的奖学金，我就可以继续上；要是争取不到，我就只能辍学了。

1948年考大学是一个很重要的转折点。当时像汇文中学这样的教会学校可以保送学生上燕京大学，但是燕京大学要收学费，因为我家里没钱，就不能上了。我只有考国立大学。记得我考北洋大学的时候，有一道比较复杂的考题，很多学生答不上来，当时监考老师是张国藩教授，他是物理学的教授，看到我答对了这道题，交卷以后就叫我过去。他觉得我的思路很好，就说，只要我的其他课能考过，就让我跟他念物理学。当时我也非常高兴。后来我没有学成物理，是因为我获得了燕京大学的奖学金，我就学医了。但老一辈学者对学生的爱护让我深受感动，是我学习的榜样。

对民主、真理和科学的反思

我在北京上初中时，北京是沦陷区，处于日本人占领的最后阶段。日本人开始走下坡路、打败仗了。虽然生活很困难，但大家心里都比较清楚，比较高兴，从那个时候就盼着，希望我们能够快些抗日胜利。我那时和很多同学一样，比较幼稚，只知道蒋委员长“领导抗日”，就像《四世同堂》里的老百姓一样，盼星星，盼月亮，对抗战胜利抱有很大的希望。我现在还很清楚地记得很多事情，1945年8月15日日本无条件投降，在秋天九十月的时候，国军就回到北平，我和同学们在天安门前列队欢迎。

可是当时我们非常吃惊，心中蒙上了层阴影。为什么呢？因为我们看到的是，国军坐在车上都很呆板。现在想起来，当时都是抓来的兵，所以他们不可能是沦陷区百姓心目中的抗日英雄。

后来，特别是1946年，很多所谓的“接收大员”，越来越暴露出贪污腐化分子的嘴脸，加上物价飞涨，人民非常失望。1945年冬天，李宗仁到北京任行营主任，北京曾组织十万人在太和殿召开欢迎会，那时民心还是非常好的，我们都去参加了。但是1946年冬天蒋介石到北京时，我们根本就不去参加了，我也趁着这个机会回天津家里去了。这个转变还是很大的。后来在美国，我碰见一位黄老先生，他带着他的夫人到我所在的肿瘤中心看病。那个时候总领事让我去做一做他们的工作，因为大家都是中国人，他们需要我们帮助的时候，我们应当体现出同胞的情谊。这位黄老先生当年是国民党高层官员、李宗仁的秘书长。我们在美国见面的时候，他是台湾一个“反共委员会”的委员。出乎我的意料，当我们谈起“国军回归”这件事，他仍然记得清楚，而且他的看法和我的完全一致。我说：“我们当年在沦陷区期盼国军回来是盼星星、盼月亮，做梦都希望蒋委员长能解够救老百姓于水火之中，你们来了以后，我们也抱了很大热情。在太和殿里欢迎你们的十万人中就有我。”他说：“我也在场，那时候我们没有机会见面，也不认得。”我说：“当时民心非常好，怎么到了1946年你们就这样了，真是让我们非常失望。”他说：“是呀，那是国民党最腐败的时期。”后来他也反问了我一些事情。我到美国是1979年末，跟黄老先生谈话的时间已经是1981年了。

1979年我到美国做访问学者时，遇到台湾人，我们都觉得很亲切。当时受“文化大革命”的影响，我的思想很紧张，认为跟美帝国主义在一起要小心，而且在美国，有很多台湾特务，我更要警惕，但是我慢慢体会到，大多数台湾朋友都不是特务，都很愿意帮助我们。我到台湾去过三次，看到台湾和大陆没有什么区别，彼此的感情是一样的。老百姓，甚至官方人士对过去的历史和当今的世界都有很多共识。只要本着实事求是的态度，坐下来协商，没有什么是不能解决的。虽然现在的分开是由多种原因造成的，但我相信这只是暂时的，早晚我们会再走到一起的。我们两岸都在积极发展，经济不断进步，民族继续兴旺，所以两岸肯定会越来越接近。我是个乐观主义者，我觉得我们这个民族有那么悠久的历史和那么深厚的文化，是不可能永远分裂的。

当年我也是一个热血青年，但是我对共产主义、对革命没有认识，觉悟很低，只知道读书。那个时候，能在汇文中学那样的学校念好书的学生就是好学生。1946年以后，我们原来的校长高凤山回来了。我记得高校长的思想非常倾向美国，主张美国式民主和教育，但是他非常有民族意识，而且很开明。他是绝对不允许国民党到学校来抓人的。这样一个有爱国主义思想的老人有很多功劳，他培养的学生里就有很多知名的爱国者，他为民族的解放做出过贡献。

到了1947年，我干脆就参加“反内战、反饥饿”的游行去了。当时只是出于正义而已。那时我们汇文中学已经有同学参加地下党了，但是大家并不知道，只感觉这些同学非常正义，敢说敢干，和我们都是非常要好的朋友。我们班有几十个同学，大家的关系非常好。后来都成为真正的患难之交，因为大家是在同一个环境里长大的，彼此还是很关心的，彼此间的友谊一直保持到今天。

经过很长时间的思考，我想明白了一件事，为什么欧美国家为了他们自己的利益在中国办学校，为中国培养了这么多革命者，而教会学校的学生毕业后真正去教会的反而很少？

美国人在中国办了很多教会中学、教会大学，也办了很多教会医院。他们本来是想在中国培养一批具有民主思想的人才，这些人能够理解美国，比较亲美，将来就能跟美国合作。我曾经这样坦率地请教过美国老师和朋友，他们也是这样理解的。拿我在汇文中学、燕京大学所受的教育来说，当时就是给我们灌输要追求真理的思想。燕京大学的校训“因真理、得自由、以服务”最具有代表性。

在那样的年代里，要到哪里找真理、民主呢？那时在中国，只有共产党主张民主自由，所以就只能到共产党那里找。因此就产生了一个很特殊的历史现象：美国办学为共产党培养了干部和人才。汇文中学的校友中有很多有名的爱国人士，其中最有名的是“三一八”惨案中牺牲的唐耀昆、谢戡两位烈士，曾任新四军师长的彭雪枫烈士，张学思将军和著名抗日歌曲《五月的鲜花》的曲作者阎述诗老师等，此外还有十几位院士。燕京大学也是这样，像埃德加·斯诺、雷洁琼、费孝通、黄华等都是燕京大学的。这些都说明：历史的潮流是非常重要的，不能违背，这个世界就是要走向民主。所以我想，这肯定是办学者们当年并没有想到的一个结局，但却是历史的必然。

和我同时代的老一辈看到一些觉得不符合真理的事，他们就敢说，会挺身而出地去批评、去斗争、去游行，军阀和国民党当然就会镇压。结果呢？多数学生成了共产党员或共产党的支持者。

后来，特别是“反右”“大跃进”和“文化大革命”的年代里，造就了一部分人成了两面人物。很多科学家对有些事看得一清二楚，但是他们不说，从而使浮夸、违背真理的言论甚至做法泛滥，我认为这是我们民族的灾难。像雷洁琼、费孝通、巴金、冰心等老人，当时他们明明都知道社会上有些事情不对，但他们不能说。为什么呢？因为说出来就要挨鞭子。我们科学院和工程院很多这样的老同志，他们当年冒着很大风险回到祖国，目的是为国家建设事业效劳，但有时连这个目的也要受到怀疑。那时，他们最反感被问“你为什么回国”这个问题。

现在我们能够畅所欲言，我想这是很好的。在这样的一个大环境下，各个方面的进步就会快了。

当然，我仍然忧虑学术界的浮夸风。我认为，浮夸实际是腐败的一种。人们痛恨腐败是因为都知道那是错的，会严重危害国家利益。但浮夸，特别是明知不可能，但为了个人利益，堂而皇之说大话，很容易欺骗很多人，危害比腐败更厉害。因为浮夸不易被人民察觉，欺骗性更强。如果领导无知而信以为真，那危害就更大了。学术界的浮夸更具欺骗性。科学的灵魂是求真、求实，违背了就成为谬误。例如在肿瘤治疗领域的夸大欺骗，已经使得不少病人贻误病情，甚至花费所有而得不到有效的治疗。作为共产党人，实事求是更是党性的体现，所以我特别支持两院规范院士的道德行为。

首先要提高医药产品的质量。药品是一种特殊商品，关系到人们的健康和生命，必须保证质量。任何药品如果不合格就必须销毁，不能像服装那样，不合格就出口转内销。所以，国家药品监督管理局（SDA）规定，西药厂和中药厂在2000年底和2001年底达不到药品生产质量管理规范（GMP）就要停产，这是十分正确的。这体现了对人们健康负责的态度。

我国医药市场上有些“既无疗效又无毒性”的“滋补药品”充斥医药市场，很多病人受骗上当，浪费了国家大量本来应当正常使用的经费。国家药品监督管理局已经在打击这类骗人的“滋补药品”，取消健字号系列。我们完全可以学习发达国家对这类所谓“药品”的管理经验，任何虚假宣传和误导都应当受到法律制裁，因为这会给病人带来危害。至于那些“大仙”“大师”，以骗取钱财为主的骗子，我这里就不提了，他们属于法律处罚的范畴。

体会科学的乐趣，我觉得是非常重要的。科学是一个认识世界的好途径，只有通过一些正确的、科学的方法才能认识世界。我当老师的时候，就不要学生死背。例如通过达尔文的物种进化理论，可以认识和理解大自然也是科学。在这样的过程中，学生会体会到乐趣。

我会有意识地教学生们思考、认识世界的方法，而不是告诉他们世界就是这个样子。我学医以后，认识到医学是科学的，不能违背任何科学规律，否则马上就会犯错误。后来我知道，经济学也是科学的，社会发展也是科学的，只要违背了规律，就会吃苦头，受到惩罚。而且，任何违背科学的推断都是无用的。

人的一生是很短暂的，古人常常感慨人生苦短。我们是唯物主义者，真正不朽的是自己的事业。应当看到，近40年来，很多过去被人们认为是“不治之症”的肿瘤已经成了“可治之症”，如果你在这一进程中做出过哪怕很小的贡献，都应当感到莫大的光荣。正像我们不会忘记吴桓兴、金显宅、宋鸿钊和李冰等临床肿瘤界前辈生前为我国肿瘤学所做的贡献一样，我们今天的努力也会成为后人做出卓越成绩的一块基石。那样也就没有白活一生，这就是人生的真谛。

几十年来我一直苦思冥想，我们这个民族很伟大，而且有凝聚力，绝不比其他民族差，但不可否认，我们也有不少弱点。我想最主要的弱点是自私。在国外，很多人都有体会，中国人在一起是非多，不容易团结。从历史来看，我们很早以前就有“各人自扫门前雪，莫管他人瓦上霜”的思想。我想通过抗日战争的洗礼，老百姓应该认识到，光顾自己是生存不了的。我在美国医学界接触过很多犹太人，他们都有很强烈的“我必须帮助其他犹太人，否则我们没法生存”的思想。但是华人就没有这种思想，只顾独善其身。

在元代时，我们的科学，特别是天文学还是很发达的。可是到了晚清，我们在科学上就极落后了。所以我觉得清末的闭关锁国政策使得我们很愚昧。当然各个时代都有特定的任务，目前不是批判民族弱点的时

1980 年孙燕（左一）在美国工作期间留影

候。但是我们总要认识到这一点，我们民族应该反省，应该大力提倡大公无私、顾全大局的集体思想。

人不能只为自己。国家现在越来越兴旺，越来越好，那是大家工作的结果，绝对不是个人努力的结果。应该考虑一下自己要去为别人做点什么，不要只要求大家为自己做点什么。任何一个国家，如果多数人都考虑自己的话，就不行了，每个人对民族、国家多考虑如何做出些大的贡献，才不愧生在这个伟大的时代。我们做医生的，就应当以人为本，多考虑怎样治好病人。我特别欣赏“换位思考”的提法，换个位置，从病人的角度去考虑，就知道怎么样做医生了。

我倡导中西融合，综合治疗肿瘤

事实上，我对中医中药的研究也有极大的兴趣。我从小就是吃中药长大的，相信能够存在千年的东西一定是有道理的。1960年我脱产一年，师从三代世医姚孝武学习中医。在我完成阶段学习后，老师曾对我说："为了学习，在临床上我严格要求你开经方，但在以后的临床实践中我希望你创新。中医也需要不断进步。"我相信历史的筛选，最喜欢中医的辨证论治。我们应该把中医的思想融入西医的临床实践，最大限度地应用现代医学的方法来阐明中医的内容，但这种想法有时会遭到一些老中医的反对，他们提出疑问：张仲景懂得淋巴细胞、免疫功能吗？李时珍学过分子生物学？其实，许多病通过辨证论治可以药到病除，但是对癌症，需要艰苦钻研不断创新。中医的调理对病人无疑是有益的，但是单靠调理解决不了病人的全部问题，只有合理、有计划地综合应用抑制肿瘤细胞生长的各种方法，并结合分子水平的细胞免疫功能方面的调理，才能攻克癌症。和其他方面一样，愈是民族的就愈是国际的，世界卫生组织也寄希望于我们通过传统医学在疑难疾病方面做出成果，所以我们一定要探索出一条中西融合解决癌症和其他疾病之路。

我被下放到甘肃定西时，发现当地有很多黄芪，农民担着在集市上卖。我知道黄芪是最常用的中药，具有扶正补气的功效，就决定从黄芪入手开展中药研究。在实验室里，我用现代科学方法对中药的效果进行细致的观察和分析。多年来，M.D.安德森肿瘤中心和美国同行通过反复实验也证实了，黄芪、女贞子、芦笋、仙灵脾等传统中药能够促进病人免疫功能的恢复，与放疗、化疗配合，可以提高肿瘤患者的远期疗效。同时，通过测定我们还发现，晚期病人的细胞免疫功能大多有一定的损伤，而在病人服用中药后，情况有所好转。我对肿瘤治疗中应用“祛邪—扶正—强化治疗—扶正”的模式也作了研究和新的阐述。这一模式在综合治疗淋巴瘤和小细胞肺癌方面达到国际先进水平。临床治疗表明，祛邪—扶正反复轮替，能取得较好的疗效。因为开始时肿瘤较大，需要最大限度地祛邪。之后应注意病人骨髓和免疫功能的恢复和重建，即扶正。最后，再采取一切可能的方法提高病人的免疫功能，使肿瘤负荷降低到最小，那肿瘤就很可能治愈了。配合临床治疗所研制的贞芪扶正冲剂和胶囊、扶正女贞素和固元胶囊等中药制剂自正式投产以来，畅销国内外，并获得四项专利。中医是祖先留给我们的财富，我们应格外珍惜。

很多肿瘤医院在学科以外，还有综合治疗组或研究组。不夸张地说，在临床肿瘤治疗领域，很多重大进展都和综合治疗分不开。我们应该充分发挥中医辨证论治、扶正祛邪的指导思想，提高综合治疗的水平。在治疗肿瘤的过程中，综合治疗已经占有重要的地位。由于肿瘤学家普遍重视开展综合治疗，从而使很多肿瘤的治愈率大大提高。更重要的是，临床医生正在迅速地将各种实验研究的重大成果应用于临床治疗。

我喜欢当医生，只想做个好医生

我能有今日，无论是做人还是学医，都是老师教育的结果。虽然我年过七十，但心态还是很年轻的，而且我仍然要学习，在很多方面都要继续充实自己。

我做学生时很喜欢外科，1959年调至日坛医院时，我以为终于可以干上外科了。可是，院领导交给了我一项重要的任务，那就是开创一个新的学科——肿瘤内科。尽管当时我并不情愿，但还是服从了这一安排，并且再也没有反悔过。当时医院的内科只有5张病床，所用的药也只有4种。后来，我和比自己小一岁的周际昌医师一起，在医院领导的关心和具体指导下，边学习，边实践，开展医疗和科研工作，很快就有了进展。1965年内科病床增加到了30多张，科里也有了5位青年医生、2位进修医生和8位护士，肿瘤内科已初具规模了。同时，科室的医疗和科研工作也有了很大的进展。从1960年起，我们用中国医学科学院药物研究所开发的抗肿瘤新药N-甲酰溶肉瘤素治疗睾丸精原细胞瘤，取得突出成果，使很多晚期病人的病情得到缓解。我们在1962年召开的第八届国际肿瘤大会上，作了关于这个成果的报告，引起了轰动，被称为药物治疗肿瘤的典范。此外，我们还开创了乳腺癌晚期术前化疗、胸壁复发的局部治疗、晚期肺转移的治疗、胸腔积液的局部治疗以及头颈部癌的动脉化疗等。“文化大革命”期间，我被下放到甘肃，肿瘤内科也被解散了。直到1972年，敬爱的周总理把我和几位专家调回到北京，才又重新组建了肿瘤内科。如今，中国医学科学院肿瘤医院内科人才济济，已经成为集医疗、科研、教学为一体的大规模医疗机构。在此我也特别要感谢三位老专家，他们是时任日坛医院院长的吴桓兴教授、李冰书记以及顾问金显宅教授，是他们创建了肿瘤内科专业，为中国肿瘤事业包括内科肿瘤学的发展做出了杰出贡献。

我一生最幸运的事就是，我得以在很多名医门下受教。我特别缅怀我多年的良师益友吴桓兴教授。他是个伟大的爱国者。他生在海外，回国学医，后来又留学欧洲。第二次世界大战期间，他在英国做副主任医师，却于1947年毅然回国，开拓临床肿瘤学的事业。那时候新中国还没成立，国家还很贫穷，他在上海一家小医院当院长。他曾告诉我，那个小医院当时只有四五十张床，而且什么样的病人都收，还做阑尾炎手术。

吴桓兴教授为了回国开展临床肿瘤学事业，抛弃了很多。他说自己是一个盲目的爱国者。当年一听中国的国歌，他就不禁流眼泪。他不明白为什么我们的民族要承受这么多灾难，这么多痛苦。所以他一定要回来。新中国成立以后，他参加过抗美援朝的反细菌战，后来又奉命从上海到北京参加创建中国军事医学科学院放射医学研究所和中国医学科学院肿瘤医院。他的奉献精神得到了世界很多国家的认可。美国、英国、比利时、法国都给过吴桓兴教授各式各样的奖励。国际抗癌联盟主席还到北京为他授奖。但是非常遗憾的是，我们国内一直没有给他授过奖。他担任全国侨联副主席、全国人大常委会委员多年，但是直到晚年才加入共产党。我比较敬业，很大程度上也是受吴桓兴教授的影响。他对所有病人都非常认真。要是我们年轻的大夫有困难找他，他从来没有表现出不耐烦，总是帮我们出很多主意。

“文化大革命”时，我才三十几岁，很惶恐，不知怎么办好，特别是有人要我揭发党委书记兼副院长李冰同志。我去问吴桓兴教授，他很安静地用英文告诉我，那是他们的事，不是我们的事情，叫我不要去理会。我是个医生，就要好好学习，充实自己。所以“文化大革命”以后，我们图书馆的肖先生说：“那个时候图书馆只有两个人老来看书，一个是吴院长，另外一个就是孙大夫。”

在“文化大革命”中，尽管吴桓兴教授表现得糊里糊涂的样子，其实我知道他是十分清醒的，对很多事都有自己的看法。他对李冰同志也倍加爱护，甚至让我起草过一份大字报，说他自己也是走资派，李冰很多资产阶级思想是他教的，以此来表示要对院里很多事承担责任。他完全明白当时整的是“党内走资派”，而他不是党员。吴桓兴教授表明了鲜明的革命立场，他为很多当时受迫害的老同志治疗。这些事情都使我终生难忘。

1970年春，我们全家被下放到西北安家落户。我努力工作，为当地老百姓做了一些好事，其实，所谓的好事，都是医生该做的事。1972年5月，我又奉调回到北京，继续从事我的工作。

进入古稀之年，我也总结自己有什么缺点，有什么优点。我觉得我有一个优点，就是我比较执着，认死理，认准的事我就会勇往直前。而且我也很乐观，能够排除外界的影响，战胜自己内心的软弱，这也是我能够活到今天的一个很重要原因。同时，这也促使我不断进取，不自暴自弃。在我遇到坎坷的时候，如果我自暴自弃了，就不是今天这样了。“文化大革命”时，大家都起来去干革命了，我当时和我的老师哈大夫被指定只能“抓生产，搞业务”，但我们都乐在其中。这正是我喜欢的，我能去看病人，管病人，有时我们两个人关起手术室门来做手术，忘了一切。为病人服务，过得很充实。

另外，我主张和病人站在同一立场。虽然我从事的专业是肿瘤学，很多病人愈后不一定好，但是我认为最好将病情如实告诉病人，动员他们合作，共同与疾病作斗争。我觉得医生和病人是真正和疾病作斗争的战友。没有医患间的相互配合，病人很难承受治疗带来的负担和痛苦，治疗也很难取得好的效果。

我曾经写过这样一段话：“习医50多年，我逐步体会到，病人的精神和疾病同样重要。在肿瘤医院工作40多年体会就更深，解决病人的思想问题，有的放矢地解除他们的疑虑，争取他们的理解合作，才能得到他们的配合，克服治疗带来的痛苦，取得最好的治疗效果。不但如此，取得病人单位、同事和家属的理解和配合也十分重要。不然病人的痛苦更大，甚至难以克服，造成整个治疗的失败。写到这里，许多美好的回忆涌上心头。曾经有几个患淋巴瘤的学龄前儿童，住在医院里不肯接受化疗，我们就陪着那些不知所措的患儿，像对待自己孩子一样带着他们看电视，在病房玩。孩子们很快接受治疗并且配合得特别好。以后每次来复查，他们都悄悄地站在我们旁边，耐心地等待我们处理好其他病人。多数医生都有这样的体会，患病儿童特别懂事、可爱，容易交流，他们会促使你自然地去尽心为他们服务。如今，这些当年跳皮筋的孩子都长大了，多数有了自己的孩子，有时他们专门带孩子来看我，真像家庭团聚，这也是医护人员最大的幸福吧。我们的多数病人实际上知道自己的病情，且大多能正视现实，配合医务人员做好治疗工作。这些病人宽大的胸怀和崇高的思想境界常使我们感动。医务人员若能了解癌症病人的心理特点及心理变化规律，并根据不同病人的心理特点进行心理干预，就一定能更好地为他们服务，取得更理想的效果。”

1959 年，孙燕在中国医学科学院西山造林队做医生

我要求科里医生绝对不能和病人发脾气。我也常对年轻医生说："你们是医生，绝对不能和病人发脾气。你们有什么意见，和我争论没关系。"

我永远不会忘记，1970年一个寒冷的初春，三个我曾经治疗过的淋巴瘤病人，蹬着平板车，给我送来一个木箱子。当时物资十分匮乏，这箱子是他们用自己家里和四处捡来的木板拼凑在一起钉起来的。因为他们知道我们全家就要被下放到甘肃了。说起这件事，我至今仍然十分感动。病人的真情和挚爱，是我身处逆境战胜困难、不断前进的动力。

从1958年以来，我有很多机会到基层工作，我很怀念那些时光。回到农村，我如鱼得水，如果不是带有某种"惩罚"的意义，青年人多接触工人和农民还是好的。在农村、工矿做医生，我也更体会到了人生的价值。

从20世纪60年代开始，我就参加了党和国家领导人的保健工作，也救治过很多国内外的知名人士。1993年，台湾荣民总医院院长给我写来一封信，请我为一位食管癌晚期病人提供治疗意见。我根据自己的经验，为病人提供了紫杉醇和一些扶正中药的资料，结果病人情况很快有了起色，后来他还争取到了赴大陆探亲治病的机会。我也曾结合中医扶正祛邪的方法为新加坡的两位副总理和友好邻邦的国王治疗过淋巴瘤，取得了良好效果。在我眼中，病人没有高低贵贱，我都会一视同仁。因为既然我选择了学医，我就要敬业，要热爱自己的职业和病人。

做医生最大的快乐和幸福是看着病人过上幸福的生活

如果从1952年我进入临床见习期开始算起，至今已经整整50年了。这半个世纪以来，我的体会就是，临床医学归根结底是一门以人为本的科学，观察方法和试验方法都必须是科学的。从来没有两个完全一样的病人，即使是孪生的兄弟姐妹。医生不敢对每个病人做出绝对的预测，而是永远在观察、求索，以求实的精神来观测将要发生的结果。医生只有看到病人如预期那样有所好转，才会放心，但事物完全按预期发展的例子是很少的，总有一定的变化和差别，所以我也体会到了实践的乐

1955 年，孙燕在北京协和医院任实习医师

趣，以及从求知到满足的幸福。这样活到老，学到老，检讨到老。这可能就是一个医生的生活和结局。随着医学的进展，人类对疾病的认识、分型、分层越来越细，也越来越深入，就需要中医所说的辨证论治。而辨的是：受体是否为阳性，基因是否过度表达及其免疫状态，等等。只有这样才能真正做到个别对待、个体化处理，疗效才会更好。不断学习，不断更新知识，这就是医德。

我觉得一个人如果不敬业，带着很多杂念的话，绝对做不好医生。只有全身心地投入，才有可能做得好，做出一些对病人有益的事。同样，我觉得各个战线上的精英，他们也是全身心投入。

做好医生是我们报国的途径，所以我很热爱我的工作、我的职业。平时我说说笑笑，但是给病人看病、开处方的时候，我从来都很认真，没有半点马虎。国内外很多有成就的医生也都是这样。

我从来不愿意参加表扬我的会，也常常因受到表扬而觉得很惭愧，

1999 年，孙燕在第四届亚洲临床肿瘤学会上作报告

因为我没有别人说的那么好，自己需要实事求是，要有自知之明。可是对“文化大革命”时所受的批评，我心里也有底，我想我也没有他们说的那么卑鄙、那么坏。每个人对自己都应该有一个客观正确的评价。

尽管我是个老医生，一般情况我都能处理，但是凡事都会有变化，不说一百，也许对一千个、一万个病人的处理都是对的，但是处理一万零一个病人的时候，也可能会犯错误。所以我常常说，一个好的医生只有通过自己的实践，才能知道自己的判断是否正确。如果我有一个什么发现，也不敢轻易发表，因为我不知道它是否正确。等到其他同道得到与我相同的结果时，我心里就有底了，这说明我的判断是对的，我才敢发表我的研究成果。医学是一门科学，来不得半点虚假。而且生命科学有很多变化，你把这个病人治好了，实践证明你对了，就是符合真理了。但是，对下一位病人采用了同样的治疗方法，可能就不一定合适，所以应当结合病人特点谨慎用药。我们在做学问的时候需要这点冷静和谦虚。

1989 年，孙燕与病人合影

我希望最后得到的结论是：你是个好医生。我是一个老医生，懂得如果对病人很冷淡，那么病人会觉得很痛苦。他是在困境里才找你，如果你不热心、不热情，他会很痛苦的。尽管有时我并不能保证能够把病人完全治好，但是我可以保证，我很热情，可以给病人带来温暖，带来支持，减轻病人的痛苦，努力争取治好病人。绝大多数的病人都能够配合我的工作，所以慢慢地我就和一些病人成了老朋友。这种友谊是值得珍视的。一些病人在几年、几十年以后来看我，特别是当时的一些小病人，现在长大成人过着幸福的生活，有些还带着他们的孩子来看我，我感到很幸福。我觉得这是做医生最大的快乐和幸福。我对于治病救人从来不敢有一丝懈怠，对所有病人都一样全力以赴。每年都有来自北京、河南、甘肃、云南等地的农民、工人朋友来找我看病或办事，我总是热情接待。

培养年轻医生是我学术生命的延续

作为协和医学院的博士生导师，我喜欢学生，喜欢给学生们上课，年龄越大，我的这种感觉就越强烈。很多学生也说：“听孙教授讲课是一种享受，不但学到新知识，而且学到方法，终身受益。”有的青年医生就是听了我的课，才专门报考我的研究生的。站在讲台上，我感觉好极了，因为我可以畅快淋漓地把自己对人生、对生命科学的理解以及多年来积累的临床经验，传授给年轻的医生们，使自己的学术生命得以延续。

另外，我很重视每周四上午的内科大查房。很多进修医生在完成一年学业临离开时，都深情地说，他们通过大查房收获最大，学到了很多书本上没有的知识，也明白了应该如何认真对待每一位病人。无论我多忙，我都会参加查房，这不但是我的责任，也是我学习的最好机会。我并不是什么都会，每次查房以后，基本都要回去看书，弄清楚很多不太明确的观点、方法。这样反复多次，下次遇到类似的问题就会好些。面对病人，我们不可以有半点不懂装懂，医学是一门严格的科学，而且是立竿见影的科学。处理对了，病人会得益；处理错了，病人会受损。必须学会通过实践校正自己的判断并改进自己的处理方法。我常对学生说："每处理一个病人都是一个艰难的过程，作为医生，要敬业，马虎不得。"

我主持编写的20多部学术论著和所发表的300多篇论文，是我学术思想和临床经验的最好总结，也算是送给年轻医生的财富。到目前为止，我已经培养了18名博士生、4名硕士生以及大批来自全国各地的进修医生。我把帮助、培养全国各地有为青年医师当成自己分内的事，我为此感到十分高兴，也觉得责任重大。

回想一生走过的路，我也有许多遗憾，有一些至今想起来还很后悔的事。最近，我在对全院青年医生的谈话中讲道："人不可能十全十美，英文中也有'Never Perfect'的格言。为了自己终生追逐的目标——做爱国者、好医生、好老师，我要活到老，学到老，检讨到老。"

访谈人：张兴杰

访谈时间：2001年9—11月

王世真（1916—2016）

1916年3月7日生于日本千叶，原籍福建福州。生物化学家，核医学家，中国核医学事业的创始人。1938年毕业于清华大学化学系，分别于1948年和1949年在美国衣阿华大学获得化学硕士和博士学位。历任美国衣阿华大学放射性研究所副研究员，中国协和医科大学教授，中国医学科学院首都核医学中心主任，放射医学研究所副所长、名誉所长，核医学国家重点实验室学术委员会主任，《中华核医学杂志》首任主编等。1980年当选中国科学院学部委员（院士）。获得美中核医学会授予的“核医学优异成就奖”。

王世真在核医学研究领域创下多项记录：创办了中国第一个同位素训练班；建立了中国第一个同位素中心实验室；第一个将同位素应用于人体试验；筹建中国核医学会，任首届理事长，被学界尊称为“中国核医学之父”。

王世真院士

开创中国核医学研究

我的家世

提起我的家世还真有些文字材料，但都不在手头上，只能靠回忆了！

我出生于世袭的封建官宦之家。

我的高祖父名叫王庆云，在清朝当过工部尚书，还在全国不少地方做过官，如两广总督等。在太原、成都、昆明等地都留有庆云街，就是以他的名字来命名的。他去世以后，称王文勤公，这是朝廷给他的谥号。他编写的《石渠余纪》六卷，多次重刊，详载清朝财政、兵额、吏治等财政、经济情况，为此类书籍中的佳作。

我曾祖父一生出来就戴蓝顶子。正当曾祖父壮年的时候，高祖去世了，他扶着高祖的灵柩从很远的地方运回福建，沿途官吏迎送，他这个孝子一直跪走到福建，太辛苦、太累了！送葬后不久他就去世了。

我祖父王仁堪是清朝的一个状元，祖籍闽侯（属福建省福州市）。祖父生活过的祖宅在福州市花巷，这个巷子现在还在。他给我们留下的比较深的印象，除了他的书法很好之外，最主要的是非常爱国。我主要说两件事。一件就是在1878年，中俄两国发生伊犁边界之争，有一个名叫崇厚的官员未经清廷批准，擅自签下一个丧权辱国的不平等条约。祖父当时跟另外一个姓曹的状元（曹鸿勋）写了奏折弹劾崇厚，就说绝对不能签这种条约。后来真的把崇厚抓了，让他入狱了，也就是说两位状元的奏折成功了。

另外一件则是更大的事，那就是慈禧太后要修建颐和园，祖父又写了一个很长很长的奏折，主要是两个内容：一个说全国到处灾荒，各地民不聊生，希望太后能考虑到国家和民情，不要动用建海军的钱修建颐和园；另一个内容是希望太后能够听得进大家的直言。上这个奏折，胆量得是很大的，一般人可能要掉脑袋。后来只给他贬出京城，“下放”到镇江做知府。他在镇江做了很多好事，如兴水利，反对外国传教士残害中国儿童……最后呢，他在苏州任上被害了。被害的过程，起先并不知道，后来有人考证出来了。祖父到苏州后，地方的贪官们买通了厨子，把他毒死了。他被毒死这件事，清史上没有记载。但他为民做的好事却有很多文章记载，包括美国的《清朝名人录》上都有。

我父亲名叫王孝缃，早年赴日学医，在日本参加孙中山先生领导的同盟会，那时候他还是个满腔热血的青年人。他半途回国参加辛亥革命，他的好多同学成为了反清的烈士。在广州不是有一个黄花岗吗，其中埋葬的不止是七十二位烈士，还有些人是当时从日本回国后被清政府杀害的。我为什么知道这些事情呢？因为我小时候看过很多人写给父亲的信件，上面的字写得都非常好，其中许多都是烈士，可惜这些信件没能保存下来。

父亲回到中国后不久和母亲结婚。提起父母的婚姻，当时还真有点传奇色彩。在风云激荡的辛亥革命风暴前后，父亲被《群报》上的一篇新颖的文章所吸引，后来便是文字为媒，使父亲结识了能书善赋的师范才女、爱国名将林则徐的重孙女，即后来我的母亲林剑言（又名林锷风）。1911年辛亥革命成功后，父母双双东渡日本学医。我在1916年出生于日本的千叶。

我两岁时，也就是1918年，母亲领我从日本回国，当时父亲并没回来，他大概是在1920年回国。父亲回国后先在福州，后在南京，主要从事医务工作，再后来就到了台湾，1988年在那里去世。

我母亲出生于福建的一个望族之家，是林则徐的后代。2001年出版的一本《林则徐世系录》，即林则徐家的族谱，其中有记载。母亲曾保存着林则徐的家书，我征得她的同意，通过北京协和医学院送给了中国革命历史博物馆（今中国国家博物馆）。

母亲很喜欢写诗词，她写了很多不错的诗词并能出口成章。辛亥革命前，她还写过一篇社论，发表在福建的《群报》上。我小时候看过那篇社论，主要内容是唤起妇女运动。

20世纪50年代初，我刚从美国回来，就把母亲从福州接到北京一起生活。当时她60多岁，以后一直跟我们在一起。

她到北京以后，很多中国文史馆的老先生邀请她加入文史馆。那时候我的想法很偏狭，觉得不愁吃、不愁穿，我养得起她，何必要国家发那份工资呢？我就没有让她进文史馆。进文史馆对中国人来说，是一种荣誉，她要真的去了文史馆，也许还会发挥她的作用。

母亲非常关心国家大事，她写了很多诗，有许多是赞美新中国的。新中国成立后她心情很舒畅，可能是常常进行新旧对比的缘故吧！

母亲经历过清代末期以及军阀混战、帝国主义列强侵略中国等时期，所以她对新中国很有感情，这一点给我留下了很深的印象。她非常好学，读了许多古书、新书，自己也记了很多笔记。她有好多书，很可惜，我自己的中文根底很差，到现在还没整理。我有一个堂哥，他已退休了，曾经把我母亲的一部分诗整理出来编入族谱。

1970年，母亲得了膀胱癌。当时她尿血很厉害，我自己在江西五七干校，干校那时候正在“双抢”，非常忙，不好回家。我就给母亲写了一封长信，说的是我很抱歉不能回去，希望她多保重（当时只知道她病重，并不知道她患了癌症）。母亲收到那封信挺高兴的，就把那封信压在自己的床底下。她是挺坚强的，在她病重的期间，还写了一首叫

《八十留言》的诗。她是躺在床上，叫我的一个堂哥用笔记录下的，这是她写的最后一首诗，也是她比较长的一首诗。韵律、平仄都非常恰当，诗的意境也相当深远。当事人后来跟我谈起当时她口吟诗句的神态，说根本就看不出来她是一个重病的人。她念一句我堂哥就写一句，写完诗后，我堂哥问她："婶婶，你为什么现在还要写诗呢？"她说："我现在若不写的话，更待何时呢。"

我2000年回福建，整理遗物时把她留给我的许多祖传的文物都捐献给了福建省博物馆，也包括母亲这首诗的原文。

她老人家80岁逝世，那是1970年，我才55岁，如今我已经是86岁的人了！

母亲对我的影响是多方面的。她很有志气，就像清华大学的校训"自强不息，厚德载物"所倡导的，她一生非常自强，若是她能多活一点时间的话，她还可以做很多的事情。

王世真的家族

我的童年及求学生活

我两岁时随母亲回到福州。父亲在福州开了家小医院，名叫尚元医院，有几间病房，不大，医生只有他一个人。后来他去南京，筹备江苏医学院。

我八岁离开福州，独自一人到了南京，十一岁念完小学。那时候北伐军刚到南京，英国的炮舰就炮轰南京。老师让我们去慰问北伐军。在英舰炮火下的南京街头，我参加演出了一部名叫《一片爱国心》的话剧。

我去南京的时候，母亲也还在福州。我给母亲留了一张“我走了”的条子，又从母亲的抽屉里拿了五块大洋就走了。当时去南京必须经过上海，去上海又要在福建的马尾登船。母亲见我不辞而别，很着急。

我到马尾的时候，去上海的船还没开，当时不是每天都有船去上海。在马尾我住进了一间小客栈，四处都是臭虫，夜晚根本睡不着。我就写了一封信给母亲，告诉她我在什么地方。我在信上说：“你放心吧，我准备去南京，人现在还在马尾。”母亲就赶紧找了一个熟人陪她去马尾我住的小客栈，劝我回去。我坚决不回去，她们只好送我上船。后来我到了上海，就去找一位堂姐。过去父亲带我去过她家，这次我一个人去了。我叫了一辆黄包车，拉车的看我不是上海人，又是小孩，就兜大圈子，狠狠地宰了我一次。找到堂姐家住下以后，父亲知道了，就去接我到南京。他脾气不好，可是那次并没有指责我。

我当时为什么要离开母亲去南京呢？因为在小学学校里有些不大愉快的事情，就不想在那个学校里上学了，就想去南京算了。

我小学上学很不正规。父亲在福州开医院时，当时有所谓的童子军，脖子上都系着领巾，我看见许多大哥哥拿着一根棍子，戴一顶帽

童年时代身穿特制的童子军制服，个子最小者为王世真

子，很威风。我也要参加童子军，父亲就让我也参加了。我有一张相片，在好多很大很高的人中间，我才有他们一半高，站在队伍的前面。我父亲挺开明的，平时也没怎么管我。我到了南京，念了两三年就把小学念完了。那时我父亲在南京大概是当什么医院的院长，而母亲可能是在福建生活还比较习惯吧，也就没去南京同我们父子住在一起。

我在南京就读的小学，是东南大学附小，即现在的南京大学附小。前几年有一次东南大学开校友会叫我去，我说我是你们所有的人中最老的校友了。

我17岁考上北平燕京大学化学系，次年转入清华大学化学系。清华大学有一批老师都是大师，对学生们的影响非常大。像我们化学系里边，很多教授都是大师级的人物，他们的学识、人格、治学精神，都给我们很大的影响。我在清华上学的时候，日本加紧侵华。我们去过通州，那儿被汉奸殷汝耕占领，到处挂着日本国旗。我们见了无比气愤！中国人正面临着当亡国奴的威胁。从1931年“九一八”东北沦亡以后，到了“七七”事变的前一年，发生了一系列的事情，像“一二·九”运动。我参加了“一二·九”运动，到现在我还有一套“一二·九”运动的照片。虽然照片上没有我，但是好几张照片都是我拍摄的，包括警察准备开枪，还有一个人拿高压水枪冲击学生等。那时华北危在旦夕，后来北京又沦陷了。当我们几个同学要去天津的时候，天津已经沦陷了，只好绕着走，什么东西都扔掉了。我绕道大同、太原，到了黄河渡口，再到西安、南京，也不能回家了。我记得我们经过汉口的时候，把《松花江上》的歌词“我的家在东北松花江上……”改成“我的家在北平清华园里……”后面的词我记不全了，但还记得几句话，像什么“那里有我的师长，还有亲爱的同学”，原歌词里的“九一八”“九一八”，我们就改成“七二八”，那是清华园沦陷的日子。

抗日战争时期，我到中央大学做研究助理，实际上就相当于研究生。我写了两个关于研究工作成果的报告。这两个报告被送到当时国民党政府的教育部。凭着这两个研究成果，他们就给了我一份讲师证书。当时的惯例是，你拿到讲师证书的话，就能晋升为副教授。我在1942年拿到讲师证书，1943年贵州大学就聘我为副教授，当时我27岁。

袁翰青教授是在我整个求学过程中对我影响最大的老师。他是我在中央大学的论文导师。我那时候是研究助理，享受工作人员的待遇，在教授食堂吃饭，跟教职员工一起躲防空洞。袁翰青先生不管是为人，还是学术研究，都给了我很大的影响。最近中央大学校友会要我写一篇文章，我就写了《深切怀念翰青师》，他对我的影响已在这篇文章里讲得很清楚了。他是一个非常全面的老师，学问非常好，工作能力非常强，非常爱国，道德品质非常高。

此两张珍贵的照片为王世真参加
“一二·九”运动时拍摄

抗日战争后期，我分别在贵阳、重庆。1941年我结婚了。爱人黄景泉是广西人，我把她送到江西上学，我在贵阳。当时我把家里所有的东西全卖了，包括金戒指等，给她汇去一笔款子。她当时在中正医学院上学。钱汇去以后，很久都没消息。后来日本打到独山，贵阳的人要撤，可我不能撤，我把刚两岁的小孩和我母亲、妹妹都撤到遵义去了。小孩发高烧，差一点就病死了。那时候国土、城市沦丧，中华民族危亡，一家人四分五裂，所有人的心情都是很沉重的。

我觉得，现在的年轻人应该了解一点历史。我很赞成若是有机会，现在的大学生或研究生都能够下乡一个月，不要说什么跟老百姓同吃同住，哪怕是去割割麦子，也可以多了解一些中国的现实。中国农村不少地方现在还是很穷的，生活很艰难。大学生们要是真下去一个月，回来以后恐怕吃什么都香，自己也会动手做一点劳动。

接着我想谈一谈1945年我以制药化学专业第一名通过公费留英考试，却没有去成的事情。情况是这样的，当时国民党政府教育部举办考试选拔出国人员，我参加了留英的考试。留学费用是由英国一家药厂出的，药厂有一个应试的条件：报考药物化学的人日后都要去这家英国药厂实习，还要求是药科毕业生。教育部糊里糊涂地让我去考了。其实考上前六七名的人都是化学系毕业生，而不是药科毕业生。成绩送到英国，英国药厂要的是药科专业的，我虽考了第一名，但是我不能去英国留学。后来我知道了这件事情的真相，那时候我在贵州教书，就跑到重庆去找英国大使馆。英国大使馆里有一个科学馆，馆长是李约瑟，很有名，是搞中国科学技术史的。李约瑟夫妇在英国大使馆接见我，听了我讲的事实真相后非常生气，拿起电话打给国民党政府的教育部次长。这个教育部次长是留美的，英文也挺好，跟李约瑟很熟。李约瑟问他是怎么搞的。次长很怕外国人，李约瑟给他打电话后，他就让我去找他。我一去呢，他就把教育部留学生管理处处长、司长，一大堆官儿都叫来了，后来做出一个决定说现在英国是去不成了，如果你能找到外国的奖学金，有给钱的机会，国民政府给你算公派，给你路费，给你外汇。李约瑟后来替我介绍了加拿大的多伦多大学（接受班廷奖学金，班廷是诺贝尔奖获得者）。杨石先教授当时是南开大学校长，替我介绍美国马里兰大学。还有一个教授替我介绍美国的衣阿华大学。很快我同时得到了三个留学的机会。后来我就先到衣阿华大学。我跟他们说我想读药学，不过我想先去多伦多大学念药理博士，再回到你们这里来念有机化学博士，他们就同意我去了多伦多大学。

海外留学

我1946年出国，先在加拿大待了半年，以后到了美国。在多伦多大学进修的时候，中国打起了内战。打起仗后，一是我们不能汇钱回中国；二是我的家眷来不了。所以我只好放弃多伦多大学的进修，提前去了衣阿华大学。本来我想先念药理，再念有机化学，结果药理就不念了。到了衣阿华大学，比较容易地就把我的爱人跟孩子都接来了。后来，我女儿在美国出生，当时的四口之家，仅靠我一个人拿化学系的奖学金，不够维持生活，所以我就到药理系去工作了。美国人很喜欢多出论文，我就跟药理系的教授约定，说你给我每月100美元，我保证一年出两篇论文。当时一般的奖学金大约每月只有60美元。我一边在化学系写学位论文，念书应试，做博士生，一边又在药理系工作，挺累的。一个实验下来，有时做到夜里三点钟才一个人开着汽车慢慢回家。结果我一年里不是出了两篇论文，而是写出了五篇论文，他们挺高兴的。两边的收入加起来，对于四口之家的生活还是很困难的。我们刚生了女儿，还得找一个美国保姆，孩子放在保姆家，每天开车上她家去看孩子。

当时我住的是校外的出租房，汽车是半旧、多毛病的老爷车，经常要修，也相当费钱。后来我爱人虽在当地找了研究助理的工作，可钱仍不够用，我又把她送到芝加哥去工作，周末她还要来回跑。她到芝加哥后，我还得跟学校借钱。等到我获得博士学位，拿到博士证书的时候，孩子很高兴地跑过来，要看博士证书是什么样的。我打开装证书的夹子，可里边写的是：请你把学校的借款还清了，我们再给你发证书。我当时欠了学校两三百块钱吧，但那时的钱值钱，是现在的十倍。后来我开始了新的工作，大概一两个月就还清了欠款。以后买了新汽车，不需要经常修，也就省钱了。我和爱人两个人的工资加起来，比一般的教授都高了，生活才逐渐有了保障。

当时中国留学生在美国有两个组织，一个叫中国留美科学工作者协会，有一点像现在的中国科协；另外一个是中国的基督教青年会，有一点像过去北京东单米市大街的青年会。两个组织都是宣传新中国、号召留学生回国的进步组织。两个组织中也有一些地下党员，像侯祥麟等。侯祥麟回国后曾当过石油部的副部长，也是中国科学院院士。他是当时“科协”的负责人。还有好多留美的学生虽不是党员，但都是很进步的。当时好多留学生都参加了这两个组织，包括我在内。起先也有一些学术活动，比方说请哪个留学生谈谈自己专业的新进展，但是大部分留学生就关心政治，了解与新中国相关的新闻，然后再向其他同学介绍新中国。后来美国政府说这些都是共产党的外围团体，紧接着就把两个组织解散了。

我们当时参加留美“科协”、回国后成为中国科学院院士的老同学，总共有二三十人，前些日子在一起照了一张照片，是中国革命历史博物馆的同志为我们拍摄的。

1948年，我当选美国化学荣誉协会会员，4月又当选美国科学荣誉协会会员。这事其实也不太难。美国有这么一个制度，首先你学习成绩好，各科考试都得A，或者你念了十六门功课，十六门成绩是A。另外，要有当地的会员选举你，再经过批准，就给你一把金钥匙。美国人常常挂了一两把金钥匙，就是这么一个组织。它都是用希腊字母代表的，比方说科学荣誉协会，叫Sigma Xi，全称是两个希腊单词；化学荣誉协会叫Phi Lambda Upsilon，由三个希腊单词组成。许多中国留学生或者外国教授，只要他念书的时候成绩比较好，又经过选举就能获得。他们当时歧视犹太人，犹太人不能参加。

我在1951年研制C-14-甲状腺激素等的资料，至今还存放在美国国家档案局中。我的两种放射性化合物的合成方法的论文全文就存放在美国国家档案局里。其实也不是什么保密的文献，可以拿钱到档案局把它买出来看。

当时，所谓的标记化合物、同位素化合物的研究工作才刚刚开始。我拿到博士学位后，应聘在医学院放射性研究所工作，当时搞同位素是新事物，美国不希望中国或者其他共产党国家掌握跟核技术有关的知识，他们就不愿意让我回国。

第二次世界大战结束后，便开始了所谓的原子能和平利用，所以有些学校就开始创办这类放射性研究所。我们研究所的所长伊文斯教授参加过原子弹研究（曼哈顿计划），后来当过核医学会的会长和《核研究》杂志的主编，他很有办法筹集基金，所以我们那个研究所搞得挺现代化的，当时一切用品都是全新的，所有的实验台等设备都是不锈钢的。

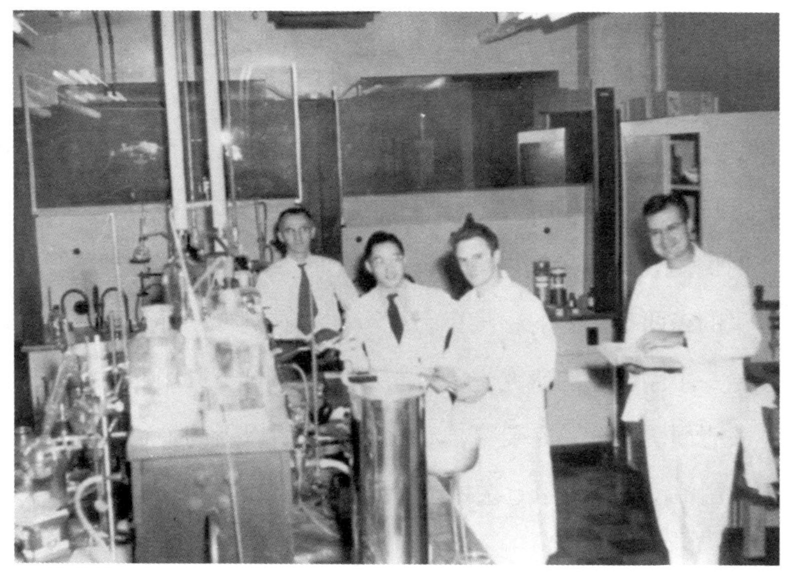

王世真（左二）和同事在美国的实验室里

学校管外事的官员对我说，你若是在这留下来，我就给你升职、加薪，让你有美国国籍。他认为美国国籍是给你的恩惠，这是美国人自己的想法，因为好多人想入美籍都入不了。另外，当地警察局又给我们一个准备逮捕我爱人的通知。因为她来到美国时是研究助理，可这个时候她已经在一个医院里工作了，属于“非法就业”。通知中又称：假定她不离开美国，可以缓期执行20年。为了不让他们抓人，我找了好多教授和同事，还找过当时管理留学人员的人。我为我们自己辩护，说既然美国是个自由的国家，你不让我去中国也行，应该让我去世界上除美国以外的任何国家，行吧？我去加拿大、去英国，走到哪里我都可以找到认识的人，也可以去一些有中国使馆的国家。我一方面跟他们争，另外也想了一些办法，找在协和医学院干过的美国教授来证明，说中国人很讲孝道，中国人要养父母——这是美国人不能理解的。现在不许我寄钱回家，但母亲还得我们养她呀。如此争取的结果是，过了一年多还是放我们走了。

那个时候我在美国拿的是年薪，一年大概是四五千美元，我爱人也有近三千美元，加起来有七八千美元吧。当时的七八千美元是很值钱的，超过现在的七八万美元，只要花一千二百美元就可以买一辆新的汽车了。我们两人的收入加起来不比美国中西部地区的大教授少。

当时回国就是想参加祖国建设，我把什么东西都处理掉了。我工作后，家里的东西都是新的，汽车、冰箱、洗衣机呀，都是新的，我以半价转让给一个刚毕业的研究生，至于衣服、家具等家用品全部都送给了保姆。我想回国以后总是要穿棉布衣服的，所以新的毛料大衣也送给了保姆。她用中型卡车拉了七次才拉完那些东西。

回国之初

我们回国后住在留学生招待所里，有一天周总理请我们去北京饭店吃饭。当时北京饭店还没盖新楼，在老楼吃饭。那天晚上摆了两桌，周总理就坐在我们这一桌。周总理讲了很多，他说在中国能够上大学、能够念书、能够留学的人，肯定都不是普通的家庭，不会是出身好的家庭，他自己就是一个很典型的例子。他以自己的切身体会，讲自己的家庭出身，讲他是怎么样对待家庭的。他强调不要背思想包袱，当然也应重视旧社会、旧家庭、旧教育对自己的影响。他还讲他的侄子找他，他怎么对待。甚至家庭成员里也可能有一些作风或者说是品质不是很好的人，应该怎么对待，等等，讲得很生动。

刚回国时，一切都是一边倒，认为苏联的什么东西都好。当时有好多的政治学习，一到政治学习的时候，我就犯难了。当时我们科里的一些党员都比较年轻，大学刚毕业的，其实他们是好意，希望我们能够转变，但是我总是跟人家说相反的话，这在群众中的影响也不太好。比方说，他们说协和的技术不好、存在着问题，那我就说协和的技术还是高的。我说，马车总是比人拉车跑得快，汽车总是比马车快。他们说老百姓坐不起汽车，这汽车是给有钱人坐的。他们说"鸡血疗法"好，我说这和西药可的松根本就没法比，这是常识。因为可的松是用药理测定过，化学结构是明确的，有证明的，"鸡血疗法"有什么科学证明？还比方说巴甫洛夫，各国科学家都充分认可他的研究成绩。就这样，一天到晚诸如此类的辩论，争得面红耳赤，再加上后来的一些"运动"，那就更麻烦了。每当"运动"的时候，常有一些方面特别过激。由于种种原因，当时我大病了一场。为此，卫生部领导让我去北戴河疗养，给了我极大的关怀。我经不起考验，感到很惭愧。

干校岁月

“文化大革命”中，我在江西干校务农，与农民同吃、同住、同劳动。当时我在干校算较幸运的。我去干校的时候，已经摘掉了扣在头上的各类帽子，不再对我进行批斗了。我去干校的身份是五七战士，跟黄家驷等老教授不一样，他们下放到干校都是被监督劳动的，还没有“解放”。

我盖过房子，种过地，看防过野猪，挑过粪，好多农活都干过。连队里的干部对我还有些照顾，比如说全连看水要一个人，就把我选中了。看水是件要求较高的活计，在下大雨的时候，我就披上一个斗笠，拿一把铁锹，再拿一个马灯，去渠上查看。那个水渠要是什么地方快要漏了，我给堵一下。什么地方堵了就疏通一下。不管怎么说，在当时这个活还是较轻松的。有时北京来了教授，还要我来讲一讲参加劳动的心得体会。

我是第一批去干校的，好像是1968至1970年间。一年以后，我又是第一批职工下农村的，就是跟农民同吃、同住。卫生部的五七干校地址在江西省永修县农村。我在干校期间倒是很愉快的，只要一躺下，头刚靠枕头就睡着了。有一阵子，我常跟一个比我年轻得多的女同志分工种白薯。种白薯需要肥料，肥料中要数牛粪最好。那时，我们附近的牛粪都捡完了，就要跑到好远的山上找牛粪。有一次跑累了，我刚往山上一躺下，把眼睛一闭，就梦见一堆跟蛋糕一样高的牛粪，高兴得不得了，好不容易才见到那么好的牛粪哩。

在干校期间，我才真正了解到农民的艰辛。刚到农村时，要搞“双抢”，是很苦的：凌晨三点钟就下地，要到晚上九点钟才能收工。正当八月，头顶烈日，是强度很大的劳动。我自己还带着药盒，有针灸、耳针等，顺便替老乡治病。我不是医生，但他们的病也好治，用这些简单的方法，有时候还很解决问题呢。真正知道了他们那么纯朴，生活是那么艰苦，能为他们做一点事情，我觉得也很高兴。从干校回来的人，都说在干校吃了两年的红米饭、南瓜汤，可顿顿吃得精光，就像当年红军，吃得挺香。以后再吃什么东西都不香了，现在我吃什么东西都不如那会儿香。

我在干校很努力，比方说盖房子，四个人站在屋顶，我往上面扔砖块，都能供上他们。一次晚上挑灯夜战，我从梯子上摔了下来，把手摔坏了。我刚学会扔砖块，现在扔不成了，我想那怎么办呢？我就挑水，开始挑两个小铁桶，水晃得一塌糊涂。我想我怎么就不能用我的肩膀挑水呢，练了几天也不那么晃了！看来挑水也不那么难。

我为全连烧水。大家都睡觉的时候，我去河边挑水，一连可以挑二十几担，都是大桶。还挑水泥，一次一百多斤。后来我到四川省简阳县山沟医科院分院。从四川回北京时，四件行李，一根扁担，前头两件，后头两件，从简阳挑到机场再坐飞机，下飞机后，再用扁担挑着步行到我家。这根扁担跟我坐过好多次飞机。

看防野猪的时候，天没黑我就一个人到很远的山上，登上搭好的草棚，拿一把土枪守望。万一野猪来了，或敲锣，或打枪，把它赶走，免得庄稼遭野猪的祸害。应该说干校中的不少活我都干过，而且还干得不错，那时候我才五十多岁。

刚去干校时连房子都没有，一百多人住在一个破庙似的大房子里，我们头一批人要自己盖房子。天气热，劳动量又大，吃得又不好，睡得也不好，许多人不适应，上吐下泻。有些人浮肿很厉害，发烧生病。我当时还好，终于挺了过来，没有病倒。

在干校期间，劳动之余经常开批斗会，那是很激烈的。我们连里有个留美的郭教授，言谈中或生活中常被人家揪住小辫子，老是挨批斗。他来干校时从家里带了一点肉松，没地方藏，被发现了，因而就挨批斗。他岁数较大，眼睛也不好，有一次下地走到半路，掉到一个深坑里，好久都遇不到人搭救。还有一次，他把粥拿回房内没有吃完，洒了一滩粥在凳子上，刚好有个连队干部进来，他赶紧把一滩粥坐在屁股底下，一动不动。

我没去干校以前被监督劳动，人家喊“毛主席万岁”，我也跟着喊，造反派就骂：“你还有资格叫？”把我揍了一顿。那会儿有人认为，留苏的就是苏修特务，留美的就是美国特务。我那时候不是党员，他们就找一个我手底下的人，当作我在党内的代理人去批斗。我在“文革”中被打的次数不太多，但是被打过。张孝骞老教授等人被打得很厉害。

“文革”中使我感到最痛心的是，我丢失了多年的科技笔记、资料，这些笔记、资料凝聚了我的心血、我的经验。比如研究生或者工作人员，他们做实验用的每种方法，我都会给他们一个卡片或简单的资料。比方说做无水酒精，有很多方法，到底采用哪种方法，可参考我的卡片进行选择。对每个新来的人、对不同的实验，都有指导意义，不需要从头做起。我们实验室里这样的一套卡片全部丢了，更不用说文献卡片了。

“文革”中个人的遗憾还算小事，整个国家的损失是巨大的。那时不要科学技术，不要人的创造性劳动，不顾整个国家的建设。在中国搞“文化大革命”那些年，正是世界各国大搞经济建设，实现现代化的时期，亚洲也出现了“四小龙”，我们国家的经济发展与世界之间的距离更大了。

我个人的遗憾是到现在为止做的事情太少了，理应做得更好一点。现在岁数大了，力不从心，效率很低。但是，我从来没有后悔回国。现在对我的学生，我送了他们好多人出国。去外国看看，开开眼界，提高技术水平，这是好的、正确的。如果要做事业，在中国可以做很多事情。虽然我做得还很不够，但是肯定要比我留在美国起的作用更大。因为回国我可以从零开始，可以做一点工作，还培养了一大批学生。整个中国的发展虽然不够快，但是我们还是在赶、在做。要在国外的话，有房子、有汽车，也不过是生活好一些，多出几篇论文，如此而已。

开创中国核医学研究

黄景泉于1978年参加编写儿科专著时，因操劳过度，患脑溢血去世。

1980年，我和创建我国第一个临床核医学科室的同行专家周前结婚。周前是一个事业心、责任心极强的医学教学、科研工作者，每天工作到深夜，数十年如一日。为了提高我国核医学水平，特别是开展PET（正电子发射型计算机断层显像，一种当代影像医学的尖端装备）在我国的应用，我们二人花了十多年工夫，走遍英、美、加等国参观取经，并向国内有关领导部门反复呼吁，终于得到国家的支持，拨专款，一次到位，在北京协和医院建成一个高水平的PET中心，周前担任中心主任，我担任顾问。

我国的核医学是什么时候开始的呢？还得从我们国家制定第一个“十二年科学技术远景规划”说起。当时考虑到要和平发展利用原子能，其中应用在医学是一个很重要的部分。“规划”的第九项重点任务，就是“同位素在生物医学中的应用”。当时这个任务落实到了北京协和医学院，具体由我负责。那会儿我们就考虑到核医学是国家的重点学科，它不只是对保健事业、卫生事业有重要作用，而且可以带动其他学科的发展。1956年钱信忠刚刚从苏联留学回来，他表示一定要亲自抓这件事情。他既是卫生部的副部长，又是军委卫生部的副部长。他要办一个同位素应用训练班。他点了两个人去办这个班，一个是军事医学科学院的丁德泮教授，一个就是我。那时候我们单位还叫北京协和医学院，中国医学科学院还没有成立。

王世真与夫人周前合影

1956年，丁教授和我开始筹办同位素应用训练班。后来，丁教授生病住院了，那也没关系，反正都得办，地点选在西安的第四军医大学，由总后勤部主管。这是我们国家第一个投入训练的核医学基地。

1956年办了第一个班，1957年接着办第二个班。中国科学院物理研究所大力支持我们，特别支援了我们从苏联得到的放射性原料。这个班培养了一大批我国在这一领域里后来的学科带头人。

学习班连办了三期，在新中国的核医学史上留下了多个“第一”：

第一批国产放射性同位素测试仪器，是师生们边学边干，自己动手设计制成的。

第一批放射性同位素试剂是在学习班研制出来的。

第一批放射性同位素自显影试验是在学习班上完成的。

第一批放射性标记化合物的专业人员和第一批从事核医学研究的骨干，从学习班走向全国。

王世真与夫人周前给研究生讲课

1957年，北京协和医学院建立了同位素中心实验室，首次将同位素应用于人体（应用131 I–碘油观察正常人及病人胃肠道吸收功能）。为了保证安全，我用新合成的放射性药物在自己身上做了实验。其实这很正常，许多研究放射性药物和试用新药的临床医生，都是这样做的。

1960年，苏联停止了对中国的技术援助。我们坚持独立自主地开展工作。1961年，苏联原定派专家到中国医学科学院开班讲课，传授如何生产放射性同位素标记化合物，可是苏联专家突然不来了，而我们的学员已经来了。中国科学院派来一个副教授，军事医学科学院也来了一个专家，还要用此成果向"十一"献礼。怎么办？我们决心自己干！那个月常常通宵地干，终于研制出9种放射性药物和标记化合物。后来我也参观过苏联的实验室，苏联的物理、数学都很好，就是生物学不怎么样，包括同位素应用，其实他们自己搞得也不是很好。我们自己终于弄出来了，开了一个好头。

在现代的甲状腺研究领域，国际权威的J.欧本海默实验室，为什么要挂着我的照片呢？这是很久以前的事了，因为当年我在加拿大的实验室和美国的两个实验室都做了甲状腺的研究，我回国后到了协和医院，开始的时候也是做甲状腺激素等一系列的研究。J.欧本海默是研究甲状腺激素方面的权威，他到了中国，看了我们的实验室，跟我们这一批人做了交流，开展了讨论，有的学生对他的论点提出相反的意见，他非常欣赏。1986年，美国核医学会请我去美国八个城市访问，我也到了他的实验室。他很欣赏我们在中国的工作，所以他跟中国的留学生说，你去北京，假如你还继续做甲状腺激素的研究，就要到协和医院找王某人。同时他还将我的照片挂在他的实验室里。很遗憾，后来我自己在这方面也做不下去了，主要因为若要进一步深入研究，其理论性要求比较强，而当时协和医院更注重临床，我只好结合临床，没有深入地做下去。

王世真（前排右一）和同时期的专家教授在一起

改革开放以来，我国核医学与世界各国之间的学术交流与合作多了起来。我曾率领中国代表团参加第三届世界核医学大会，先后出访过美、英、法、加、俄、捷等20多个国家，并多次作为会议主席、主讲人，主持各种专题讨论会，同时也介绍中国核医学研究的最新进展，使我国核医学与世界核医学接轨。为了表示对我的鼓励，第五届世界核医学联盟国际联络委员会聘我为该会的委员。同时，亚太地区核医学联盟聘我为国际顾问。美中核医学会还授予我“核医学优异成就奖”的金质奖牌。

现在我唯一的希望是在有限的余生尽最大的努力去创造条件，让那些热爱祖国、献身科学、作风正派、立志攻坚的年轻骨干迅速成长起来。因为只有他们才是富民强国的保障，而国强民富又是我终生的愿望。

访谈人：周勍

访谈时间：2002年3—5月

吴阶平（1917—2011）

1917年1月22日生于江苏省常州市。中国泌尿外科奠基人。1937年毕业于燕京大学，获理学士学位，1942年毕业于北平协和医学院，获医学博士学位。1946年任北京大学医学院讲师。1947—1948年在美国芝加哥大学进修。

中国医学科学院名誉院长，中国协和医科大学名誉校长。北京医科大学泌尿外科研究所名誉所长、教授，中华医学会名誉会长，中国计划生育协会副会长，中国科协副主席。1980年当选中国科学院学部委员（院士），1992年当选第三世界科学院院士，1994年当选中国工程院院士，是第八、九届全国人大常委会副委员长。

1949年在北京医学院组建泌尿外科，后在协和医院重建泌尿外科。20世纪50年代初，吴阶平任北京市抗美援朝志愿军手术队队长。1960年做中国首例肾移植手术。在国际上率先利用回盲肠进行膀胱扩大术治疗膀胱挛缩取得成功。他确定肾上腺髓质增生是独立疾病，证明一侧肾切除后另一侧肾的代偿性生长与肾切除时的年龄密切相关。他提出肾结核对侧肾积水新概念，提出多种输精管绝育法。曾担任中国多位高层领导的医疗组长。多次为其他国家元首进行治疗。1965年获印度尼西亚伟大公民二级勋章。1987年获巴黎市政府最高荣誉奖章。1993年获比利时国家医学科学院荣誉勋章。1995年，成立吴阶平基金会。1996年被英国爱丁堡皇家外科医师学院授予荣誉院士称号。

吴阶平院士

顺应历史潮流是知识分子成功的关键

父亲和《三国演义》对我影响至深

我父亲对我的影响最大。我选择医生为职业就是我父亲安排的。父亲认为选择终身职业尤要慎重，他根据自己的亲身体验告诉我们，一不能做官，官场腐败，会身败名裂；二不能从商，社会动荡，会倾家荡产。必须学技术、学本领，靠真本事吃饭。学技术也要认真选择，他认为学理科、工科都不行，因为那时的中国根本不能造机器，不能盖大房子，无用武之地，失业的危机太大。最好的专业是学医，因为病人总是需要医生的。我的大姐夫陈舜名从苏州东吴大学毕业后，已在中学当教师，父亲说服他改学医，但姐夫的母亲反对，认为她的儿子已经能够挣到薪金，为何还要再去上大学。后经父亲反复劝说，姐夫最终被说服。1927年姐夫从北平协和医学院毕业，成为一名很有造诣的医生。我的哥哥吴瑞萍也于1933年从协和毕业，所以我也很自然地走了同一条路。

父亲强调要善于团结人，他说："一根筷子容易断，一把筷子便折不断。"他强调团结起来才有力量，有力量才能成大事，才能成功。他在家庭中、在社会上，都以实际行动作表率。他对同事平等相待，从不居高临下。在20世纪20年代，他担任纱厂总经理、厂长期间便是如此，而且他从外行最后做到高级工程师，并得到留学国外的专家们的拥护，共同把厂办好。他靠的就是能和大家团结共事，用团结的精神协调各方面的关系。在他管辖范围内的同事也都能从大局出发，以工作为重。

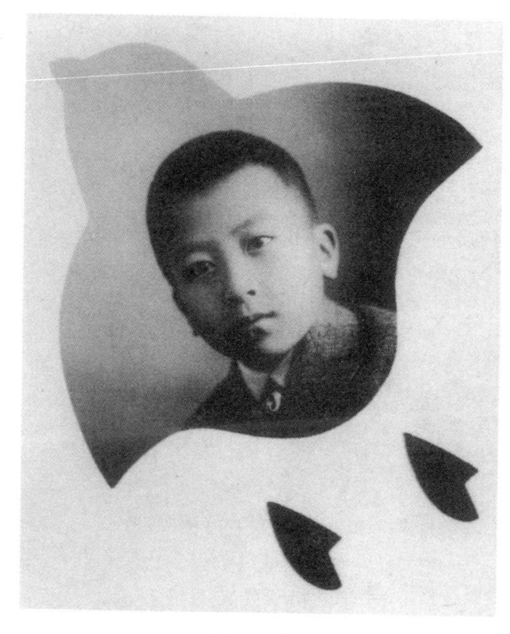
少年吴阶平

正因为受父亲的影响，我在实际工作中也非常注重团结。现在我逢会必讲团结问题。“有了团结，其他没有的可以补上；没有团结，有的等于没有。团结是力量，不团结就是破坏。”我们在这方面还存在很多问题。父亲强调要努力养成好习惯，养成好习惯一辈子受益，不有意养成好习惯，坏习惯自然而然地就来了。比如说，一定要遵守时间，宁可你等人家，不能让人家等你。我和我的兄弟姐妹，个个都非常守时。养成好习惯是预防坏习惯最好的办法。

在我很小的时候，父亲就教我认字，而且请老师在家里教我四书五经，父亲在宝成纱厂任厂长时，专为我设计了一张高凳，让我坐在他的身旁读《三国演义》《项羽本纪》《古文观止》等书。我认为《三国演义》是介绍人际关系、社会关系的好书。一个人如果不好好看《三国演义》，很可惜，因为《三国演义》讲人际关系最透彻。人际关系很重要，因为做什么事都要和人打交道。我在协和医学院时，是班里年龄最小的一个。现在燕京大学作为北京大学的一部分，旧址被保存得很好，后来用了很大的力量，在未名湖边竖起一块“燕京大学旧址”的牌子。燕大培养了许多优秀人才，当时燕大的新闻系、社会系非常知名。我在燕大读了三年医学预科，然后转到协和读了一年，最后由燕大颁发给

1937 年，吴阶平从燕京大学医学预科毕业

我学士学位。“七七事变”后，北平沦陷，当时许多同学有文凭，想办开业执照，这可是一件难事。许多同学找我，很快我便办妥了，当时协和医学院的中文老师李涛觉得很奇怪，说想不到吴阶平年纪轻轻，就有这样丰富的社会经验。他不知道我的经验来自《三国演义》。父亲还特别强调要“吃一堑，长一智”。后来学了毛主席的《实践论》，我又发展了一步，提出“不但要吃一堑，长一智，还要借别人之堑长自己之智”。这很重要，不管怎样学习，都要借别人的经验，吸取别人失败的教训。

师从中外大家做科研

1947年，我赴美进修，在芝加哥比灵氏医院（Billings Hospital）见到我的导师哈金斯教授，他后来获得了诺贝尔奖。我从他那里学到怎样做科学研究。哈金斯教授和蔼可亲，对我很客气，他要求我和他一起看门诊、查病房、做手术，并逐步参加研究工作。我有什么事可随时找他，但下午5点他的办公室就关门了，不允许任何人打扰他。他会在5点到5点半这半个小时里，思考一天的事情。有很多人在做研究前，对研究课题要得到什么结果已经事先假设好了，如果实验得到的结果和设想的一样

1948 年，吴阶平在美国芝加哥大学进修

就取之而用，不符合设想就弃之，这实际上是主观的。哈金斯教授却恰恰相反，如果实验结果跟他设想的不一样，他反而特别重视，一定要找出原因，他这种研究学问的态度对我的影响很大。哈金斯教授坚持亲自参加自己安排的科研工作，他的研究工作很深入。他有极为敏锐的观察能力，可说是一种天赋。

哈金斯教授是把定量化学带进泌尿外科的第一人，因此有人称他是第一位化学泌尿外科医生。他为人类癌症的内分泌学奠定了基础。哈金斯教授和他的两位学生（Clarence V. Hodges和William Wallace Scott）在癌症方面所取得的突破性进展给人们带来了新的希望。在20世纪30年代，人们认为癌细胞是独立生长的，没有一定的规律。哈金斯教授以前列腺癌为依据，对此提出疑问。他证明癌细胞并不能独立生长，而需要一种内分泌或其他刺激性因素才能生长。在这以前，所有的肿瘤治疗都是局部治疗，即手术切除。而他第一个通过研究改变了这种单一的治疗方式。我去的时候他已经开始这项研究了，后来我也参与了。

其实哈金斯教授对手术并无兴趣，也不擅长手术，偶尔参加手术也只是因为病者的要求，因为有些病者可能会提供捐助，这有利于他开展科学研究工作。他对我十分关心，当时比灵氏医院旁正在盖一座新的大楼，有人给他提供科研工作的基金和各种设施。他把蓝图拿给我看，希望我留在美国，并指出这是我将来办公和开展研究工作的场所，但我没有同意。他问我为什么不愿意留下，我说我要回去发展自己的国家。我实话实说，他就没有再挽留我。

他有一句名言："科学研究就是简单化。"什么叫简单化？你不懂的事情好像很糊涂，很复杂，等到道理一懂，明白了，就简单了。复杂的事情要简单化，就要科学研究，科学研究不是把问题越研究越复杂，而是越研究越简单。

谢元甫教授是我国泌尿外科的创始人。他出生于夏威夷，祖籍广东，虽然久居国外，却热爱祖国。他能听懂广东话，但只能讲英语。他曾跟随现代泌尿外科之父休·汉普顿·杨（Hugh Hampton Young，1870—1945）学习。我在协和医学院学习以及毕业到当时的中央医院（后称中和医院，抗日战争胜利后改称北平人民医院）工作后，得到谢元甫教授的关怀和培养。谢元甫教授在协和医学院的资格很老，是第一位正式被任命为正教授的华人，他有一个很大的长处——善于看人，能看得出什么学生有前途。学生要善于学习，不仅要学习老师讲的问题，还要学习老师没有讲的问题。老师没想到要讲的问题往往也是非常重要的，在这方面我有体会。一开始就要细心去学，要从老师的一言一行中体会这个老师有什么特长。不能死读书，而要善于读书。我曾写过一篇名为《实践、思考、学习的结合》的文章，后来也多次讲过相关问题。一个人只学知识不行，得去用知识。用知识就是去实践。我们解决实际问题的能力都是从实践中获得的，实践是第一位的。学习别人实践的经验很重要，但没有自己的实践作基础，只能学懂别人经验的表面知识，并不能为自己所用。只有自己亲自去实践，那么他人的实践才会变成自己的本领，这是非常重要的。学习和实践两者之间有一个非常重要的环节，就是思考。思考有两方面内容：一是要重视思考，既要在学习中思考，在思考中学习，也要在实践中思考，在思考中实践。只有经过思考，方能把学习和实践的收获转化为自己的力量。同一个学校毕业的两个学生，一个学生很好，另一个差一点，但如果这个差一点的学生更会思考，就会很快超过当初学习好的学生，这是常有的事。一个班考试第一的，后来不见得比第二、第三、第四、第五的同学发展得好，同样的机会就看你自己的能力，看你是不是重视思考，是不是重视在学习中思考。二是要用辩证唯物主义思想来指导我们的工作。国外很重视哲学博士学位，如果没有哲学，科学研究就进行不下去了。

我成长过程中的两个关键性转折

我成长过程中有两个关键性转折：第一个是在1949年初，我从美国进修回来，夏天参加了教育工会组织的暑期学习班，由当时著名的哲学家主持学习《社会发展简史》和毛泽东主席所著的《实践论》和《矛盾论》，大家进行讨论。这次学习对象我这样从旧社会过来的人意义重大。我从理论上懂得了社会主义、共产主义必然要实现，同时决心要顺应历史发展规律前进。虽然现在中学、大学也有相关课程，但现在学生的理解和我们那时的理解肯定有很大的不同。

第二个重要转折是在1956年，周恩来总理代表党中央就知识分子思想改造问题作了一个长达7小时的报告，报告中谈到知识分子可以通过三条途径得到改造：一是通过理论学习；二是通过社会实践；三是通过业务实践。我对前两条并无怀疑，但不懂如何通过业务实践改造。后来有机会向周总理当面请教，他问我最近在业务上做什么研究，我说我正在做提高诊治肾结核方面的研究，他又问我们过去是这样做研究的吗？我说过去一般都是跟着外国文献走，外国人研究什么，我们也研究什么，照猫画虎，并称之为“从文献中来，到文献中去”。他问我为什么要研究肾结核，我说肾结核患者多，有很多病人死于肾结核。总理大笑着说

1984年，吴阶平与妻子高睿在中南海西花厅看望邓颖超

我已经从自己的业务中得到了改造却没有自觉。其实在抗美援朝的时候，我就参加了中国人民志愿军抗美援朝手术队，并担任队长。当时知识界有一种“三美思想”，即“亲美、崇美、恐美”。因为我那时刚从美国学习回来，所以也有这种思想。到了部队，我和病人的关系只是医生和病人，别的都看不见，可是反观人民解放军的军医同志们，他们能跟志愿军伤员坐在床边聊天，感情密切。

要以做中国人为荣

作为一名正直的知识分子，首先必须热爱自己的祖国，这是根本性原则。如果知识分子不热爱自己的祖国，就什么都谈不上了。爱国是中华民族的美德，从历史角度看，这种美德集中体现在知识分子身上。新中国成立初期，许多在海外的科学家纷纷放弃国外优厚的工作和生活条件，想方设法回到祖国，积极投身到建设祖国的大潮中。当时他们并不了解什么是社会主义，就是基于热爱自己的祖国，以做一个中国人为荣的情感。这是我们中华民族传统文化的精华，是最值得弘扬的。我就是在1949年初从美国回来的。其实世界上许多有成就的知识分子都十分热爱自己的祖国。

国外有一本书名叫《中国发明与发现的过渡》，在序言中有英国伟大的思想家培根的一段话：“我们之所以能从黑暗的中世纪走出来，靠的是指南针、火药、造纸和印刷术。”这是世界上对中国古代发明最客观的评价，并不是我们自吹自擂。后来《科学报》也登过这个材料。由此可见，全世界都认为中国传统文化是了不起的。中华民族还有很多灿烂的文化，足以让每一个中华儿女引以为豪，中华民族为全人类的进步与发展做出了巨大贡献。

近20年来，我国实行了改革开放，以经济建设为中心，取得了举世瞩目的成绩，在世界上占有举足轻重的地位。同时，也为广大知识分子提供了施展才能、报效国家的大舞台，所以每个知识分子都应该把自己的才华与国家的命运结合起来，为振兴中华贡献自己的力量。

同时，我们也要做好人才培养的工作，其中最重要、最关键的一步就是要让学生树立热爱祖国和以做中国人为荣的思想，以振兴中华为己任，这是做好所有工作的根本、动力和源泉。重视人才培养，特别是青年人才，就要为他们创造一个提高自我和实现自我的环境，一个公平竞争的环境，一个人才合理流动的环境，一个能安心工作和生活的环境。

1981 年，邓小平与吴阶平（左）亲切握手

此外，做好对外宣传工作也很重要。一方面是针对外国人的宣传工作。我去过十几次美国，和美国人接触很多。总的来说，来过中国的美国人对中国的看法，与没来过中国的美国人的看法大不一样。“耳听为虚，眼见为实”，没来过中国的美国人，想不到中国是什么样，还以为中国男人梳着辫子，中国女人缠着小脚呢。他们下飞机看到北京的现代化程度不比他们差，白天车水马龙，晚上灯火辉煌，因此加深了了解，自然消除了偏见和误解。另一方面是针对海外华人的宣传工作。应该加大主流和正面成绩宣传的力度，坦诚客观地分析工作中的不足，找出原因并提出改进措施，消除那些用个别现象诋毁我们整个成绩的行为的不良影响，并从个别现象中看到问题，加以改进。

医生的服务艺术

作为一名医生，既要有高尚的医德、精湛的医术，同时还必须取得病人的信任。对同一病人，采用同样的药物，如果病人信任医生，治疗效果就好；如果病人不太信任医生，治疗效果就不好。这是心理因素造成的，也是客观存在的。要取得病人的信任，必须讲求服务艺术。服务艺术是因人而异的，要针对病人的特点。实际上人们在生活中已经懂得见什么人说什么话。一般 “见什么人说什么话”这句话被视为含有贬义，但实际上在任何情况下都需要如此，对于存在健康问题的病人更需要注意服务艺术。

临床工作有很多特点，第一是能为很多病人服务，而且在服务过程中会遇到许多原来并未想到的问题。虽然医生在为每一名病人服务过程中都有机会获得丰富的经验，但是这并不表示一定能够获得经验。德国学者巴士德有一句名言：“机遇偏爱有准备的头脑。”我国前人所强调的“视而见，听而闻”，也更具体地表达了同样的观点。父母在教育孩子时也常说“不要这个耳朵进去，那个耳朵出来”。毛主席指出，要完全地反映整个事物，必须经过思考作用，“将丰富的感觉材料加以去粗取精、去伪存真、由此及彼、由表及里的改造制作工夫，造成概念和理论的系统”。第二是医生对病况的分析判断以及所采取的诊治措施，经过几个月，甚至几个星期，便可根据病程的发展知道哪些是对的，哪些是错的，并从中获得经验教训。经验教训的深刻程度又与当初做出判断和决定时是否深思熟虑有关。知道错了而不知道错的理由，仍难防止再犯错。也就是说，找到了造成错误的指导思想，以后才能减少发生错误的机会。

此外，还有两个需要注意的问题，一是病人的要求不是固定的，有可能被改变；二是医生要重视语言的运用。

有一位成年病人接受了唇裂手术。手术后回到病房，病人的家属千恩万谢，因为去做手术之前病人的上唇是裂开的，回到病房时已经缝好了。但过了半年，家属不但不感谢，反而抱怨了。原因是手术后把补好的上唇和缝合前的裂唇进行比较，所以感到满意，但半年之后他早已忘却原来唇裂的形象，而改成和正常人比了，而缝好的上唇由于瘢痕等因素，肯定不如正常人的唇那样整齐。所以事先要让病人了解相关知识，防止出现精神负担。

另一位病人三个月前因背部疼痛到医院检查，是自己走进医院的，X线照片显示他患有胸椎结核。当时给病人做了石膏床，病人带着石膏床回去了。当年还没有抗结核药物，结核病要靠全身和局部的充分休息，并应服用鱼肝油等营养品。结核病的好转、痊愈需要很长时间。三个月后病人被抬了回来。病历上记录得很清楚，是胸椎结核，做了石膏床，看来诊断和处理方法都是正确的。问病人三个月前诊断是什么，他说是胸椎结核病。问他是否用了石膏床，他说用了。正在我想不出何以病变如此迅速恶化时，病人补充了一句，说天天晚上都睡在石膏床上，这才明白病人白天仍照常下地活动，引起病变恶化。胸椎结核病人，要日夜躺在石膏床上，大小便都在石膏床上（石膏床挖一个洞，在洞下接大小便）。这一方面是医护人员交代得不够清楚细致，另一方面也与对“床”字引起误解有关。

服务艺术是我很多年前提出的，目的就是想得到最好的结果。比如多数病人会说害怕手术，我就对他们讲，这个病需要手术才能解决，手术谁都不愿意做，但不做手术病就治不好，任其发展会更麻烦，你怕手术还是怕病？

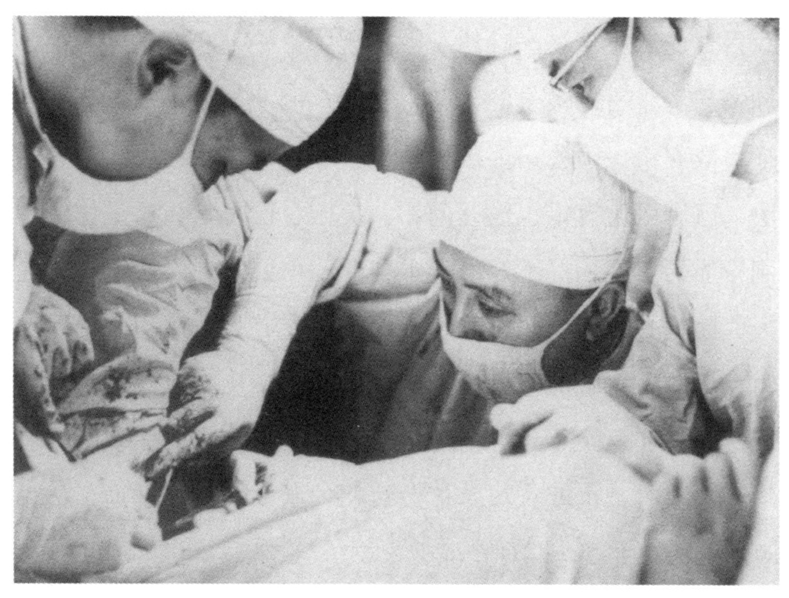

吴阶平（中）为患者做手术

现在医院里的医疗纠纷很多，有些并不是医疗事故，但有的病人不问青红皂白就骂医生、打医生，甚至砸医院。当然这是个别现象，但影响恶劣。一定要通过法律途径解决，千万不能为图省事，息事宁人，赔钱了事。你今天赔偿三万、五万，明天就是八万、十万，过几天就是百万，赔的是谁的钱？病人家属一看，和医院闹就能得到赔偿，就会产生连锁反应。因此医院的领导决不能因为怕麻烦，赔偿了事，开了赔偿的头，后面的麻烦会越来越大，花的钱越来越多。医生不是神仙，不可能把什么问题都解决，因为人总是要死的，不能说死了就是错误，但医生也不能见死不救，这是责任问题。见死不救是医生的错。

拿美国来说，凡是床位在200个以上的医院，急诊室里必待着几个律师。如果有人死了，或者病人家属有意见，他们马上过去问家属："你告不告，你要告我替你打官司，告不成一分钱不要，告得成你得七成我得三成。"于是医疗纠纷就出现了。一上法庭，一般多数陪审员都同情患者，所以被告的人常常吃亏，因此产生了一个新兴行业，即医疗事故纠纷保险公司。医生开始投保，你告我，保险公司负责给我解决，就算医生有错也没有问题。美国自己也承认这是体制上的弊端。刚毕业的学生，好不容易考上执照，就要交保险费，尤其是妇产科大夫，因为有时帮助孕妇分娩要用产钳，有人头痛，就说是20年前被产钳夹坏的，这就无理可说了。刚毕业的学生，虽然各种手续都完备，但交不起这个保险，实在没办法，他就在执照上方写上 "我没有医疗纠纷保险"，也就意味着他没钱赔。其实病人只是为了钱，并不想把医生告垮，所以光棍对光棍。

我的主要科研成果

在旧中国，肺结核病很多。这种病会扩散到身体其他部位，引发新的疾病。我当时作为一名泌尿外科医生，在临床工作中见的最多的就是肾结核。人有两个肾，如果一个肾患有结核，当时的治疗方法是通过手术将其切掉。当时诊断肾结核的方法是做X线泌尿系造影，从X线片上看到肾被损坏的形象，或者经膀胱镜通过输尿管口插入导管的逆行造影。肾结核严重时可以使肾完全失去功能，而由于膀胱炎严重，不能做逆行造影时即诊断为该侧肾结核。切除一个肾并不影响病人的寿命，因为一个肾也可维持生命。

当时我见到的有些双侧肾结核病例只是有一侧明显破坏，另一侧无功能。虽如上所述，无功能也可用肾结核来解释，但实际上并不能简单地将两者等同。因为在这个情况下，膀胱炎的病状或阳性尿结核菌都可由被明显破坏的一侧引起，但并没有证据显示是无功能一侧造成的。经反复考虑，为了对这类病人负责，我们决定经皮穿刺无功能的一侧，在进行穿刺时我们医护人员都较紧张，因为如果穿刺出脓液，则表明确属双侧肾结核，就无法挽救了，但如果无脓液，则尚有恢复机会。

穿刺后，如果吸出的是淡色的尿，无白血球，而且量很大，那随即要从穿刺针注入静脉造影剂作X线片检查，以证明这个无功能的肾有积水。而肾积水是可以治疗的，可将积水经肾盂引流管引出，这样病人就有了恢复的希望。这种治疗方法使一部分原来被诊断为双侧肾结核的病人得到了挽救，我也在医学文献中提出了“肾结核对侧肾积水”的名称。国内泌尿外科界对这一研究成果给予了很高的评价，论文于1954年在《中华外科》杂志上刊出，同时亦在《泌尿外科》杂志（俄语版）上刊登。这项新研究成果使我们对晚期肾结核病人的发病经过有了全面的认识，即一侧肾结核会引起严重的膀胱结核，而膀胱结核除会引起膀胱挛缩外，还可引起对侧输尿管口缩小，造成对侧肾积水。

这些研究工作使我认识到，在临床工作中，医生必须认真观察病人的实际情况，深入思考不同病人间的差异，运用逻辑思维推断各种可能的关系，提高临床诊治水平，为人民健康服务。除了肾切除手术和对侧肾结核积水研究外，我还对肾切除后留存肾的代偿性增长进行了较全面的研究。

肾上腺是很重要的内分泌器官，不属于泌尿系统，只能说是肾的近邻，位置在肾之上。在20世纪50年代初期，我国尚无内分泌外科，因此泌尿外科医生就将肾上腺的外科工作列入泌尿外科范围之内。肾上腺粗略分为外层（或称皮质）和内层（或称髓质）。肾上腺皮质有可能发生分泌不同性质激素的肿瘤和增生性病变，而肾上腺髓质则有可能发生较常见的嗜铬细胞瘤。这种肿瘤手术死亡率较高，因为病人长期处于持续性或阵发性高血压状态之中，手术中分离肿瘤又容易引起血压进一步上升，从而发生危险，甚至导致病人在手术时突然死亡。而病人长期处于全身血管床收缩状态中，在手术切除肿瘤后因血管床扩大，又容易出现血容量不足而导致病人休克致命。不过，随着新药物的应用，上述危险基本得到解除。

1941年，我遇到一位病人，其临床病象和各项检查均符合嗜铬细胞瘤的特点，但在手术中我们并未发现肿瘤，于是就对两侧肾上腺都作了病理标本采取。最后病理报告的结论是嗜铬细胞瘤样增生，完全出乎我们的预料，因为过去从未听说过这个名称，而且这个结论也表示肾上腺髓质是可以出现增生的。我们后来查阅的文献，包括关于内分泌学和肾上腺疾病的专著，或者未提及肾上腺髓质增生，或者根本否定其存在，

1966 年 2 月，吴阶平（左）与陈毅同志在广东从化

只能在个别尸检或外科病理检查中找到这个名称。我在1961—1974年收集到17个相关病例，并于1977年和1978年发表了中英文的相关报告。

1975年，美国学者发现多发性内分泌肿瘤Ⅱ型，一般都涉及嗜铬细胞瘤、甲状腺瘤和甲状旁腺瘤，并且在个别不涉及嗜铬细胞瘤的病例中发现肾上腺髓质增生。这就提出了一个问题：我在美国学者之前提出的肾上腺髓质增生和他们在多发性内分泌肿瘤Ⅱ型中发现的肾上腺髓质增生有无差异？在他们所发现的19例多发性内分泌肿瘤Ⅱ型中，有13例记录了肾上腺髓质增生是和甲状腺瘤以及甲状旁腺病象伴随出现的，最长为10年，平均为2年零9个月。而我们在16例随诊中，没有发现一例伴有甲状腺或甲状旁腺病变。所以，这就说明我们的肾上腺髓质增生是一个独立的疾病。为了避免在名称上混淆，我们称之为单纯性肾上腺髓质增生。

肾上腺髓质增生作为一个独立疾病引发肾上腺髓质内分泌病变，既可能是因为嗜铬细胞瘤，也可能是因为增生，这与肾上腺皮质内分泌病变（皮质醇症）相似。我的肾上腺髓质增生的相关报告在美国泌尿外科年刊（登载一年中最重要文章的文摘）上发表后，引起了国际学者的注意。在一次国际内分泌学会上，一位专家兴奋地向我表示，看了我的报告后，他认为肾上腺内分泌学在逻辑上已经完整了。

我国的计划生育工作打破了人们对人工流产的传统认识。过去把人工流产分为健康需要的医学流产（即孕妇有严重疾病，如心脏病或其他疾病，不流产将危及生命）和非医学需要的犯罪性流产。1956年，由于我国人口多，耕地面积少，为了育龄妇女、家庭和国家的利益，政府决定：如夫妇双方同意，可以进行人工流产，为此国家制定了完整的计划生育政策。

林巧稚医生是我的老师，她是厦门人，一生没有结婚，把全部精力都奉献给了国家的医学事业。有一个礼拜六，我在协和图书馆看书，她看到我说："哎，吴阶平，咱们要搞计划生育了，我管女的，你管男的。"说完就走了。当时我写过很多文章，提出计划生育工作，男的要负更多的责任，承担更多的义务，因为女的做绝育进行输卵管结扎要切开腹壁进入腹腔，这是一个比较复杂的手术，且麻醉方法也更复杂，而如果男的做，只需要做一个很小的手术，因为阴囊皮肤较薄，没有皮下脂肪，熟练的专家甚至不用局部麻醉就可做手术。即使用，也只需在局部注入0.3～0.5毫升的麻醉药。

20世纪50年代的计划生育实际上是需要绝育的，因为当时一般夫妇都已有很多孩子，不需要再生。输精管结扎绝育手术很早就有，已经拥有100多年的历史，而且比较简单，但这种手术有一个缺点，就是结扎后已超过结扎处的精子，仍将进入后尿道随尿排出，仍有使女方怀孕的可能。为了解决这个问题，我采用对远段输精管灌注的办法，把存留在远段的精子冲洗到后尿道中随尿排出。

后来有了直接穿刺输精管注入阻塞输精管物质的方法，这一改进对推广计划生育有很大的作用。因为广大群众认为打一针（指穿刺）远比作输精管结扎术容易。虽然此方法极好，但当时还无法验证它的成功率。

为了确定此穿刺法的成功率，我与四川的李顺强教授合作设计了一个借助现代医学所用的有色物质方法，在注入右侧输精管的套管针的液体中放入一滴刚果红（Congo red），在注入左侧输精管套管针的液体中放入一滴美蓝（ Methylene blue），带有这两种颜色的液体分别进入后尿道随尿排出后，如果排出的尿是紫色，则表示两侧的灌注都是成功的；如果只有红或蓝其中一种颜色，则说明仅一侧灌注成功；如两侧都失败，则尿呈普通的浅黄色。这个方法虽然简单，但很实用。由于这个绝

1996 年 11 月，英国爱丁堡皇家外科医师学院授予吴阶平（左）荣誉院士称号

育方法是通过男子输精管完成的，因此称为输精管绝育法。

我在世界卫生组织的会议上，向外国专家介绍输精管绝育法时，他们都惊奇地频频点头，相互交换目光，纷纷要求到中国来看看。后来我在北京接待了他们，并安排了实际操作。当他们看到实际操作时，不时发出惊叹声，他们说："这简直像个魔术一样，这么简单就解决了大问题。真是奇迹，不可思议。"由此，输精管绝育法便成为医学上的一个新名词，成为新中国计划生育工作中的一项重要成就。

我经历的几件事

"文革"前，我的主要工作在北京医学院，但因保健工作的需要，我住在北京医院里。"文革"中，红卫兵批判北京医院院长，在一张大字报上写道，为什么吴阶平不是北京医院的人却住在北京医院？还有一张大字报说，吴阶平赶紧滚出去。那时候，搬家可是一件不得了的事情，表示这个人有问题，接着就会被一次次地抄家，所以我绝不能搬家。我那时刚创建北京第二医学院（今首都医科大学），就赶紧回到北京第二医学院跟学校的红卫兵说明情况，请他们到北京医院跟北京医院的红卫兵解释一下，最终我没有搬家，问题得到妥善解决。

我在创建北京第二医学院初期，请郭沫若写了一幅毛主席的教育方针，即"德、智、体全面发展"，就挂在教学楼的一楼大厅里，郭沫若字写得非常好，而且特别大。"文革"期间，我就想把这幅作品拿下来，但是太大了，没地方搁，藏也是藏不住的。我知道有一张毛主席在北戴河的照片，当时很流行，我就用这张大照片盖在上头，侥幸地保留下了这幅作品。“文革”期间红卫兵大串联，坐火车从全国各地到北京等着毛主席接见。车上没有水喝，有很多学生病倒了，有的甚至生命垂危。那时我到海淀医院，救了好多病人，也创造了不少新方法。那时我一是凭良心做事；二是凭技术做事，而且有时也会讲究一些策略。

1968年“九大”以前，有一天突然来了一个解放军，让我回去写写履历，第二天我写好后就交给他了。他又让我回去写写社会关系。第三天我写好交给他后，他又让我写写自己的贡献，我就说我没有贡献，那时候“臭老九”有什么贡献，他就让我客观地写写。我回去就凑合写了两点。第四天他问我在棉兰（即印度尼西亚的棉兰岛）给谁打电话？这个问题原来革命小将们早就问过我，我当时说我只去过一次棉兰，一个人也不认识，我什么电话也没打过，而这位解放军又问我在棉兰给谁打电话，我仍然说没打过，但他说这是有根据的。一个解放军来调查我，还说是有根据的，这在当时可非同小可，所以我开始努力回忆这件事。

我生平只有两次睡不着觉，一次是因为怕考不上协和医学院；另一次就是因为这件事情。我当时整个晚上都想这是怎么回事。后来我告诉他，我肯定没打过电话，会不会是我接电话。他就让我再好好想想。后来我还真想出来了，当时在棉兰有一个华侨富商，请我们到他在棉兰开的旅馆吃晚饭，其间因为说起中医，他就请岳美中医生开了方子。晚上他给我打电话，说：“要是有什么急病，得了感冒，能不能吃刚才开的药？”我说：“你等等，我去问问。”我就到岳美中医生和方圻医生的房间去问，岳美中说：“那让他停一停，等好了再吃。”我回来就转告给这位富商了。我回这个电话时，被陪同我们去棉兰的政务参赞看见了，回去他就向使馆汇报了。后来这件事就被写成材料放进了我的档案里。这种事情既不调查清楚，也不问问本人，就往档案里放，在“文革”期间，随时都有可能被揪斗，甚至丧命。现在想想我还有些后怕，也不知有多少人因这样的事情不明不白地被整死。那个解放军后来也就没再找我。

给江青做保健医生是很危险的，所以我非常谨慎，但我还是利用做保健医生这个条件，帮助别人，虽然我自己那时也很困难。当时周总理叫汪东兴通知我做江青的保健医生，我说我是外科医生，保健工作内科医生比我合适。他说让我点名，我一看机会来了，就赶紧点吴杰，吴杰是当时北京医院心脏科医生，在“文革”期间被下放劳动。被我一点名，吴杰就被调回北京医院了。我也负责过康生的老婆曹轶欧的保健工作。曹轶欧的妹妹突然服用过量安眠药死了，曹轶欧说她妹妹是被人暗害致死的，是烈士。其实她是自杀的，洗胃时全是安眠药，可曹轶欧不同意，因为若是自杀，那时就要算畏罪自杀，北京医院的一个医生为此坐了9年的监狱。后来，我和康生的一位主张正义的好秘书解救了那位医生。

江青很不好侍候，可是一物降一物，当时江青的炊事员程师傅也是个党员，谁都怕江青，唯有他不怕。他做的中、西餐都很好，但江青吃饭胃口很刁，她要说今天的饭咸了，第二天程师傅就一点盐都不放；她要说今天的饭不咸，第二天程师傅就会放一大把盐，让她咸得吃不了，所以她就不敢说话了。

江青的脾气也让人难以理解。她要求室温要21.5℃，高了低了都不行。如果她感觉不对，就看温度计，如果不是21.5℃，就要发火；要是21.5℃，她就说温度计不对，和她无理可讲。反正她说不对就是不对了。她批评我的时候我总是一言不发，后来她向汪东兴告我的状。毛主席故去以后，我负责过一段时间的毛主席遗体保护工作。唐山大地震后，汪东兴正好到毛主席遗体保护的地方来检查，他看到我就笑了，我问他笑什么，他说江青说我是特务。我问怎么回事？江青说我要不是特务，怎么能给她买到美国的扑克牌和积铁（用铁做的一种积木）？我听了心里感到好笑。想起有一次江青叫我给她买美国的扑克牌和积铁，当时我就给驻美大使写了一封信，说我需要这两样东西，可是我怕万一要付钱，我又没钱，所以就给汪东兴打了电话。虽然是红机子，但也怕泄密，我只说首长要买扑克牌和积铁，汪东兴听了就知道首长指的是谁，就说了“你买吧”三个字，结果很快就办好了。但不知道什么原因，江青很快就把那些东西送人了。

访谈人：顾因明

访谈时间：2002年5月

肖培根（1932—　）

1932年2月2日出生于上海。药用植物与中药资源学专家。1953年毕业于厦门大学，2002年获香港浸会大学荣誉理学博士学位。中国医学科学院药用植物研究所名誉所长、研究员、博士生导师。曾任世界卫生组织传统医学顾问、合作中心主任，国际传统药物学会主席，为国际著名传统药物学家。1994年当选中国工程院院士。

肖培根是中国药用植物事业的主要奠基人和学术带头人，开创了包括植物、化学和计算机技术等多学科渗透的“药用植物亲缘学”，成为我国拥有自主知识产权的原创性科研成果。发现了1个新的植物种属——人字果属，另发现药用植物32个新种和11个新变种。组建了中国医学科学院药用植物资源开发研究所并任首任所长，提出了以发展原料、药品制剂及新药为主的三级开发战略理论并应用于实践，取得显著的社会和经济效益，为我国药物资源的开发利用奠定了理论基础。他重视中药资源的利用与保护，致力于国家药用植物园体系的建设，倡导中药资源与“三农”“西部大开发”与“一带一路”的协同发展，结合悠久茶文化提出“别样茶”概念，会同“适应原”及中药补益药，为慢性代谢性疾病防治与抗衰老开辟一条研究新路径。

1988年被评为国家级有突出贡献的中青年专家，1994年9月当选国际传统药物学会主席，2002年获“国家杰出专业技术人才”称号。

肖培根院士

在顺境和逆境中都要前行

偶然的从药之路

我的祖籍是湖北黄陂。我出生在一个知识分子家庭。我祖父叫肖延平，是一位非常有名的中医，看病看得很好，还写了很多著作。湖北中医学院正在写他的传记。我父亲是位工程师，早年留学德国十年，一直是学工的。

我走上医药的道路是很偶然的。我父亲当时在大学任教，而在新中国成立以前，老师都是比较穷的。我们兄弟姐妹五人，我是老大，家里经济比较困难，而厦门大学是国立大学，不要学费，还有奖学金。1948

1970 年，肖培根（后排中）一家

年，我考取了厦门大学的生物系。当时我的伯父也在厦门大学当教授。我当时对中草药可谓一窍不通，哪知道今后一辈子就是搞中草药，我的“从药之路”虽说十分偶然，但却改变了我的一大半人生。

我是1953年春天毕业的，是新中国成立以后的第一代大学生。我在上学的时候，学习成绩不错，也当过助教——我在本科四年级的时候就管二年级和三年级学生的实验了，所以学校准备留我在厦门大学生物系当助教，但从北京来了一个调令，说要调我到卫生部，于是我就用了半个月，千里迢迢地从厦门到了北京。

到了北京以后，我就在中国医学科学院的前身——中央卫生研究院住了差不多半个月，等待分配。中央卫生研究院在先农坛后面，我先去参观了那里种的一片草药，是什么草药我根本不认识。因为我不是念医药学的，所以一位教授带我参观，问这个是什么药，我说我不认识，他说这就是洋地黄，治心脏病的。他还说他们很需要中草药方面的人才，因为当时全中国还没有这个专业，他就说让我去。那位教授热情地邀请我，我就说：“好！我就干这个吧。”就是这么一个偶然机会，把我从生物学推到了中草药学。我从1953年参加工作到现在，这50年干的全是这一行。

我开始研究中草药的时候才20多岁，大概28岁时就当上了药用植物室主任。所以现在很多材料都写我是新中国中草药和药用植物研究的奠基人之一。因为我涉足了这一行，我家差不多变成医药世家了，我爱人冯毓秀跟我在同一个单位，她是1956年参加工作的，也是教授。我们有两个女儿，老大学西医，是北京大学医学部的教授，而老二是学中医的，所以一中一西，我们家就是中西医结合了。

我曾经连最普通的中草药都不认识

我在业务上坚持八个字，就是“在学中干，在干中学”。刚刚到工作单位的时候，我连最普通的药都不认识。我从20世纪五六十年代就开始跑野外，也就是到各地去采药，拜草药医生为师，跟他们一起上山，他们告诉我的，我就记下来，到现在基本上跑遍了全中国。我也到药材公司，老师傅告诉我这个是当归，这个是黄芪，这个是什么，我像学徒一样，一种一种去认，一种一种去记。通过几年的工作，再结合书本知识，基本上了解和掌握了上千种的草药。

当初我参加工作时，全国中草药的资源情况差不多是空白的，因

1958 年，肖培根和保加利亚专家
依丽诺娃在长白山发现野生人参

1953年，肖培根（中）在河北张北考察

为旧社会对于中国究竟有多少种中草药，这些中草药是怎么样的，一点研究都没有，因此必须先进行全国普查，了解情况。我自1953年参加工作到20世纪60年代初，年年都在野外，组织了全国中草药的第一次大普查。

记得我当时才27岁，1959年作为国庆十周年的献礼，我们就把经过整理的全部调查资料编了一部书，叫《中药志》。我们这部书是用现代科学方法整理完成的。领导要我们把全国的中草药资源搞清楚。这是我第一次接受如此艰巨的任务。全国中草药有几千种，其中应用较多的常用中草药就有几百种。用现代科学鉴别每种中草药属于什么科、什么属、什么种，必然有许多新的发现。我就发现了1个新属、32个新种和11个新变种。发现新属是比较难的，发现新种也不容易，现在《中华人民共和国药典》收录了我新发现的4种植物，分别是蒙古黄芪、暗紫贝母、三角叶黄连和湖北贝母，4个中药原植物的名称后面都挂着我的名字。发现一个新种是非常难的，因此发现人有权用拉丁文给新种植物起名。具体点说，这是一种植物分类研究。由于我在学校学的不是分类专业，而是生理生态专业，但是要分类的话，必须得知道这个植物是什么科、什么属、什么种。我先通过自学，后来又到中国科学院植物研究所进修了两年，所以那时候发现了不少药用植物新种。1983年发行的一套印有暗紫贝母的邮票上还印了我的名字。

经过几年的全国普查和艰苦工作，我们编著了四卷《中药志》。《中药志》的出版标志着中国人用科学的方法和手段整理了我们丰富的传统中草药资源。现在我手中拿的《新编中药志》是最新的一个版本（2002年）。新中国成立以来，我们可以清晰地看出，国家对中草药的研究有了很大的进步。我现在可以很负责任地讲，这套书和国际上同类型的书比较，应该说是处于领先水平的。

因为过度的采伐，中草药资源从总数来讲，减少得很厉害，所以现在，保持可持续发展以及保护生物多样性，对我们这个专业来说是十分迫切和重要的。以我亲身的经历为例：20世纪60年代初，我到西藏调查过6次。因为过去对西藏中草药的研究是一个空白，就好像中国探矿一样，好多地方都探过了，但西藏那个地方却没探过，所以我到西藏去调查当地的中草药，也包括藏药。藏医的很多理论跟印度类似，但它用的不少药物又跟中国内地接近，文成公主进藏，促进了文化交流。那时候上山，就是慕名考察冬虫夏草。当初冬虫夏草非常多，拿一包香烟，不管牌子好坏，就可以换到一斤冬虫夏草。那时一斤才几毛钱，现在一斤差不多近一万块钱。现在一个农牧民到山上去刨一整天，也只能够采到三五支冬虫夏草，所以如果再不采取措施，天然的冬虫夏草将濒临灭绝。

普查以后，就要对中草药一个群一个群地进行深入研究。我带了几十个博士生和硕士生对人参、大黄、贝母这三类中草药开展了综合性深入研究，探索它们各自的化学成分、彼此间的亲缘关系和疗效之间的相关性，看看存在哪些带规律性的东西。

1965 年，肖培根（中）和藏药工作者在拉萨医院合影

我比较早地使用计算机来寻找这些规律。比如大黄，我就找出了规律：凡是叶子有分裂的大黄都含泻下的有效成分，而全绿的、叶子不分裂的大黄则不含这个成分。这些都要经过化学分析。大黄是一个属，一个属有几十个种，但是在这几十个种中，要经过化学分析，判断其是否含有泻下的成分。这些工作我基本上都是和搞数学的工作人员合作。因为我是念生物的，数学不行，搞人工智能什么的也不行，所以我跟他们合作，请他们帮助我分析，最后得出了一个公式，能够初步预测某种大黄有没有泻下的成分。

20世纪80年代以后，我进行了一些生物学研究工作。20年来，我共发表了科学论文400多篇，出版专著20多部，获得1个国家奖（国家星火奖），7个省、部级奖。1983年成立药用植物资源开发研究所，我是第一任所长。可以说在这一个阶段，我克服了种种困难，做出了一些贡献。

我是药用植物研究所第一任所长

我觉得国家需要和市场经济环境下保证个人利益之间是没有矛盾的，都统一在怎么对国家有利，对民族有利上面。我们这一代已经形成了自己的人生观，现在比较难改变了。我们的人生哲学就是基本上每一步都根据国家的需要，国家需要我们做什么，我们就做什么，我们就在这个框架里面发挥。就像在舞台上，要演一出戏，虽然戏已经定型了，但是怎么演好，我们可以发挥自己的主观能动作用。

起初国家要搞清全国的中草药资源，那么我们就在这个问题上下功夫，把这个问题搞清楚。对中草药进行调查、整理，把家底搞清楚，这只是初级阶段。下一步要深入研究，怎么样进一步利用和开发这些中草药资源。1983年，中国医学科学院成立了药用植物资源开发研究所（后改名为药用植物研究所，简称药植所），是从药物所分出来的，就建在北京的西北旺。

药植所刚刚成立的时候，那里几乎是一片荒地，没有什么建筑。1983年时，药植所就几排平房，过去曾是卫生部的五七干校，但现在看，也就十多年，就有了翻天覆地的变化。在这种情况下，我们觉得国家要我们把丰富的中草药资源转化为生产力，也就是进行资源开发，是一个难点。这种性质的研究所，在全国也只有一个。

山脚下那一大片地，约一千亩，那时叫药用植物园或药材种植场。建设初期，不动产主要是仪器设备。仪器设备才八万块钱，包括几个冰箱、几个天平，等等。现在药植所发展得很快，已经是国内一家重要的研究所。我过去对经济不了解，也不接触，但是当了所长就不一样。我刚开始当所长的时候，别人说什么需要一万块钱，我一听这个“万”

字，整个人好像马上就要跳到房顶上去，一万块可不得了，很大的数啊！

后来我针对国内需要，搞中草药资源开发，首先抓“五大开发”，即西洋参、天麻、沙棘、金荞麦和灵芝的开发。西洋参和天麻的开发在全国的影响最大。西洋参是从国外引进的，后来变成中国的一大产业了。现在我们国家不但不用从美国、加拿大进口西洋参，还可以向国外出口了。帮助很多农民实现了脱贫致富。由于药用植物研究所是从药物所分出来的，所以初建时一切都很困难。我们那时每天要乘着解放牌敞篷卡车去上班，从城里到郊外，一个多小时。赶上下雨的时候，风吹雨淋。冬天零下18℃，每个人都要穿上棉大衣冒着严寒去上班。条件十分艰苦。

通过大家的艰苦奋斗，药植所飞速地发展，获得了中国医学科学院的肯定。医科院评估“国家队”，第一批我们就进去了。评估的时候，有很多综合性的指标，包括科研成果、论文、人才培养等，也要评估药用植物研究所的财产。

我与香港的别样“情缘”

我去香港次数比较多。我跟他们合作搞一些中草药的研究，如基因组的问题等。香港的经费比较充足。我是香港理工大学和浸会大学的客座教授，所以我基本上过一段时间就要去一次香港。总的来讲，我觉得一个人的知识总是落后于时代的，现在已是基因时代了，中草药也要做到分子水平。香港城市大学有一个很好的基因库和先进的技术设备。我过去都是先从形态上对中草药进行分类，然后进入第二个阶段，即化学分类，看各种中草药的成分和亲缘关系，现在则要从分子水平综合研究药用植物彼此的亲缘关系。

除了几所大学，香港政府也准备把中医药作为一个发展的重点，董建华特首的施政报告中也包括了中医药。2000年董建华特首还接见了我和香港中医药委员会主席谢志伟教授，谈了关于中医药的问题。我觉得自己对香港的中医药发展起了一些作用。香港赛马会出资成立了香港赛马会中药研究院（2000年6月26日），请我当顾问，帮他们策划。我会经常出点主意，例如建议他们做两件事情：一件是制定香港中药标准；另外一件就是出版香港中医药专著，这两件事现在均在顺利进行中。近几年香港中医药有了健康和飞跃的发展。

其实，我们与香港特区是优势互补的。我有好几个学生去香港参加合作研究了，而且工作进行得很顺利。2002年，香港浸会大学为了表彰我在中医药方面的贡献，专门授予我荣誉理学博士学位。

为宁夏开发枸杞和葫芦巴

除了南下香港，我还参与了西部大开发。我是青海省和宁夏回族自治区的科技顾问。宁夏政府向我提出要求：一定要结合西部大开发，将宁夏中药事业发展起来。

这几年，我帮他们干了两件事：第一件是深度开发枸杞。因为宁夏的枸杞在国内外都很有名。我大概是在1996年、1997年到宁夏考察过，通过考察，我慢慢地也有了经济头脑。我问他们，既然枸杞是宁夏的一大经济支柱，那么整个宁夏一年枸杞的总产值是多少？他们回答是八千万元。我说八千万太少了，人家一个中小型的企业，产值都能过亿了。那时我也很不客气，直言八千万实在太糟糕了，究其原因是没有搞深度开发。宁夏主要是用塑料口袋把枸杞果实包一包就作为商品在外头卖，没有高级产品，因此产值就低得可怜了。

我在香港结识了上海市政府在香港的一个窗口公司，叫上海实业。上海实业搞了一个药业公司，并在香港上市，叫上实药业。后来我就建议他们说："现在西部大开发，宁夏需要资金去搞深度开发，你们有资金，但没有原料，双方不是可以很好地合作吗？"上实药业马上去了，投资了几千万元，在宁夏建了一个现代化药厂，专门进行枸杞的深度开发。

枸杞是很好的东西，对于促进免疫、抗衰老都有好处。科技顾问虽然没有报酬，但想到自己为西部大开发做了点好事，就感到十分高兴和满足。宁夏举办枸杞节的时候，我帮助组织了一个枸杞国际学术讨论会，把我的一些好朋友、顶尖知名的专家、国际传统药物学会前任几位主席

2001 年，肖培根（右）在银川宁夏枸杞移植现场考察

都请过去了。会议开得很成功，把宁夏枸杞的开发推上了一个新的台阶。

第二件事也很有意思，就是我第一次去宁夏时，当地给我出了一个难题。他们说那里的老百姓很穷，因为宁夏山区缺水，让我出个主意，提出一些能够快速赚钱，又易于老百姓种植的中药材种类。这个把我难倒了。我费了好长时间去调查，精心挑选，终于为他们选出一个——葫芦巴，这是一种药材。

因为当地很穷，我一个主意出坏了，农民一旦卖不出去，那我就会名誉扫地，农民不是骂我一两天，而是一辈子。所以我确实为这个费了很大的力气。首先，因为葫芦巴是草本植物，很容易种，一两年就能收，不但国内能销，国际上也能销。其次，我帮他们设计的时候就想，就算葫芦巴作为药材销不了，它在国际上也还有市场，因为这是做咖喱粉的原料，肯定能保住老本。最后，葫芦巴还是激素的原料。这样就等

1998 年，肖培根（左一）获得第三届“立夫中医药学术奖”

于有好几个保险。后来过了三年，我第二次去时，当地葫芦巴的年产量已超过1500吨，而且种多少就卖多少，主要是用作激素的原料。一收上来以后就往天津运。最近我到天津，我问了天津方面的相关人员，他们说现在还不够，再来一倍两倍，他们都能销售出去。国际市场当然也有销路，但是国内都供不应求。这个也不能一下子上得太猛，因为这里面有一个关键就是，作为激素原料，皂苠元的含量很重要，必须通过选种，找出含量高的品种来。

我现在心里很踏实，也不必害怕了，因为即使翻番到了3000吨，还是供不应求。这样一来，除枸杞之外，我为宁夏又多创造了一个经济产业。所以这次宁夏给了我一个荣誉，宁夏电视台还专门给我做了一期节目，表示感谢。我在电视上也帮他们做了一些义务宣传，讲了讲种枸杞怎么好，将来如何实现可持续发展。

作为一名知识分子，工作有了实际成绩比拿多少钱强得多。通过努

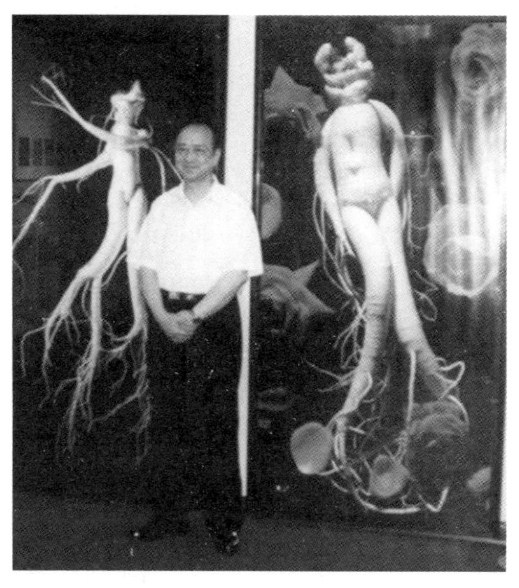

1998 年，肖培根在台湾
“中国医学学院”博物馆参观

力使一批老百姓的生活得到改善，我心里感觉很满足。

假如我们去评估一下药植所和我本身的无形资产，相信是很可观的。实事求是地讲，不但国内，在国际上也是很有影响的，国际传统药物学会的第一任主席是瑞士人，第二任主席是瑞典人，第三任主席就是我。我当选后，来自印度、斯里兰卡等国的同行都发来贺电，向我表示祝贺。后来第四任主席是来自美国夏威夷的一位教授。第五任是来自伦敦大学的一位英国教授。

1998年，中国台湾给我颁发了“立夫中医药学术奖”。这个奖是陈立夫设立的，每两年颁发一次，以表彰全世界为中医药做出突出贡献的学者，相当于中医药届的最高奖，我获奖那次是第三届。1998年陈立夫还活着，我去他家里见过他两次。很巧，他跟我的外祖父是小学同学。

在五七干校制药厂研制新药

我是搞中草药的，但刚刚参加工作时，我连最常用的中草药都不认识，是主客观因素促使我走上了中草药的研究之路。首先，客观因素就是党叫干啥就干啥。比如说我过去在学校里面，最不喜欢分类学，因为都是死背的内容，像花瓣几个、心皮几个，等等。但是参加工作后，首先我得认识中药，那我就得补这个、学这个。学好以后，才能做好各项工作。主观因素就是，我有一个特点，对于不懂的新事物，我不害怕，并且敢于去尝试。我觉得总结起来，就是首先不要怕，要敢于去学，因为害怕一件事情了，或者对一件事情先有一个成见，那这件事情是做不好的！

比如说我学俄文，人家都说我学了三年，俄文就很好了，书看得很多，语言上我大概有一点天分吧。但是我小时候在上海，后来上海沦陷，所以我小学的时候就念日文。虽然我学了许多年日文，但是水平不行，因为我不喜欢学，而越反感，越学不好，学不好，日本老师就打我手板，他越打，我越反抗，所以我非常反感日本。后来我还是怎么学也学不好，虽然有时能勉强看看日文书，但就是学不好。

搞中草药，我觉得我很投入。在干校时，我去学中草药和一些与之相关的现代化知识，所以干校的同事都知道，我带了外文书，包括英文、德文、俄文的。有一套叫《化学分类学》的德文书，我常看，当时没有书桌，我就坐在板床上看。比如要弄清鱼腥草的成分和作用，那就查这本德文书。后来五七干校制药厂研制出鱼腥草素和其他新药，这套德文书功不可没。

因为那时都批判外文，认为是崇洋媚外，但我的确从中得到了好处，尝到了甜头。我在五七干校制药厂研制出好几种新药，其中有一种叫热可平注射液，是20世纪70年代研制出来的，这种药可以退烧。

在任何情况下，我都是不轻易放弃的。我被下放到卫生部在江西的五七干校去建设五七干校制药厂。因为很多人都不是学药的，所以不会做制剂。而我当时作为厂里负责新药开发和制剂的一个车间主任，连打片都不会，所以我就弄本制剂学的教科书，按照上面所说的建立一个网，自己慢慢搞起来。我记得很清楚，干校刚开始办药厂的时候，药厂的会计记账，很多数字都是用红钢笔水写的，因为那是赤字，但是一年以后，这个情况就改变了。

我有一本关于五七干校制药厂产品的资料，一直保存着。这本资料包含了所研制的新药的情况，像热可平，用了多少病例以及处方和简单的制作方法，等等。现在讲起来，在干校的那段经历对我是有利有弊的，虽然生活苦一点，但是得到了锻炼。过去我不会制药，对新药的研制流程也不是很清楚，但是在干校期间基本上都掌握了。现在我到药厂不会心虚，设备怎么样，我基本上都能了解。

我们五七干校制药厂在云山上，山脚下就是五七医院，吴英恺院士等一大批人都在五七医院，我跟他们很熟。每个礼拜天上山采药，吴英恺也是我们队伍里面的一分子。那时，脑膜炎和无名高烧流行，五七医院收了一些病人，但差不多每隔一两天就会死个人。他们知道我是搞中草药的后，每次采药碰到我时，他们总说："老肖，今天咱们又死人了，你是草药专家，得想办法，一天一天这么死人可不行啊！"后来逼得没办法，我就问他们："你们叫我想办法，从哪里想办法，得告诉我个方向，因为我不懂医呀！"他们回答说："两个环节，一个是杀病毒，另一个就是解高烧，把烧给退下去就好了。"于是我就天天查书，看看哪种草药抗病毒性强。后来查出一种，叫鹅不食草，在干校房前屋后就有，杀灭病毒的效果非常好。而退热用什么药呢？我想到了柴胡。这两种草药加在一起，效果应该不错。

干校那个地方热得不得了，有一天中午四十多度，我在床上也睡不着，看着天花板，就想出这两种草药了。那时我是制剂车间的主任（当时叫排长），当天下午我就布置，大家很快就把鹅不食草和柴胡做成了针剂。操作过程很简单，把鲜的鹅不食草加上柴胡用水蒸气蒸了，灌封后便完成了。当初有一个规定，凡是用于临床的针剂，研制者要试用第一针，所以我就试用了第一针。因为它是油剂，化不开，打针的那地方会起个包，老是疼，但是没有毒。第二天，五七医院就用了。过了两天，他们说："行啊，你这个针剂还真行啊，好多人都救过来了。"

后来这种药经过不断改进，成为五七干校制药厂的一大产品。周同惠院士给它起名热可平。这就是逆境中的机会。在当时那种情况下，我做出了不少东西。第二年以后，药厂一年上交给干校十几万元，药厂的产品要用卡车运出去，那时的感觉就大不一样了，感到很自豪。后来我们撤了，像这样的成果都无偿留给了当地的永修制药厂。

永修制药厂现在叫云山制药厂。有一次开会，江西省卫生局药检处处长拿给我一份东西，她说热可平是我发明的，现在我是名人，这个小药厂假借我的名义，想产生名人效应。我说有这么回事。这位女领导回去后就批评了云山制药厂，说这么好的产品，一年创造了很大的效益，十几年就是靠这个产品养活了厂里几百人，而你们给肖老师报酬没有？他们回答说没有，一分钱也没有。她说你们太不像话了，人家发明的，到现在不说知识产权吧，也不能一点意思也不表示。从那以后，药厂的人每年都给我送几斤新茶叶，或是猕猴桃等土特产。后来我又帮他们想办法，出主意，希望搞清楚注射剂里的成分，可是到现在他们也没做，所以他们现在不敢来见我，因为见到他们，我就得骂，告诉他们这是不行的，到现在十几、二十年了，还是吃老本，还是我们原来使用蒸馏方法的那个状态。如果不提高产品质量，企业迟早要垮台。

另外，我觉得还有一条算是我的一个优点，那就是我能够跟上学科前沿。2000年版的《中华人民共和国药典》里头有几个品种是我发现的，如暗紫贝母、蒙古黄芪、三角叶黄连、湖北贝母后面的“Hsiao”就是我的姓。在一部药典里头，有数种新发现的植物，在国内外都是非常罕见的。

除了形态上的分类，还要把植物学和化学结合起来，然后再跟一些药效结合起来。我要慢慢地把它们结合在一起，准备搞一个药用植物亲缘学，再跟计算机技术结合在一起，那就算是比较新的东西了。我在20世纪90年代做的差不多都是这方面的工作，已经有一些基础理论。现在更加需要做的是基因方面的研究工作，特别是中药和基因相结合，这个工作才刚刚开始。因为我带了很多研究生，所以很快就抓了这方面工作，用分子生物学的方法来鉴别中草药的品种，也发表了一些文章。现在我还跟香港城市大学和香港理工大学合作，通过生物芯片来筛选一些药物。虽然这个工作现在已经做了一些，而且大部分与我的专业相关，但是有些发展的新东西我必须也要跟上。

在实践和真理面前必须虚心

赤脚医生是农村最基层的医务人员，是特定时代的产物。如果赤脚医生有钱，他们也可以穿皮鞋。当初大搞中草药，我在云山那段时间，了解到非常多的民间经验，当然也闹过很多笑话。

比如说有一种中药叫商陆，土名叫“抱鸡婆”，当地差不多每家都要种。当时我在江西已经小有名气，经常到南昌去，也上庐山去做调

肖培根（左一）在田间考察草药

查。有一次，我听说“抱鸡婆”可以治疗妇女不孕症。我就问：“‘抱鸡婆’是什么东西呀？拿来我看看。”我一看是商陆。我说不行，书上说商陆是有毒的，不能吃。后来我到下面去做实地调查，发现将一定剂量的新鲜 “抱鸡婆”跟鸡一块炖，经过加热处理，就可以改变其毒性了。因为必须要跟鸡一块儿炖，所以土名就叫“抱鸡婆”。就像乌头虽然有大毒，但经过热处理，毒性就很小了。这个“抱鸡婆”可能也是这么回事，经过热处理以后，其化学性质就被改变了，可以起到滋补的作用了。有些妇女月经不调，面黄肌瘦，也就是所谓的内分泌不调，吃这个可以起到调整作用。这件事对我刺激很大，我认识到在实践和真理面前必须虚心，本本主义是不行的。

保持事业持续发展

新老交替必然有碰撞，什么是对，什么是错，实践是检验真理的唯一标准。现在改革是大方向，经济是发展的，咱们是向前的，但是大家对具体理念的看法并不完全一致，比如说科研机构，是不是完全都要变成企业？大家对这个的看法就不一样。现在科研单位，比如说药物所、药植所、生物所都要变为企业，他们认为企业将来会创造很大的效益，这是对的，国外办的研究所就都是药厂。上次卫生部科教司在药物所跟我们一起开座谈会，大家都说不能一刀切。比如，药植所要在中草药资源的保护和可持续发展方面做许多工作，要到野外去收集种子、种苗，进行异地栽培，这是关系到子孙万代的基础工作，国家不投入，将导致生物多样性被严重破坏，使环境恶化，所以具体问题要具体分析。

现在出现了一种“短期行为”，什么能赚钱，就干什么，对此我有些看法。当然，有人说要看主流与支流，或许我谈的都是支流。我有个硕士研究生就在所里站柜台，卖一些小商品，他要赚钱，养活自己。实际上他手上有很好的研究成果，是关于番红花柱头的生物技术。每株番红花上面长三根柱头，像头发一样的丝，现在都是用组织培养，但完全可以用生物技术来生产，然而这个研究需要时间和资金投入。

我认为要保持某项事业持续发展，最重要的一点就是领导不能以权谋私，否则这个单位肯定搞不好。我对药植所的感情很深。药植所拥有一个完整的体系：北京总所，海南、广西、云南各一个分所。这三个分所主要引进种植热带和亚热带的中药。总所和三个分所历尽艰苦，历年来收集的中药种质资源达到了5000种。后来海南和云南分所为了赚钱，搞旅游，把树木都砍掉了，建了一个鳄鱼池。因为在市区养鳄鱼、搞表演可以招揽一些客人，可以卖一些门票。但我认为这脱离了大方向。近年来我所各植物园内的中药种质资源大幅度地流失，科研人员不专心搞科研，我想这不算是“改革”吧。

中药必然会有一个非常大的发展

在欧美国家，自然疗法越来越受欢迎，中草药发展的前景将会更广阔，这是必然的趋势。我经常在香港作一些报告，我的态度是非常明确的，进入21世纪，中草药疗法（国外叫自然或植物疗法）必然会有一个非常大的发展。这个不是主观的，不是说我干这一行，这行就必须发展，实际上它有一个客观规律。西方人过去治病，就是头痛医头，脚痛医脚，也就是所谓的单靶点治疗。感染了，就杀死细菌；得肿瘤了，就把癌细胞给杀死，这种观点在西医里统治了很长时间，但是进入21世纪以后，有一个重要的改变，那就是他们认识到应该把人体作为一个整体看，这个跟中医中药就接近了。特别是治疗艾滋病方面，发明了鸡尾酒疗法，组合变成一个小复方，对身体各个环节都能发挥作用。

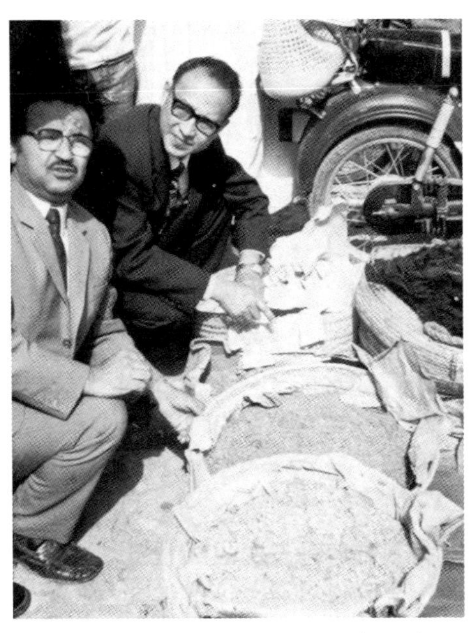

1973 年，肖培根（右一）在阿尔及利亚考察草药摊

进入21世纪后，人们的疾病发生了变化，大都是慢性的，或所谓调整型的疾病。要逐步来调整肌体的代谢，而这些调整应该是中医的长处。我认为何大一发明鸡尾酒疗法和他的华裔身份应该说有一定的关系。通过研究，他发现艾滋病的产生和发展往往有多个环节，表现为免疫的缺损，最后产生出这么一个结果。就像癌症的致病基因不是单一的，是由很多基因所调控的，不同癌症的基因表达都不一样，起码有十几个。因此，怎么可以设想一个单一的成分能够把各方面的问题都解决？现在看起来，中医的复方在一定程度上有它的长处，将来可能很有前景。

中药通过现代化、产业化和国际化，一定会在不久的将来上一个新台阶。2001年，求是科技基金会授予我及其他11位同行中药现代化的“杰出科技成就集体奖”，激励我们要为“中药现代化”更好地贡献我们的力量！

为中医药事业培养后备人才

我在干校和基层工作多年，后来又在小分队待了好多年，一直接触实际。我现在对于植物和民间疗效应该说都比较熟悉了。别人打一个电话或当面问一个问题，一般我都能马上帮他解答，连书都不用找，所以有人说我是活字典。一方面，这或许跟我的记忆力有一定的关系，但另一方面，因为我几乎天天和这些东西打交道，所以熟能生巧。比如这本《中国本草图录》，包含6000种植物，编写工作量非常大，随便从中挑几种出来，基本上我都能知道。

我培养的硕士、博士研究生有六十几个。一方面我跟学生们强调，科学就是要真实，不要弄虚作假，要符合事物的客观规律；另外一方面，我也让学生们自己思考和实践。一般我选的题目都是很好的，能够让他们施展才华，我很注意发挥学生们的主观能动性。我过去的专业侧重于植物学，现在我培养学生慢慢地将植物学和化学相结合，因为只有这样，才有利于生产力的转化。导师要用一些新的观点来武装学生，同时要训练好学生的基础理论和实验技巧，让学生们形成自己独立的思路。我的不少学生现在都是正教授了。

我选课题有两个标准。第一个标准就是客观需要，也就是开发的前景和经济价值，社会效益与经济效益相结合。另外一个标准是要有一定的创新性。我现在每天都在对中草药进行归纳，看看有哪些东西今后值得做，现在我手中就有几十个药用植物类群值得研究。比如说现在国际上正在研究一种叫贯叶连翘的植物，它治疗抑郁症的效果非常好，其销售额排在全世界同类药物前十位，这类资源在中国有很多，我的一个博士生在做这个。这是一个群，中国也有很多类似的群。像金丝桃就还有些别的种，比如田基黄可以治肝炎（田基黄属金丝桃科）。这个群里能够用于制药的植物占比很高，比如说它一共有40种（属），差不多有二三十种（属）都可以用于制药，所以将来开发它的可能性很大，而且价值也会比较大。我的一个学生专门做中国的五味子这一类群的研究。其实五味子已经做得很多了，但是我看到一个材料，说五味子里面有些成分对抗艾滋病的作用非常大，所以我就让这个学生去做，她也做得很起劲。这个学生最近又发现了一些新的三萜成分，并且已经申请了专利。

我选的学生基本上都有扎实的基本功，要热爱这个专业，在工作方面能够扎扎实实地来做，这些都是基本要求。我选择学生时要看学生的基础，一个是根据考试的成绩，一个就是面试。我想通过面试了解他的背景情况怎么样，有没有培养的前景。我有两种选择，一种让学生继续发展原来的专业，另外一种选择就是将不是本专业的学生引到我这个专业来，就等于专业的交叉。例如，我曾把一位北京大学化学系毕业

2000 年，肖培根和即将毕业的博士生们畅谈

的学生拉过来做我的研究生，这个学生后来取得了很大的成绩，现在在美国工作。我现在做的不少工作都是交叉学科的研究，而不是单一学科。

我培养的学生很少有不合格的，但不能说绝对没有。所谓不太合格，就是暂时看起来，成就不那么很显著。所以学生是否合格并不是我去下个什么定义，而是今后学生在自己的事业和实践中会反映出来。总体来说，我所培养的学生基本上都不错，其中有些已是学术带头人了。

心理上的满足大大胜过物质上的满足

我觉得研究中草药应该在中国，到美国没有施展的空间，这一点我跟

1996 年，在联合国粮农组织及工业发展组织召开的国际会议上，肖培根当选为大会主席

别人是有分歧的。我到国外的机会很多，国外的药厂或公司确实也有请我的。

我现在这样的生活还凑合。我经常举一个例子，人到了一定的程度，钱再多也变得没多大用处了。你吃山珍海味，两三天你就不想吃了。我现在就是这样，以前参加宴会比较多，血脂偏高了，吃点清淡的还不错，所以钱再多，拿去干吗用？无非房子再大一点，汽车再新一点。这些物质的东西永无止境，而人生在世，要为国家和人民多做一点有益的事情，心理上的满足要大大胜过物质上的满足。

我现在的生活应该说是稳定的、良好的。我对现状比较满意。年轻时每个月都得把钱花光，因为我老出差，出差就赔钱，到西藏等地，要是在饭馆里吃两顿，就没有钱了。家里人曾说，我出一次差，就把一个彩电的钱花没了。

现在大家普遍都觉得再过二三十年，中国在世界上应该是有分量的国家，全世界也都这么看，但关键是我们全国要上下一心，团结稳定，继续坚持改革开放的正确路线。

访谈人：顾因明
访谈时间：2001年7—9月

薛社普（1917—2017）

1917年9月26日生于广东新会。细胞生物学家、实验胚胎学家、生殖生物学家和医学教育家，中国民主同盟盟员，中国解剖学会名誉理事长，“干细胞新药研发及临床转化研究”北京市重点实验室名誉主任，中国医学科学院基础医学研究所研究员，北京协和医学院基础学院教授。

1943年毕业于国立中央大学博物系，1947年于同校生物系获硕士学位，同年赴美留学，1951年获美国华盛顿大学理学博士学位。1951年初回国参加新中国建设，在大连医学院解剖科任副教授，1954年兼任哈尔滨医科大学组织胚胎教研室副教授。1955年调至北京中央卫生研究院，任副研究员，同年7月兼任北京师范大学生物系教授。1958年任中国医学科学院实验医学研究所实验形态学系副主任，1959年任组织胚胎教研室副主任、教授。1973年任中国医学科学院实验医学研究所形态学系主任。1978年任中国医学科学院基础医学研究所细胞生物研究室主任、研究员，中国协和医科大学组织胚胎教研室主任、教授。1991年当选中国科学院院士。

薛社普在我国细胞生物学领域开创了红细胞排核机制的研究，对男性节育药的研究成果被视为权威性成果，是生殖生物学的创始人之一和中国细胞分化调控研究的开拓者。在细胞生长与分化调控研物学和细胞药理学做出重要贡献。

薛社普院士

学问之道，以我为主，求证创新

我的家庭与故乡

我祖父以前在加拿大做华工，他在美国的时候已经把他的两个儿子，就是我的伯父和我的父亲弄到美国去做工，最初是在美国开洗衣店，后来又转到加拿大开饭馆了。我的伯父和父亲两兄弟每五年轮着回中国一趟，待一两年，就回去了，所以我们三兄弟的年龄差六年左右。

我的家乡是华侨之乡。华侨回乡的时候，气氛是很热闹的。他们西装革履，发饼干、糖果，全乡的小孩都跟过去，非常有意思。这是我们那里的习惯，尽管有些华侨可能没有什么钱。大多数华侨回来后都要买地盖房子，还要盖祠堂祭拜祖宗、捐款盖小学，光宗耀祖，很神气。大家对华侨都很尊重。华侨在国内的时间都很短，回来生个小孩就又出去了，乡里人对华侨也都很理解。

小时候，我就知道父亲是华侨。我父亲是个很勤劳、节俭的人，因为他赚钱赚得很辛苦，他生活朴素，很节省。父亲对我们要求很严，不像母亲那样疼爱孩子。其实我对父亲的印象也没有多少，因为他在家的时间很少。我父亲待了两年左右，为了我们三兄弟，他盖了一座十字形四家各两层的房子后，就又回加拿大去了。

我父亲大部分时间在加拿大，家里就靠我母亲撑着。母亲很苦，一个人带着三个男孩子在家务农。父亲回来买了房子和几十亩地，都由母亲一个人管。我九岁的时候，母亲因为劳累过度病倒了。当时医疗条件很差，我祖父是一家之长，以为不要紧，直至母亲的病加重了，才请了医生看病，但后来母亲还是不行了，39岁就去世了。记得在我母亲去世以后，我父亲回来又娶了一个后母，而后母偏爱自己的孩子，所以我便要受点苦。我体力不强，但她常叫我去挑水。广东乡下是用两个瓦罐挑水，瓦罐是圆的，口很小，用一根棍横着插进去挑。我们村有一口公用的水井，有一次我把水灌满了瓦罐，但整个人也掉下去了。我另一只手还拿了一个罐，因为两只手都拿了东西，所以我没沉下去。我就在井里叫，周围的回声很大，过了一会儿就有人来救我了，这是我印象很深的一件事。因为这件事，我的两个哥哥责备我后母。那个时候我父亲已经回加拿大，我的姑母接我到她那里。

那年我九岁，还没念书，一方面是因为家庭条件不太好，另一方面是因为我很顽皮，就在家里晃来晃去。我母亲去世以后，姑母把我接到古井念小学，所以我九岁才念小学，比一般小孩晚两三年。

姑母家在古井文楼，离我家竹湾五六里地。她丈夫是个渔夫，所以姑母家的伙食很好，每天都有鱼虾吃。姑母有三个儿子，除最小的阿水在念小学外，其他两个儿子都跟着她的丈夫打鱼、卖鱼。她的孩子都比我大，他们虽然有点歧视我，但不敢欺负我，因为姑母对我很好，她知道我已经没有妈妈了，所以很同情我，在学习和生活上都非常照顾我。我念了六年小学，一直住在她家，印象很深。

姑母对我很好，但我还是有点孤独，有点自卑，所以无形中我在心里就产生了“总有那么一天我要出人头地给你们看看”的想法。在小学六年里我念书很勤奋，成绩每年都是班里最好的。小学毕业后，我们学校就我一个人考取了广雅中学。考取闻名的广雅中学就犹如考中“秀才”，所以那时整个乡，包括我家里人都对我刮目相看，认为我将来会有出息。由于很小就没有了妈妈，好多事情我都会自己动脑子，逐渐养成了生活自理的习惯，感到自己好像要干一番事业，从小就有一点独立的意识。我非常内向，不大喜欢说话，也不会说话，在班里面比较文静。当时我长得也矮小，坐在教室最前排。

从广雅中学到重庆中央大学

广雅中学是广东省立第一中学，在省内非常有名，前身是清朝湖广总督张之洞办的广雅学堂，到现在还是广东最好的中学之一，那里出了不少人才。

那时日本侵略中国，我觉得日本人最可恶，因为日本人老发动空袭。广雅中学的好多校友都是飞行员。记得有一场空战曾在我们学校足球场上空进行，一位叫关万竹的校友飞行员非常英勇，但后来因寡不敌众，飞机冒着火焰坠毁了，牺牲得很惨。同学们都义愤填膺。毕业以后，我们班上五十多人有一半准备去延安，但是中途有的同学被国民党截下来没去成。总而言之，投笔从戎和走“科学救国”之路是当时同学们的两个重要选择。

广雅中学的面积很大，校园里古树参天，礼堂、图书馆等建筑很雄伟，还有莲池、亭阁碑林、假山、假石、泉水等，风景好，学习环境很好，我们有时候就躲到假山上去念书。我在中学时代接触了很多自然景物，热爱动植物，就对大自然产生了兴趣，而我上大学时报考博物系就与此很有关系。博物学是包括生物和地质的学科，中国那时很穷，矿藏很少，没有石油，没有天然气，好像是先天不足。当然现在根据李四光的理论，发现了很多油田，可是当时我们念书的时候，中国被认为是贫矿国，没有什么矿藏，因此这个问题对我很有吸引力，所以考大学时就报了博物系。

广雅中学的校训是务本求实，实行班主任与学生同住、同生活的全面负责制，包括每天批阅全班学生的日记。在广雅中学的六年，我受到强烈的爱国主义熏陶，德、智、体全面发展，并结识了不少胸怀国家兴亡的挚友。

高中毕业以后，我考入南京中央大学，但在南京沦陷前，中央大学已搬到重庆。那时日本人已经快打到广东了，可是我没钱去重庆上大学。虽然我二哥和二嫂等人给我筹了些钱，但远远不够。我有一个舅舅在香港，后来他给我准备了衣服，又给了我钱，我才买了船票，坐船从香港到安南（今越南）海防，经河内、老街进了云南省的蒙自，再经开远、昆明、曲靖，贵州省的安顺、贵阳、息烽、遵义、桐梓入川。中间途经了“九曲十三湾”险山峻岭的娄山关，经过万里跋涉才到达了“陪都”重庆沙坪坝中央大学本部。整个行程，走走停停。在贵州俗称“天无三日晴，地无三里平”的地区，停留时间最长。从香港到重庆，差不多走了一个月。

如果不是舅父母的资助，很难想象我一个人如何能完成这样的“长征”旅途。我很珍惜舅舅送的那件皮袄，直到现在还保留着，那是永恒的纪念品啊！我生长在广东，从未见过下雪，到了贵州、重庆初次见到雪，感觉十分兴奋，更深感那件皮袄在寒冬里对我的意义，多少个冬天我都是靠它度过的。

薛社普中学时代借书证上的照片，1936 年摄于广州

中央大学校舍建在嘉陵江畔沙坪

坝的松林坡的一片小冈上，均为简陋的木棚泥墙房屋，毗邻的重庆大学则是青砖绿瓦的雄伟古建筑。中大校舍都是临时盖建的应急房子，一年级学生多，沙坪坝校区容不下，便在嘉陵江上游的柏溪建了分校。除医学院在成都华西坝建院外，其他文、理、法、工、农和师范学院均在重庆，但一年级学生均集中在柏溪念基础课程，我们是柏溪分校的第一届学生。沙坪坝距柏溪二十多里，有些教授住在沙坪坝，要沿江坐“滑竿”（竹造的二人抬式轿子）走两个小时才能到分校讲课。晴天还好，可欣赏沿江风景，但在九月遇上雨天就困难了。如果遇上空袭警报，要躲日本飞机的轰炸，就更苦了。学生宿舍是大通仓，木架床分上下铺，八张床为一组，隔成小房间，中间有一条走道。虽然生活比较艰苦，但大家学习热情很高。学校在沿江山坡修筑了许多防空洞，空袭警报响起时，师生们就有序地躲进去。有几次房屋被炸，对教学影响不小。

抗战时期的大学生活是我在战火纷飞、学习条件极为艰苦的情况下奋斗学习的经历，是我最不能忘怀的。家乡广东沦陷后，我与家人失去了联系，为解决日常生活费用，我从大学一年级下学期开始便在附近中学兼任教员。我酷爱大自然，经常带领学生在野外采集生物、矿物标本。一面学习，一面教书，还解决了我的生活零用钱问题。我曾多次写信给在加拿大的父亲，请他寄钱供应我学习，可能是邮路不通，都没有得到回应。因此通过自力更生，维持学习生活，是我自幼独立能力锻炼的一部分经历。

在我们的老师中，有动、植物分类专家，昆虫专家，小稻专家，地质学家，他们那时想的都是中国的资源问题，都很关心我国有多少物种，多少矿藏资源。在号称天府之国的四川，他们更是想趁天时地利之便，研究一下四川的资源。那时国家恰好组织了一个川西资源考察队，博物组由博物系教授陈义任领队，系全体师生均参加在峨眉山的动物、植物、矿物的考察和标本的采集。大家热情很高，都希望能够发现新物种（教授也是这样鼓励我们）。那时候我们有这样一个念头，发现新物种并发表论文，就会有名。不少国内外的教授成名，就是因为发现了一些新物种。那次峨眉山采集的昆虫标本，由我分类写成论文，那也是我的大学毕业论文。当时因为没有照相机，论文中的图均是我手绘出来的，这为我日后在美国靠绘图技术半工半读打下了基础。大学时期，王希成教授对我的影响比较大。他从德国获博士学位回来，他的老师是1935年诺贝尔生理学或医学奖得主H.施佩曼教授。王教授在系里开了两门课：动物分类学和实验胚胎学。我除了在动物分类方面向他和王书林教授请教外，还对他的实验胚胎学课程非常感兴趣，对其中许多问题都入了迷。例如精子和卵子结合，如何开始生命的孕育？受精卵如何通过重复的细胞增殖、分化，整体塑造成结构有序、具有不同功能及种系特征的胚胎？受精卵一分为二，或四、八、十六个细胞，而内细胞团在分开后为何可以发育为整个胚胎或某些器官？什么是形成胚胎组织诱导分化的物质基础？我对这些问题都很想加以钻研。这实际上是我选定实验胚胎作为我以后专业方向的萌芽阶段。

我的大学生活都是在战火当中度过的，生活条件艰苦不用说，而且差不多一两天就来一次空袭，跑防空洞。念书的教室非常简陋。那时候大学周围都是茶馆，同学们上完课都喜欢跑到茶馆里看材料，整理笔记，茶馆就像教室一样。除了必须去实验室的课程之外，没有很固定的念书地方。

每周我有两三个半天要爬过一座山到钟南中学兼课教生物和生理卫生。我们班里有位同学叫周修勤，是从浙江嘉兴那边考取中央大学博物系的。那时她哥哥是中央大学体育系讲师，她是随她哥哥一家来到重庆的。我们平时做完实验后喜欢到野外采标本，彼此互生好感。她对我自力更生求学很同情、很敬佩，所以有时也陪我一起爬山到中学去，沿途采标本，因而我们在一起的时间比较多，一起学习、对笔记、采标本、做实验。在峨眉山采集标本时，我们也在同一个分队，我负责昆虫标本，她负责植物标本。这期间，我们逐渐互相了解。回校后整理材料，我们在学术上更是互相帮助，建立了深厚的感情。有时周末，她还请我到她哥哥家吃顿好菜，四川叫作“打牙祭”。那时候吃一顿红烧肉就很不错了。我们有空时还到江边钓鱼、网虾。大学生活虽然整天要躲日本飞机的轰炸，但却浪漫。

从大学二年级开始我们搬至沙坪坝校本部上学，条件比在柏溪时好多了。重庆大学、南开中学在镇上，还有一条热闹的街市，是通往重庆市的水陆交通中转站。我在大学三年级时，收到了我父亲从加拿大寄来的一笔钱，用以支持我大学的学习生活费用，但我仍坚持在中学兼课。完成四年大学课程后，我在唐家沱中学教书兼任教务主任，而周修勤先

1944 年 10 月，薛社普与夫人周修勤及五个月的大女儿彦芬

在广益中学教生物课，后来也调来唐家沱和我在一起。1943年教学实习期满前，我们在唐家沱中学结婚。随后，我回中央大学博物系当王希成教授的助教，修勤则仍在唐家沱中学教书。唐家沱中学校长是重庆大学数学系教授何鲁先生，唐家沱中学就是他开办的。他是一位留学法国的学者，学术造诣很深。他为人豪爽，书法很有功力，我们和他相处得很好。我的大女儿彦芬于1944年生于唐家沱。同年，我考取了中央大学研究生院生物学（实验胚胎）的硕士研究生，导师就是王希成教授。

买张船票去美国读博士

1945年抗日战争胜利，日本投降，举国欢腾。我是首批回南京的助教之一。生物学界元老秉志、罗宗洛等回生物系任教，学校呈现一派复兴景象。那时吴有训调任中央大学校长，他是我国近代物理学的著名教授，理科教育事业创始人之一。他上任后得到全体师生的拥护，复校工作得以顺利进行。他以身作则、正直为公的品德给我留下了深刻印象。

修勤在我回南京后不久也随中央大学职工乘船回到南京，并在工作安定之前回她老家嘉兴、吴江等地探望母亲和亲友。她在吴江住了半年多，我们的第二个孩子彦光1946年生于吴江盛泽镇修勤的母亲家里。我一直陪她在我岳母家，同时温习功课，准备留学美国的考试。1946年，我通过了留学考试，而且是当时生物系里唯一通过的人。修勤也回到南京，在南京药学院当助教。1949年，战火正烈，加之我和修勤已有了子女，负担很重，所以对于是否出国，我的态度十分犹疑和矛盾。我的师友和妻子均支持我出国留学深造。那时我父亲也已因年迈回到了广东家乡，他也希望我去美国读博士学位，但他无力提供经济资助。我父亲希望修勤和孩子回家乡和他一起生活。因为广东华侨有一个传统，就是叶落归根，人老了千方百计地要回到自己的家乡，而且希望儿孙满堂，晚年幸福。当然，我也希望把妻儿们在广东家乡安顿好之后再安心出国。

为了筹借出国船费，我延迟了一年才出国，时间恰好在我取得了硕士学位之后。1946年我通过了留学美国的考试，按规定政府每年可提供900美元费用，但此款必须在我到达美国后才能领取。因此去美国的旅费必须自己筹付，这对我来说是一个难题。我用了一年时间才筹借到买船票的400多美金。那时候助教的工资有限，我从发下来的工资中先留出吃饭的钱，其余的全部拿去换美金，但一年也只能攒几十美金。

我有一位广东老乡，他父亲在美国比较富裕，让我那位老乡大学毕业后去美国深造。我跟他讲了我通过了留学考试，但没美元买船票的苦衷，并请他先帮我买张船票，到了旧金山银行拿到900美元后马上归还，他同意了。于是我和同班同学郑国锠一起到青岛的美国领事馆办理签证，并和协助我们的山东大学生物系的曾呈奎教授话别。1947年10月，我从上海乘美国邮轮漂洋过海，经过二十多天的海上生活，到达美国旧金山。我依约如期还了广东老乡的船票费后，便和郑国锠坐着火车去了美国第二大城市芝加哥。

出国之前，我申请了芝加哥大学动物系。该校为季学期制，学费很昂贵，每季学费150美元。我还了船票费后，加上自己的积蓄还剩600多美元，交了冬季学费后，所剩无几，所以心里很不踏实。我在芝加哥有位堂姐，叫春杏，她开了家饭馆，我和郑国锠到芝加哥后先住在她的家里（郑国锠第二天便去了田纳西大学）。我将我窘迫的经济情况跟春杏堂姐说了，她说我周末可以到她的餐馆打工，或在她女婿谭嗣曾（我高中同学）夫妇的快餐外卖店干活。每天晚上干三四个小时（每小时工资一美元），周六周日做全天，这样我的问题就解决了。我按她的意见先在她的饭馆干了一个月，然后在谭的快餐外卖店干了半年，在芝加哥大学念了三个季学期。

我有一位同学叫凌宁，在芝加哥大学生理学系念博士学位。当时他正专注于博士论文的神经肌肉接头生理实验。他原本答应到车站接我们，并帮我办理芝大的入学手续。但他失约了，赶到车站来接我们的竟不是他，而是老师朱浩然（那时他在西北大学生物系进修）。异国相逢，喜之何如！朱老师带我们到实验室找凌宁时，他还在酣睡。原来他是白天睡觉，夜里做实验，以免旁人干扰，所以我们也很谅解他。后来他破例在白天帮我办了入学手续并联系安排了我的住宿等。他和杨振宁、李政道（当时在费米实验室做博士论文）合买了一辆汽车，为我办

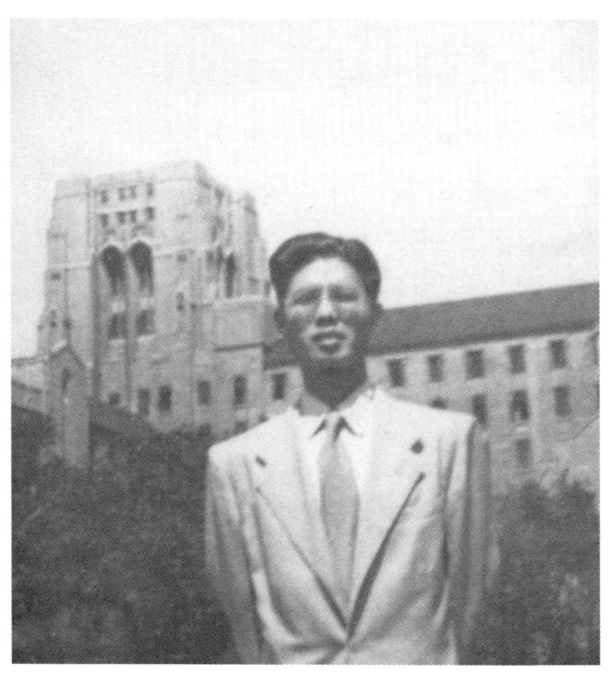

1948 年，薛社普在芝加哥大学

事时，用的就是这辆汽车。杨、李二人很聪明，英语很好，学习成绩非常突出，全校闻名。我和他们不常见面，只是偶尔在同一餐厅用餐时相见。杨振宁和李政道于1957年获诺贝尔物理学奖，那是华人第一次获诺贝尔奖。

我在芝加哥大学选修了胚胎学这门课，在这个领域很有名气的P.韦斯教授告诉我说："想学实验胚胎学和攻读博士学位，你最好到华盛顿大学找V.汉姆伯格教授，他是这方面的权威。"他答应推荐我去。不久，汉姆伯格教授打电话了解我，知道我在芝大所念学科考试成绩都是A，而且很坚决地要学实验胚胎学，故同意招收我，并提供免除学杂费的奖学金，使我如愿地从事渴望已久的专业的学习。其实王希成老师早就写信推荐过我，但他们久未联系，不知汉姆伯格教授的确切地址。这次我把王老师的信转给他，他很高兴。

我是九月份开学之前坐公共汽车去华盛顿大学的。汉姆伯格教授是来自德国的犹太人，是希特勒暴政时期到美国来的，时任动物学系主任。他又高又瘦，人非常好，专门帮我在学校里找了一个宿舍，在研究生学习室安排了一个小隔间，向全体师生介绍说我是从中国来的。他看过我过去的实验作业，知我绘图很好，便将我介绍给当时要出书的T.霍尔教授和F.慕格教授，为他们各自的书配插图，以增加我每月的生活费用。后来系里的教学挂图和汉姆伯格教授与R.列维-蒙塔尔奇尼副导师的论文插图，有不少也是我绘制的。

在攻读博士学位的第一年，要修完必修课程的学分，并通过除英文以外的两门外语考试，才能进入以后的论文实验。为了帮助我过外语关，汉姆伯格教授要我每周陪他父亲过周末，和他去钓鱼、公园漫步、聊聊天，等等。他父亲七十来岁，教我德语、法语。一年之后，我的两门外语考试都顺利通过了。

汉姆伯格教授治学严谨，一丝不苟。我通过两门外语考试后，他给我看了一本他本人的论文集和一些实验胚胎学的经典论文，要我理解主题目的、设计思路和所采取的实验手段，并要我参照他的专著《实验胚胎手册》熟练掌握技术方法，尤其是显微镜下的手术技巧。他要求我在神经发生学领域提出自己的博士论文题目、设计方案、思路和做初步探索的实验依据以及技术方法的可行性等。最后在与他的多次讨论后，我选定以“鸡胚神经管区域分化及其调控”为题，做了系内的开题报告和讨论后，开始博士论文的实验工作。在实验过程中，他常常提醒我“要善于细微地观察，要抓住与正常时空关系有变异的发生环节，多剖析，多思考，发现问题，寻根究底……”并让我在每周一次的小型学术会上交流自己的心得。他的这些科研思维经验、治学方法和修养作风给我留下的印象极深。回国后，这些也成为我科研生涯中治学育人的准则。1950年，我在解剖镜下鸡胚脊髓移植手术中发现，原先过量的增生和预定退化死亡的颈段脊髓运动区的细胞，在新环境下存活下来，并分化形

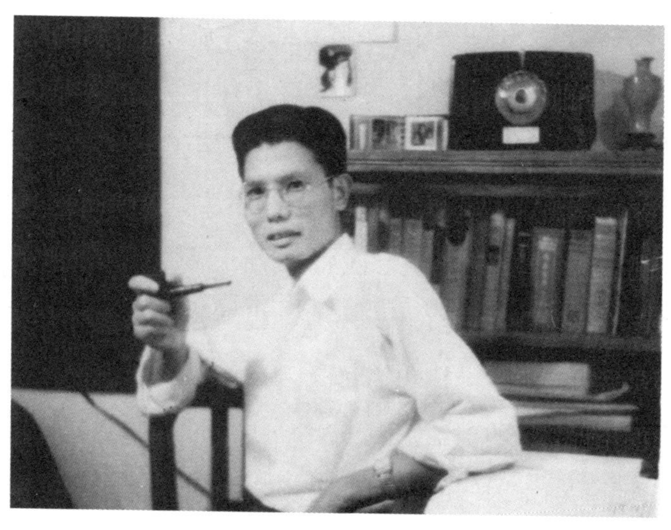

1948 年，薛社普在华盛顿大学动物系学习期间

成新的Terni节前交感柱，证明了颈脊髓运动区存在“流产前交感神经柱”，过量增生和预定死亡的细胞命运可以改变，神经细胞的生长、退化和分化可在一定条件下予以调控。汉姆伯格教授和R. 列维-蒙塔尔奇尼副导师对此结果颇为满意，称赞我心灵手巧，并经常让我为参观者作示范表演。他在以后的论著中也多次引用此项工作成果。

科学工作者进行科研创新，如何对待成果发现、成果评定和授奖，是涉及是与非、名与利以及科研道德的问题。汉姆伯格教授的言行可以反映出他伟大的人格以及科学家的胸怀和素养。他的老师H. 施佩曼教授因发现胚胎诱导和提出“组织者理论”否定了A. 魏斯曼的“决定子”假说，获得了1935年的诺贝尔生理学或医学奖。当时不少人认为在胚胎诱导方面同时做出创新成绩的R. 哈里森应该分享这个奖，但最后却没有他的名字。汉姆伯格教授的实验室对神经生长因子（NGF）的发现也遇到了相同的情况。最初观察到NGF的是他指导的研究生E. 比克尔，而后者毕业后就离开实验室了，汉姆伯格教授便将该课题交给刚从意大利来美的R. 列维-蒙塔尔奇尼副导师继续做下去，这位女科学家是单身，非常沉静专心，还曾为此专门学习组织培养技术。她以实验室为家，把握时机，锲而不舍，最后取得了创新发现。我于1948年到该实验室后，也跟她学习了许多技术方法，后来我的博士论文实验也得到了她的指导，她成了我的副导师。但因为她是神经发生学家，不擅长生化，在相当长一段时间内未能取得NGF的提纯物。因此，汉姆伯格教授又招聘了一位生物化学博士S. 科恩与她合作，做NGF提纯分析和基因克隆等分子生物学工作，终于在1957—1960年间取得了突破，诞生了世界上第一个（从小鼠颌下腺提取的）细胞因子NGF的提纯蛋白质分子结构及其受体。这是国际上细胞因子的首创，应该说是汉姆伯格教授的创新科研成果。

在分析NGF物质功能的过程中，S.科恩又单独发现了另一种NGF所不具备的物质，这种物质可以促进初生小鼠眼睑提早在生后的第六七天张开（正常为生后12—14天），并在出生后的5—6天出牙（正常小鼠为生后8—10天），这一蛋白质因其功能而定名为上皮生长因子（EGF）。NGF和EGF是世界上最早发现的两个细胞因子，在医学上被证明有重要作用，并开启了细胞因子研究的新领域。S.科恩和R.列维-蒙塔尔奇尼因而获得了1986年诺贝尔生理学或医学奖。但是奇怪的是，获奖名单中没有汉姆伯格教授的名字。当时的胚胎学和神经学界均感意外。S.科恩在诺贝尔颁奖大会的报告中说："我对NGF和EGF的生物学观察，均源于华盛顿大学动物系，是在V.汉姆伯格教授的指导下进行的。"借此表达了对老师的感谢。

在1990年汉姆伯格教授九十寿辰之际，R.奥本海姆在出版《汉姆伯格论文集》的序言中说："NGF的思路和主要规律都是汉姆伯格教授首创的，但诺贝尔评委会的评选结果使神经胚胎学界大为失望。" 1991年，我回母校探望汉姆伯格教授也谈及了这一问题，他说："这种事过去也有，例如大家都认为1935年R.哈里森应该与H.施佩曼分享诺贝尔生理学或医学奖，可评委会有偏见……这次我的学生获奖也是我和我的实验室的光荣。只是你的师兄E.比克尔有点可惜了，是他最早见到NGF，但没有抓住机遇坚持下去，以致（与诺贝尔奖）失之交臂……"

可见，汉姆伯格教授是如何对待科研成果并冷静看待科研评审的，他胸怀坦荡，对个人名利和评审偏见泰然处之。他今年（2001年）已经101岁了，如果他对名利斤斤计较，那又如何能如此长寿呢？

归国参加创建中国医学科学院

我在美国念博士的第三年，抗美援朝的战火正浓，每日的战事信息都会激起我们炎黄子孙的爱国之情。我们平时午餐相聚时，与美国同学无事不谈的气氛也变得有些不自然和尴尬了。时局的发展使中国留学生纷纷准备回国。

我加快了博士论文的进度，提早半年完成了。在通过博士论文答辩之后，我即准备回国。当时有几个单位要聘我留美工作，R.列维–蒙塔尔奇尼副导师也表示希望我留下和她一起干，但我去意已定，于是婉谢师友，在导师的帮助下，克服种种困难，毅然回国。在与导师话别时，他仍然教导我“要坚持科研，执着求索，科学是没有国界，为人类服务做出贡献……”

我于1951年1月离开华盛顿大学所在的圣路易斯市，先到旧金山（三藩市）和一些亲友话别，然后乘威尔逊总统号轮船回国。船上数百名留学生都急切地盼望回到祖国，心情都非常兴奋。

经过二十多天，威尔逊总统号轮船先到达香港九龙，而后我再转船回到广州。终于回到了祖国的怀抱，与我年迈的父亲，数年来挑起生活与教养子女重担的妻子以及儿女欢聚，欣喜之情难以言表。

当时广州设有教育部的留学生招待所，负责归国留学生的住宿和安排工作问题，还有各个大学和研究机构招聘人才的办事处，提供许多工作岗位供大家选择。我在回国前曾接到吴汝康、马秀权两位学长约我到大连医学院教授人体胚胎学的邀请。大连医学院院长沈其震是儿科专家，曾任新四军的卫生部长，他的弟弟沈其益是我们中央大学生物系的植物生理学教授，这些都是吸引我北上大连的因素。我的母校中央大学生物系也对我发出了邀请，而我的老同学郑国锠、仝允栩夫妇也邀我去兰州大学生物系。但我和妻子周修勤商量后，婉辞他们的盛情，决定接受大连医学院副教授的聘书。于是我在广州与父亲共聚天伦短短一周后，就携妻子匆匆北上到大连去了。

大连医学院是东北1949后最早成立的三所医学院之一（其他两所为沈阳医学院和哈尔滨医学院），校舍濒临渤海，风景秀丽，气候温和。我们初到大连医学院便受到沈其震院长等人的热情接待，并在分配给我们的位于老虎滩区海滨的一座小洋房里安家。海外归来后，我感受到了来自祖国的温暖，也立下了好好干的决心。我马上投入到教学和实验室建立的准备工作之中，组织了以周修勤、庞懿、袁保和、丁时崇等人为骨干的教学班子，与组织学教授马秀权分工准备教具和编写教材。那时向苏联学习，我校组织学习俄语。马秀权教授还组织教研组成员，边学习边翻译，出版了一本有关活质学说方面的书。为了上下班方便，我还买了辆捷克造的二手摩托车作为交通工具。那时真是干劲十足，充满朝气。

我在大连医学院教授人体胚胎学，中间还到哈尔滨医大兼职（借聘）。那时旅大市（今大连市）还驻有苏联军队，我家旁边的小楼就住着一位苏联军官的一家，他的孩子娜塔莎和我家老三彦平便是一起在海滨沙滩玩耍的小伙伴。

1955年，沈其震院长调到北京任中央卫生研究院院长，同时负责筹备与协和医学院合并，以及创建中国医学科学院的工作。由于工作需要，从大连医学院调出五位教授（魏曦、何琦、杨简、汪民视和我）来京协助工作，这样我于1956年调离大连，到北京工作至今。初到中央卫生研究院时，我先在王蘅文大夫所在的病理系工作。两个月后让我筹建实验生物学系，以我专长的实验胚胎学和何琦专长的组织培养技术为主，开展实验生物学方面的研究。那时生理方面聘请了北京师范大学的汪堃仁教授来指导科研，作为互相交换，汪教授聘我到北师大生物系教授组织胚胎学，因此我又成为北师大生物系的兼职教授，我夫人周修勤也调到北师大工作。我在该校编写的《组织胚胎学》教材，两年后由人民教育出版社出版，后经推广成为全国师范大学的教材，这也是我回国后出版的第一本书。

1951 年，薛社普和儿子彦光在大连医学院附近的海滩

与此同时，我奉命以实验生物学系主任身份与协和医学院解剖系张鋆、张作干教授接洽关于两院合并成立中国医学科学院基础医学研究所实验形态学系的事宜。

1958年，中央卫生研究院与协和医学院合并，正式成立中国医学科学院，沈其震为第一任院长。我们两个系合并后，命名为实验形态学

1960 年 12 月，薛社普全家福（后排左起为薛彦芬、薛彦光，前排左起为薛彦平、周修勤、薛社普、薛彦明）

系，由张鋆教授任系主任，张作干教授和我任副主任。那时张鋆教授还是中国解剖学会理事长，我任秘书长。这为我以后两次连任该学会的理事长、担任国际解剖科学联合会（IFAA）及国际形态科学会（ISMS）理事并争得两次国际会议在中国的举办权累积了经验。

沈其震院长在筹备中国医学科学院时，先到苏联考察了苏联国家科学院。回来以后，他对我说苏联国家科学院有位女科学家，叫勒柏辛斯卡娅，提出了“活质学说”，并把她出版的书和发表的文章都给了我。他说：“她是用鸡胚做出来的证据，你也是鸡胚方面的专家，你能不能对她的实验再做点实验评价和补充？”

勒柏辛斯卡娅认为，鸡胚卵黄球是活质，可以演变为内胚层细胞和血岛，活质为细胞起源提供了证据，等等。时值国内向苏联学习，有些教科书已把“活质学说”编进教材。那时我们刚好建成了我国第一家实验鸡胚和同位素放射自显影实验室，于是用鸡胚进行了体内和体外的实验验证，并以同位素35S–蛋氨酸为示踪剂追踪研究，但所得结果与勒柏辛斯卡娅的结果完全不同。

当时提出与苏联权威学者不同的观点是有风险的，不过沈院长鼓励我说，科学就是求未知，求真理，不同观点只要是通过自己验证的客观事实，是可以百家争鸣的。于是我和蒲以森共同发表了《同位素放射自显影》等三篇论文，证明了卵黄球没有蛋白质合成代谢和自我更新能力，除了被细胞包吞分解时出现的假象外，本身不能形成细胞，因而否定了“活质学说”的观点。事实上，这些论文发表后不但没有遭到非议，反而受到科技界的一致好评。科学假说必须遵循自然规律，实事求是，探索求证，要经受科学实践检验。事实证明，“活质学说”在许多方面没能通过国际学术界（包括苏联国家科学院）的实验验证而被否定。

被下放到五七干校

1966年“文化大革命”在全国范围开展，最初是学习文件，后来开始调查个人的经历。因为我是从国民党直辖的中央大学毕业，又在美国获得了博士学位，而且在抗美援朝期间在靠近前线的大连工作，因而受到怀疑，需要隔离反省、写材料交代是否是美国派遣的特务以及为何回国并且选定大连来工作，等等。红卫兵还到我家里清“四旧”，抄家，翻箱倒柜，连当年我在美国念书时的博士文凭证书都被烧掉了。那时，美国资产阶级的一套都在被清的“四旧”之列。

当时很乱，科研和教学工作都停了。经过审查，证明我回国后与美国没有联系，但是我的资产阶级思想严重，要改造。所以我从1968到1969年被下放到五七干校劳动锻炼。这场“文化大革命”前后持续了十年，对个人和国家都有深远的影响。

“文化大革命”后期，凡受到过批判的人和有严重资修思想的人大都被组织下放，进行劳动锻炼和思想改造。下放的地方一般是条件较差的农村，让长期在城市机关和学府生活的人到农村体验农民的生活，向从事体力劳动的人民学习，接受工人阶级教育，关心人民疾苦，不要脱离群众。

我们学校的下放地点有两处：一是五七干校所在的江西永修县广山地区；另一处是湖北潜江地区。我们的工作就是当赤脚医生，到农村送药以及培养赤脚医生。被下放到江西五七干校的，多半是被认为有问题的人，包括卫生部的“老爷”（卫生部部长）、学术权威以及有严重资产阶级思想的科教人员，这批人据说可能要永远留在农村或被遣散。而下放至湖北的干部，改造期满后将回学校，恢复本职工作。所以最初我们被下放到江西五七干校的人，以为将要改行当农民了。

记得我和刘培楠教授（生化专家）是在1968年底被送至广山五七干校的，并被编在一个班劳动。早上跑步，然后开垦荒地，挖水沟，整理菜地，农田除草等。一天三餐，军队式生活，吃得不错，都是自己连队种的瓜菜。每天定期开会学习，批判“资修”思想。对一些右派分子、有问题的人还经常开大会批判。卫生部部长要经常上台挨斗，还要被安排去大劳动，如推大车，等等。而我们几位教授、臭知识分子以及留过洋的人，有时在连里或班里也会受到一些批评，或要作自我检讨，写材料或劳动心得，等等。

我最初是干杂活的，由于身体不错，年幼时在广东农村种过田，使用一般农具和干割稻、插秧等农活都比较熟练。有几次在班里的插秧比赛和割稻比赛中，我都是前几名的快手。后来干校要养猪改善生活，队里认为我是搞动物实验的，又是胚胎学家，便分配我和另外两位同志作为猪倌，养了一年多的猪，工作包括买猪食、挖野菜、种猪交配、接生小猪以及给猪打预防针，等等。我们有时通宵守着母猪护理接生，不怕劳苦，反而感到很有趣。

广山很美，我有时还吟诗写词，其中一首《忆秦娥》，是我值夜勤巡守花生地时写的：

环山列，广山巡狩朦胧月。朦胧月，星光闪烁，虫鸣声彻。学农赣老为心赤，五七大道从头越。从头越，披荆斩棘，志坚如铁。

说实在的，我在干校最初觉得苦，后来觉得还蛮有意思的。周末和放假的时候，到野味餐厅打打牙祭；可以自由活动，去看看朋友，到南昌或永修县城去玩玩；下到农村看看，了解农民的生活和疾苦，确实有不少收获。我感到我们科研脱离实际，脱离农村实际，到各地方去看看之后，我的科研思路发生了一些改变，想到要将控制人口和常见病，如肿瘤等联系起来。

在我们被下放到五七干校的同时，协和医院改名为反帝医院，进行军管和整顿。我们基础医学所、血液病研究所和放射医学所等在林彪的“一号命令”下迁至四川简阳县建立分院——附属血液病医院和输血所。原计划搬到四川简阳的我所干部约400人，组成分院的基本队伍，下放至干校的约100人则要看改造的情况，再行分配或不予分配（留在当地当农民）。

但两年以后，尤其是“林彪事件”发生以后，情形改变了，院所的领导常到干校来看望我们，认为大家改造得不错，要我们全体回简阳参加分院建设。这样我从1970年就到四川简阳继续搞科研工作了。

在从江西永修去四川简阳之前有一个月的休假期，我曾趁此假期到韶山和井冈山观光游览了两周，参观了毛主席旧居、红四军诞生地、宁冈龙市、三湾改编旧址、永新湘赣边界特委会议旧址、茅坪八角楼、茨坪步云山、黄洋界和大井等地。在崇山峻岭、弯道丛林之中，领略红军当时在反“围剿”战争中的艰辛与革命豪情。“千里井冈飘红旗，革命摇篮传火种”，这是我在瞻仰八角楼毛主席旧居时有感而作的诗句。

在参观完井冈山和韶山两处革命圣地后，我回到阔别三十多年的广东新会家乡（我1938年去重庆上大学时离开家乡），和两位哥哥家以及伯父儿子一家人团聚。那时家乡正在进行土地改革，伯父儿子一家被划为地主，我家三兄弟均为中农（我父亲、后母和伯父母等老辈均已去世，我同父异母的妹妹嫁至香港）。侄子们和我是第一次见面，大哥和二哥身体硬朗，我们相见甚欢，嫂嫂们对我也很亲切。遗憾的是我只能远远地和堂哥嫂打招呼，因为要“划清界线”。我堂哥薛国铎是我在古井小学时的老师，我在美留学时他还介绍我夫人到古井中学教英语和音乐，所以我对他特别崇敬，也很有感情。那次见面真不是滋味！“文革”后他们一家赴美定居，我每次访美都在他家中小住，但这是后话了。

筹建首个生物细胞学研究室

我准时回到四川简阳基础医学所上班，分院领导任命我为国产男性节育药棉酚的科研组组长，对我在科研计划中提出的要用同位素碳14标记棉酚进行体内代谢、毒副作用和抗生育作用机理的研究方案非常支持。其中碳14标记药物的实验要耗资四五万元人民币，在当时是昂贵的实验，而领导全力支持，使我很感动，全组人员干劲十足，掀起了“文革”后科研的新高潮。

我们所是在简阳县城边的一个山坡上建立实验室，办公楼和宿舍楼与血液病研究所及放射医学所为邻，有20多座建筑物。山顶上有一个水塔，从沱江吸引上来的江水，经过过滤后成为整个分院1000多人的饮用水。最初几年还好，但有些人已感不适，后来发病的人多了，才发现是沱江水出的问题，因为沱江沿江有多家农药厂，江水污染严重。

在干校锻炼了两年，我本来身体很好，但在简阳工作七年之后，身体不行了，出现尿血、肾炎、肾和膀胱结石、发烧等症状，体力下降以致卧床不起。我夫人也从北京来到了简阳，在陪我到四川医学院检查后，她劝我回京治疗。后经院领导批准，我于1977年秋天回到北京，经过两个多月的疗养后，恢复了过来。

1978年夏，整个分院陆续从简阳搬回北京原址。原来的实验医学研究所重新组织、整顿，改名为基础医学研究所，仍由郭福芝担任所长和书记。他要我跟踪学科的发展，筹建成立了国内首个命名为细胞生物学的研究室，我担任室主任，建立了细胞分化调控、组织培养、组织化学等科研组和以教学为主的组织胚胎教研室，承担八年制的协和医大教学任务。

1978—1980年，我还兼管解剖学教研室的工作，这是“文化大革命”以后我又一次受到组织的重用，在我的学科专业领域内，确定了科研方向，并为培养专业人才做出微薄的贡献。

科研生涯60年

在中国医学科学院成立初期，在研究鸡胚细胞增殖与分化发育过程中，我脑海里一直想着一个问题。胚胎细胞增殖分裂不管如何频繁地无休止地进行，总受胚胎整体发育的管制与约束，并在体积增长到一定范围，时间、空间位点上分化成为特定的组织和器官；而肿瘤细胞则不然，细胞增殖有如野草丛生，分裂失控、侵袭、转移，并破坏机体。我的问题是如果将肿瘤细胞移植到正在发育的胚胎体内，是否可使之受胚胎的整体管制？

我便采用了两种肿瘤组织，一种是能产生“神经生长因子”、促进胚胎交感神经细胞增生的小鼠纤维肉瘤。它在移植至鸡胚后，产生了类似于R. 列维-蒙塔尔奇尼发现的肉瘤S180和S37，可以使交感神经节增大两到三倍的结果，于是我写了一篇支持R.列维-蒙塔尔奇尼的“神经生长因子”观点的论文，但因为肿瘤在胚胎体内继续生长，最后仍然导致了胚胎死亡。

另一种是Rous肉瘤以及人类恶性肿瘤（宫颈癌、结肠癌等），其核蛋白上清或抽提液在移植至鸡胚后，迅速引起恶变并长出瘤结。尽管有些胚胎能存活下去，但大多死于瘤细胞的侵袭，导致血管出血。存活的胚胎是否因移植的癌细胞受到胚胎的整体发育能力的管制而成为胚胎器官细胞？这是值得深入探索的问题，也是研究胚胎细胞增殖与恶变相关的一个理论课题。我在细胞分化与恶变两大领域的早期探索工作，逐渐形成了以“细胞分化调控”为主的科研方向。然而，这项科研在“文化大革命”中成为被批判的对象，鸡胚方面的研究由此中断。

在经过“文革”和两年的五七干校农村一线劳动锻炼后，我在总结“理论脱离实际”的认识上，仍坚持“细胞分化调控”这一学科前沿方向，具体研究课题集中在两个方面：一是结合我国人口增长的计划生育课题，研究男性生殖细胞在药物作用下发生与分化调控问题；二是结合肿瘤细胞的恶变与细胞分化调控问题，研究诱导肿瘤细胞定向分化的途径，为治疗肿瘤提供理论依据。

多年来，我带领科研小组在我国首创的男性抗精子发生药棉酚和雷公藤单体等方面进行了较系统的研究，出版了《男用节育药棉酚的实验研究》一书，并用中、英文发表了《棉酚抗精子发生的靶细胞》《亚细胞作用位点》和《碳14标记棉酚的组织分布与代谢》等70多篇论文，受到国内外生殖医学界同行们的瞩目。我还应邀在国际权威书刊 *Advances in Reproductive Health Care* 第6册中发表了综述论文。这项工作曾获世界卫生组织（WHO）及美国人口委员会资助，我个人还应邀在美国九个城市的研究机构及大学作报告和学术交流，并和三所大学进行了科研协作。这个课题成为国际男性节育科研的领头课题。在美国访问期间，美国多家报刊和电台均有报道。

在世界卫生组织和美国人口委员会的推动下，在北美、欧洲、南美和亚洲纷纷出现了棉酚的研究热潮，经过万例以上的临床试用后，棉酚被证明有效且有希望成为国际第一男性节育药，是男性避孕研究史上的里程碑。

然而，随着服药者的数量增多和体质差异，在所统计的8806例中出现了低血钾症（占0.75%）及不可逆性不育（9.9%）两种严重毒副作用。在1986年的武汉学术会议上，组织宣布中止支持棉酚科研的决定。虽然当时学者们有不同的看法，且国内外同行也有不少人坚持研究，锲而不舍。后来我们教研室的叶惟三教授和协和医院的曹坚教授等人终于在降低棉酚剂量和与甾体激素组合应用上克服了上述的毒副作用。我也发表论文对其结果进行了评述和补充。我的论文在中国专家网组织的一次讨论会中被提出讨论。那次讨论会有20多位院长和校长参加。专家们认为，一种经万例临床试用后被证明有效的药，如果其毒副作用能设法克服，那就应予以资助，争取使之成为国际上第一男性节育药。会后，中国专家网的赖文育总裁等经过广泛调查后，与我们签订风险投资协议，出资450万元支持此项研究。

这是我科研生涯中，一个经历30多年风风雨雨、大起大落且还在进行中的科研课题，这反映了科学研究的艰巨性和培养科研工作者素质修养的重要性。

在对棉酚抑制精子的发生和分化的研究中，我发现精子细胞分化的特征是生物界细胞核变形和高度浓缩包装遗传物质的一个典型，是研究单倍体的生殖细胞分化核浓缩机理和值得列入作为染色质浓缩与去浓缩重要生命现象的研究课题，并引起我对双倍体细胞的兴趣。我发现只有哺乳类红细胞在终末分化期出现的核固浓缩和排核现象可与精子细胞核的变化相比拟。前者是在分化期核变态伸长，核蛋白组分转型和高度浓缩包装；后者则是核物质固缩、自然去（排）核后形成无核红细胞。进入血液循环中125天的供氧细胞，几乎是体内唯一的将细胞核去除而以无核形式循环于血流中的细胞。一旦患了红白血病，则其细胞核不但不被浓缩排弃，而且还不断增殖、分裂失控而成为致命的癌细胞。

显然，红白血病似乎失去了与我想象中正常存在于分化细胞中的“去（排）核因子（基因）”。如果把自然存在于红细胞中的“去核因子”或“核浓缩因子”输入于血癌细胞中，是否能阻抑细胞核的失控分裂？

1980年，我们小组采取细胞融合手段，将正常红细胞与骨髓瘤（包括红白血病）细胞融合，结果正如我们的预料，肿瘤细胞失控的增殖分裂得到控制，而且还激活了珠蛋白基因表达血红蛋白，还出现了少量核固缩甚至排核的现象，为我们的“红细胞分化去核因子假说”提供了证据。

可以说，“核物质浓缩与细胞分化及癌变关系”是我 “文革”后在精子细胞变态和红细胞终末分化的研究中，逐渐形成的一条科研思路。引起核浓缩的“浓缩因子”可能对克服肿瘤细胞的恶性生长有值得深入研究的意义，而“去浓缩因子”对于干扰精子细胞变态成形并使其失去受精能力也未尝不是调控男性生育的途径之一。这是我近年来在研究细胞分化与癌变调控中所提出的工作假说，目前已取得较好的进展。

精子细胞核在变态分化过程中经过三次以上的组蛋白/精核蛋白替换反应（HPRR），最后形成高度浓缩和包装的成熟精子核（头）部。受

1983 年，薛社普（左一）与同事在实验室

精时，精核在卵母细胞质中被去浓缩因子去浓缩，恢复为正常的细胞核（雄性原核），与卵子中的雌性原核融合以完成受精过程（并恢复为双倍体的染色体数），因而精子细胞浓缩是可逆性浓缩。通常细胞周期中的G2期至M（分裂）期，核中染色质浓缩成为染色体，细胞分裂后，染色体也去浓缩恢复至间期（G1）的染色质状态，这也是一种可逆性的核浓缩。哺乳类红细胞核浓缩经固缩、排（去）核变为无核红细胞，并在血液循环中成为可进入微循环体系的供氧细胞，但其核浓缩是不可逆性的浓缩。在细胞凋亡过程中，核内染色质也高度浓缩，并且局部凝聚为微核（DNA随之断裂），最后细胞解体死亡，故也属于不可逆性的核浓缩，它与红细胞核浓缩的不同之处在于细胞的最后凋亡。可见，染色质浓缩或核浓缩是细胞生命活动中一种重要活动形式，有不同的类型和表现，是目前还不清楚的生命现象和值得深入研究的课题。我们小组以发现红细胞分化去核因子（EDDF）为契机，以红细胞的核浓缩因子为突破口，研究染色质浓缩的相关基因和相关蛋白质的结

构与功能，揭开可逆性与不可逆性染色质浓缩的奥秘，为运用浓缩因子“封杀”或“凋亡”肿瘤细胞恶性分裂，治疗肿瘤，或开发去浓缩因子基因药物，控制精子的成熟分化，进行男性节育，控制人口增长威胁的新途径提供了理论依据。

为揭开哺乳类红细胞终末分化期的去核之谜，我们比较了自然去核类（哺乳类）红细胞和非去核类（鸟类、爬虫类、两栖类）红细胞在种系发生上的差异，发现下列去核类红细胞具有非去核类红细胞没有的特点：①哺乳类红细胞存在一类显然是为适应微循环需要排核的进化产物红细胞分化去核因子；②哺乳类红细胞中与细胞核密切锚连的波形蛋白纤维在终末分化期被抑制，以致纤维断离细胞核，中断核、质通路，始动核偏位和自然排核。基于以上差异，我们提出了哺乳类红细胞自然排核是种系进化结果的假说，还为哺乳类以外的动物红细胞仍保留具有完整功能的细胞核提供了适当的解释。也许有人要问，细胞核是细胞一切活动的中心，是遗传物质储存的基因库，没有细胞核的哺乳类红细胞如何维持其功能活动？不错，没有细胞核的人类红细胞在血流中能有效地起着供氧和带走二氧化碳的作用，这是因为它在排核前已经产生了许多能起这种作用的血红蛋白基因产物RNA，这些产物留在细胞质中合成血红蛋白和与它相关的物质，故能发挥高度专业化的作用。

如果在排核之前，把核染色质浓缩了，就等于把细胞核染色质基因库封闭了。那么，基因产物，包括与细胞分裂相关或专职功能相关的物质基础都被切断了，细胞就无法履行其原有功能，肿瘤细胞的恶性分裂就被阻断。因此，可以说，红细胞自然排核的关键是染色质浓缩，阻断细胞分裂的有效途径也是染色质浓缩。这也是我这项科研项目的中心思想。

我六十多年的科学研究生涯的体会可总结为五点：①在科研工作

中要细致观察，发现问题，抓住机遇，执着求索；②所得的科学假说要遵循自然规律，实事求是，探索求证；③联系国情需要，追踪学科前沿；④锐意创新，锲而不舍，寻根究底；⑤学科交叉，优势互补，面向生产实践。另外我认为还有一点非常重要，那就是从事科研工作一定要有主见，要在浩瀚的文献资料中不迷途，不为吸引而转向，要有自己独特的见解，执着求索，追求真理，才能有所发现和创新。

我的科研方向是细胞分化的调控，医学上的肿瘤恶变，畸形发生，组织转化、再生，创伤愈合，器官移植、克隆以及干细胞治疗疾病等问题均与细胞分化有密切关系，因此迫切需要了解引起异常分化的因素和予以控制的可能性。事实证明，早期胚胎细胞具有可调控的全能性，越是早期的细胞，其可塑性越大，定向分化范围也越广，但随着个体发育，其全能性逐渐向多能性和专能性方向发展，高度分化的细胞就失去可塑性。传统观点认为一旦分化为特种细胞后就不能逆转。然而，许多临床病理实例表明，手术后的伤疤软组织可能转化为软骨、硬骨；乳腺管上皮和子宫黏膜在某种情况下可分化为多种类型组织。

我在对神经细胞、胚层细胞、性腺细胞、造血细胞和肿瘤细胞的一系列研究中，累积了有关细胞分裂、分化异常的生物医学问题。细胞分化并不像传统观点所认为的不可逆，而是在一定理化环境和条件下可调控和逆转。我在20世纪60年代初期便提出了“细胞增殖与分化存在可调控性”的科学假说，并不断通过多方面的实验予以求证。

设计探索求证的实验之一是上面提到过的，将分裂失控、低分化或不分化的肿瘤细胞移植至发育早期的胚胎体内，分析胚胎整体发育调控能力以及管制癌细胞的分裂失控和诱导其分化的可能性。另一实验是将含有分化因子的网织红细胞与造血系统瘤细胞融合杂交，分析利用体细胞胞质因子调节恶性肿瘤细胞，使之向正常细胞方向逆转（去恶化）的可能性，得到的结果是辩证的。一方面有些肿瘤细胞，如恶性畸胎病，在移植至囊胚腔或原条胚体后可被调整分化为胚胎组织；而另一类肿瘤（纤维肉瘤）在移植至体节期鸡胚后，则出现类似于肉瘤S180和S37所含有的“神经生长因子”（NGF），可促使胚胎交感神经增大生长二到三倍以上，而肿瘤细胞显然未被“管制”。网织红细胞与造血系统瘤细胞的融合实验结果比较肯定，红细胞胞质因子直接对肿瘤细胞核内基因表达产生了调控作用，使其瘤基因表达受抑，分裂指数和生长曲线明显下降，使其恶化受到调控而转向正常分化。这是我在细胞分化与癌变两大领域研究过程中的收获和心得体会。

无论男性节育药棉酚和雷藤单体对精子细胞的发生与分化的研究，还是红细胞终末分化、核浓缩因子的克隆等研究，我都没有脱离“细胞分化可调控”这个研究方向，目的就是要证明我的“细胞分化可调控”理论。这个理论的重要性显而易见，因为如果分化细胞能调

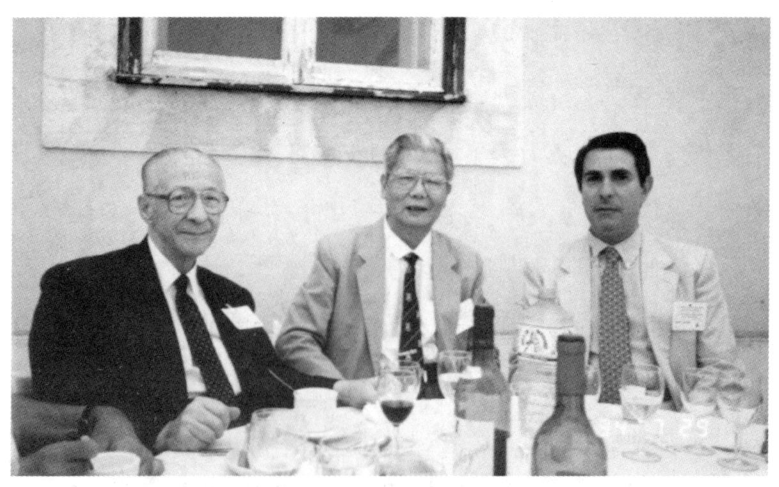

1994 年 7 月 29 日，在罗马，薛社普（中）在国际解剖科学学会上与学会主席及秘书长合影

控，则许多由于分化异常或失控的细胞分化疾病（如癌症）便有可能治疗，在学术理论上和医学生产实践上都有重大意义。1997年，《自然》杂志发表了著名的“多利”绵羊克隆成功的报道，震动了全球科技界，被认为是生物学上的革命性成功。“多利”绵羊是用已经高度分化的乳腺成体细胞，经过体外培养使之去分化为全能细胞后，将其融合（或将其细胞核）进去卵核的卵母细胞中，发育至囊胚期时，再移植至“养母”羊的子宫中孕育而成。这表明已高度分化的乳腺上皮细胞可以调控，使之从分化状态去分化成为具有全能性的未分化细胞，与卵结合后，发育成为胚胎，通过“养母”羊生出克隆的“多利”绵羊。这为肯定“细胞分化可调控”和否定“分化细胞不可逆”的传统概念提供了极有力的证据，也为今后在这一领域深入研究和通过调控细胞的分化途径与“分化疾病”的治疗联系起来，以及进行优良品种动物（如奶牛）和濒危珍稀动物（如大熊猫）的克隆研究奠定了理论基础。

我这一生

我自少年时代起酷爱大自然，经常随祖父“看风水”，踏遍家乡山山水水，搜集花、鸟、虫、鱼标本。中学时代喜欢与同学结队游览罗浮山、七星岩和家乡的圭峰等。上大学后，我从香港过海经越南入云南、贵州入川，沿途山路崎岖，不以为苦。我一生两次入川，在四川生活共16年。我游遍了峨眉山、青城山、乐山和重庆山城等地，欣赏了两江风光。

工作以后，假日之余，一有机会便参加小团体或与友人三三两两，游览祖国的大好河山。

在北京居住了50多年，每年都爬香山鬼见愁、八大处是对我体力的一次检验。最近一次是去年（2001年）秋与老同学周奋爬至玉华山庄看红叶，虽感不如青年，但仍以84岁“宝刀未老”而自喜。

多年来我在科研工作之余，也喜欢在家中种植花草，饲养热带观赏鱼，或外出逛游古玩、字画和花鸟虫鱼市场，除陶冶情趣、休养精神外，也作为每天体力劳动锻炼的一部分。在阅读资料、稿件后神疲眼倦之余，这些活动作为生活调节，使我感到心旷神怡。

我爱好书法和中国画，在一些节日到来之时，我还喜欢吟作一些七律、宋词，自我欣赏。

我一生从事科研和教育事业，工资是唯一收入，生活水平在中国为中上水平，朴素自持，无非分名利之想，心理平衡满足，热忱为国家科教兴国服务。自问为人诚信、坦率、顾大局，一心为祖国献身。上可对天，下可对地，一生清白，虽无很大贡献，但在教学、科研上做出了一些理论性成果，培养了硕士、博士毕业生30多人，高中级进修人员10多人。担任解剖学会秘书长、理事长多年，为我国解剖学事业、解剖学科的发展做出了一些贡献，特别是多次争得国际学术会议在中国召开，扩大了我国学术影响。自问办事公正，平易待人，学风正派，在全国解剖学界以及细胞生物学界有些影响和声望。

我自幼爱读《三国志》《西游记》和《水浒》，而对《红楼梦》不大感兴趣。敬佩诸葛孔明的睿智、潇洒、大度、指挥若定的气魄；喜欢孙悟空的天真无邪，一身本领，敢于大闹天宫。诗词中，我喜欢岳飞的《满江红》，这首词表达了精忠报国的情怀。

做人处世方面，我欣赏刘伯温提出的哲理原则：“大其心，容天下之物；虚其心，爱天下之善；平其心，论天下之事；潜其心，观天下之理；定其心，应天下之变。”关键是正确对待自己，正确对待他人和正确对待社会，淡泊宁静，心态平衡，宠辱不惊。私事不为浮名绊，国家大事不糊涂。这些一直是我做事做人所遵循的准则。

访谈人：张兴杰

访谈时间：2001年6—10月

于德泉（1932—　）

1932年10月22日出生，山东蓬莱人。天然药物化学专家，中国医学科学院药物研究所天然产物化学研究室研究员，博士生导师。1999年当选中国工程院院士。

1956年毕业于北京医学院药学系药物化学专业，同年分配至中国医学科学院药物研究所天然产物化学研究室工作，任研究员。国家教委药物化学重点学科学术带头人，先后兼任中国药学会《药学学报》编委，中国化学会理事兼天然有机专业委员会副主任等职，现任中国工程院卫生工程学部常委，中草药物质基础与资源利用教育部重点实验室主任，中国医学科学院北京协和医学院学术委员，第八届国家药典委员会委员，《亚洲天然产物化学研究》（英文版）副主编，*Planta Medica*(《药用植物》) 顾问编委。

于德泉完成了50余种中草药化学成分研究，发现200余种新成分，完成结构测定，首次发现过氧键为抗疟有效基团。参与主持了国家攻关项目“人工麝香”研究，该项目获国家中医药局科技进步一等奖。他系统地研究了三种藁本植物化学成分及其药理作用，发现四种具明显保肝和免疫抑制成分，完成全合成及构效关系研究。完成了秦艽、灵芝、连翘等常用中药化学成分基础研究，获得卫生部科技进步二等奖，在番荔枝科植物抗癌有效成分的研究中，发现70多种结构新颖的化合物，其中50多种具抗癌活性，该研究获卫生部科技进步二等奖。

于德泉院士

做事应该有执着精神

学医之路

我出生在山东蓬莱的一个乡村。日本投降前，我父亲是八路军，在胶东军分区金库工作。日本投降后，我父亲调到烟台，仍做金融工作，后来当了烟台人民银行的负责人，我也去了烟台。

我们家是务农的，父亲在外当八路军，小时候我和祖父及母亲在家里。我小学毕业后，父亲把我带到烟台毓璜顶中学（即现在的烟台市第二中学）。我在那儿读了一年半。

日本投降后，山东新华制药厂到学校去招收学员，当时一位教化学

1949 年，于德泉（左一）与新华制药厂同事合影

的刘老师推荐我，他和新华制药厂的厂长是同学。我父亲也同意我去。于是在1947年的春天，我就到新华制药厂工作了。到新华制药厂后，我被分配在实验室里，当时实验室有从东北接收的一些日本技术人员，他们会说中文，我和他们一起做实验，从他们那里学到了一些东西。

1947—1952年，我一直在新华制药厂工作。国民党进攻胶东时，我们被迫停止工作。夏天发大水，我们就把机器都埋起来保护好。后来新华制药厂分散到胶东荣城的一个农村，有半年多不能工作。国民党败退后，药厂马上就搬回到山东桃村，我在那里一直工作到新中国成立之前。后来制药厂迁到现在的山东淄博的张店。

到张店后，华东军区卫生部为了培养干部，成立华东化工专科学校，派人到工厂去招骨干，另外，还从社会招了一些高中毕业生。我被派到这个学校学习，一年后又回到制药厂，继续在实验室从事化学、药品、合成等有关制药方面的技术工作。新中国成立后，从济南、上海等地分来一部分大学生到新华制药厂，我和他们一起工作，觉得他们挺有学问的。这使我感到自己还应该学习，还可以上大学。因此，我一边工作，一边复习高中的功课，为报考大学作准备。后来得到领导批准，我可以去考大学，能考上就上，考不上再回来工作。1952年，我一个人来到北京，住在现在前门外的一家旅馆。通过全国统考，我考取了北京医学院药学系。

1953 年，于德泉在北京医学院

1956年，我从北京医学院毕业，毕业后被分配到中央卫生研究院药物系，即现在的中国医学科学院药物研究所，在这里一直工作到现在。1980年1月—1981年8月，我到巴黎的法国科学院科学研究中心天然物质化学研究所学习进修了一年半。

我的家庭

我和我爱人是同班同学，大学毕业后就结婚了。她毕业后被分配到中央卫生研究院药用植物系的生物室，而我在植化室。1962年，我爱人被下放到北京市中医研究所，一直在那里工作到1983年。后来她被调到国家卫生部药典委员会，在那儿工作到1987年，然后又调到我们所的《药学学报》编辑部担任编辑部副主任，一直工作到1997年退休。《药学学报》是药学界最高级别的学术刊物。

1960 年，于德泉与夫人张惠兰

我们有一个女儿，一个儿子。女儿1957年出生，6岁半入北京第一实验小学。小学毕业后，“文化大革命”中，因就近分配，就读了第三十六中学。1974年高中毕业后，被分配到北京市内燃机总厂小件车间。1977年恢复高考，她考取了兰州大学数学力学系，学的是计算数学专业。1982年毕业后分回北京，在中科院工程热物理研究所吴仲华教授的领导下从事科研工作。吴仲华教授发明了“三元流理论”。1988年，我女儿考取了美国西弗尼亚大学，学习应用数学，后来到犹他大学读博士，毕业后在一家公司里做生物信息学方面的工作。

1985 年，于德泉一家

我儿子1961年出生，1979年考取中国科学技术大学，本科和研究生共学八年，学的是电子工程，主攻数字信号处理。1987年毕业后分到北京信息工程学院当老师，做了两年教学工作。后来又到美国读博士，学的是电子工程。现在在美国一家公司从事微电子领域数字处理方面的工作。现在我儿子、儿媳妇、女儿、女婿全在美国，家里就剩我和我爱人两个人。现在，我们有时到天坛公园散步，看电视，听听音乐，做做家务等。

有幸在“523”搞科研

1966年春节后，我被派到昆明制药厂。当时降压灵生产出了问题，领导派我和几个同志去解决。我是1966年春天去昆明的，一直到8月18日才完成工作回北京。“文化大革命”运动是在同年6月开始的，所以运动前的那段时间我不在北京，什么打砸抢等乱七八糟的事我都没遇上。

当时研究所停止科研，大家搞运动。1966年5月23日，国家下达一项叫“523”的国防任务，研究抗疟药物。我回来后，领导就让我参加这项工作。我们差不多每年春节过后就去海南岛，到年底才回北京。有一年我没回来，就在广州过的春节。这是个中央领导安排的大项目，因此军事医学科学院成立了一个领导组，下面还有实验室。实验室是三结合的：解放军挂帅、工人阶级领导、知识分子参与。解放军挂帅，就是派一名解放军和另派的一名药厂厂长一起工作。我们的厂长是广州星群药厂厂长，他是工人出身。我作为知识分子参加了实验室领导小组，一直做到1970年。因此，在这个过程中，所里的运动我都没太参与。

我们来自北京地区几个单位的专业人员，还有上海、广东、广西、四川的300多名专业人员，共同组成了一支科研大军。因为那个时候科研任务全部被停掉了，只有“523”项目还在进行，由军队管。这是无产阶级司令部交给的任务，搞得好不好是对毛主席忠不忠的问题。

海南岛的生活很苦，吃不到菜，饭是酸的，但是我们还是坚持下来了，走村串寨，实地调查，收集民间验方，做现场临床观察。一部分人做合成药，一部分人做中草药，我们组就是做中草药的。

这么多人经过几年努力，我们最后发现了一种新药，就是青蒿素，是从中药青蒿中得到的。

青蒿也叫黄花蒿，各地都有。这种蒿子本来就被中医专门用来制作抗疟疾的药物——青蒿鳖甲汤，而且是用于治疗顽固恶性疟疾。当然，除了青蒿鳖甲汤，咱们中医还有好多别的方子，像常山就是最主要的一味药，但由于它有副作用，就不怎么用了。我们从青蒿里得到抗疟有效成分青蒿素的纯品，测定它的化学结构，观察其药理活性，做大量的临床确证工作。虽然可能比现在基础性的工作差些，但通过大量的实验室工作和后来的临床实验，我们证明了青蒿素对疟疾，特别是对脑型疟疾是肯定有效的。这个药非常好，特别能阻止疟原虫跑到脑部。这是我们国家建国50多年（2001年）以来，从中药里发现的唯一具有新结构且活性肯定的新药。

只可惜当初没有知识产权意识，假如有的话，这是我们唯一得到国际承认的具有自主知识产权的创新药物。这个工作我没有做多少具体事情，只是参与了整个项目。但我也有一点贡献，就是在发现青蒿素之前，我发现了一种对疟原虫有明显杀灭作用的民间草药——鹰爪。这个植物叶子底下长的钩，形似鹰爪，所以叫鹰爪。我们在海南岛调查的时候，因为那里疟疾患者很多，民间有一些治疗经验，老乡就说鹰爪能够治疟疾。我们就进行动物筛选，用老鼠疟原虫和鸡胚法疟原虫两种方法证明它对疟原虫的确很有效。它的抗疟疾效果非常强，阻止疟疾发病的效能和奎宁有点像，退烧快，非常好。经过研究发现它的有效成分是鹰爪甲素，我们测定它的化学结构，是个手性结构，而且存在一个过氧键基团，是它抗疟疾的有效基团。后来证明青蒿素中也含过氧键基团。

我们发现鹰爪甲素的这个作用后，大家都高兴得不得了，因为除了常山外，研究了两年也没有研究出一个好药。当时现场都轰动了，要用它给国庆献礼。

我当时是负责人，这个东西到底怎么样，还是要看临床疗效如何，以便下决心是否做下去。

证明这个药有无疗效，需要一定量的样品，但因为药源不多，采集也很费劲，要拿到纯品很不容易，还得要一定的量。我就跟做临床的几个同志商量，找一个外来人口，因为外来人口没有免疫的问题，有效就有效，无效就无效，我提议就拿我做实验。后来由学医的同志从病人身上抽些带疟原虫的血出来，再注射到我的血里，七八个小时以后，我就发高烧到40℃，但服用鹰爪甲素后，体温很快降下来，而且再也没升高。疟原虫由变形到消失，情况和使用氯喹后类似。最后我们就把鹰爪甲素的疗效确认下来了。现在不能提倡这样做了，但那个时候要肯定这个药有效，是好东西，没有别的更好办法，我当时就觉得应该这样做，也没留下什么后遗症。

也就是在那个时候，青蒿素出来了，因为青蒿素有很大的优点，原料充足，南北各地到处都有，含量也比较高。而我们鹰爪甲素的原料不多，不太容易提取。所以那时候肯定不会做鹰爪甲素，而要做青蒿素。

中间还有一段故事。那时候我是科研组的负责人之一，中医研究院有个同学找我，她也是我们科研组的成员。在一个现场实验室，她说从青蒿中得到的这东西效果不错，咱们赶快一起做。可那时候我正在做鹰爪甲素，还没完成，有两个解放军同志和广东中山医学院的一个老师跟我一起干，我们忙得不可开交。后来我就说现在忙不过来，我们赶快跟“523”办公室反映。办公室张主任直接管这个，我们就跟他说必须增加力量。如果我们所的梁晓天教授回来，情况会大有变化，因为他是搞结构方面的专家，但他那时还在干校。后来考虑到由本单位再加人不合适，所以办公室就将此任务交给中国科学院上海有机所，请周维善教授参加。

后来我们所只做了一点药物代谢工作，大量工作都没有参与，所以我们觉得很遗憾。但是我们所在“文化大革命”期间还是做了一些抗疟药方面的工作，也得到了国家四部委的奖励。

戒烟、喂兔子、当手表

我们所很多人抽烟，我也抽，而且抽得挺厉害，晚上边看书边叼着大烟斗。困难时期，我山东的姐姐能给弄到烟叶，就从农村给我寄过来。因为抽烟，我们家经常吵架，有时候把床单烧了，有时候又烧到小孩，我爱人总为这事生气。我们住的房子也就20多平方米，说是两间，但是中间是通的，我们搭了一块大布帘，我岳母和孩子住在外边，我俩在里边。

1964年春节同学到我家聚会，他们都不抽烟，就都挖苦我，我爱人也常常说抽烟的人最没出息。我说这没什么了不起的，不就是戒烟吗，戒了就得了。只要下决心，就没有我干不成的事，从此我就不抽了。当然开始的半年有些难受，以后是一闻到烟味我就不舒服。后来我去海南岛，与军队的同志一起工作，他们大多抽烟，但我也不抽。出国后，在国外各种牌子的烟都有，我一律不抽。

戒烟决心很重要，我们所有好几个人戒烟，只有我一个人戒烟成功了。我有个特点，就是只要我认准的事，我一定都能干成，包括追我爱人。她起初看不上我，最后我们还是结婚了。

困难时期，我没挨过饿。我爱人生第一个孩子是在1957年。生第二个孩子是在1961年，当时相当困难，没有肉、没有油，也没有鸡蛋。冬天，我都是每天下班以后骑着自行车，拿着个破书包，沿路去垃圾堆捡一堆白菜头回来，我岳母把那些白菜头洗一洗，煮一煮，喂了两只兔子，大白兔子有七八斤重。等到我爱人生孩子时，就把兔子宰了，给她坐月子。他们常常对第二个孩子开玩笑说："你爸爸为你每天捡白菜头养兔子。"我们的第二个孩子提前一个多月生在家里，生下来不到4斤，我爱人给他喂奶，一直喂到一岁多，后来小孩长得很壮，营养都给他了。困难时期，一头蒜好几毛钱，一个月才二两半油。那个年代买猪肉，根本不买瘦肉，都是抢肥的买。

我们家一直是我岳母做饭、带孩子，两个小孩都是她带大的，一直带到上大学。她很辛苦，很累，她给我们留了大量业余时间学习，对我们家帮助很大。每个星期天上午我都要到图书馆整理资料，下午领着小孩逛书店，没有什么文娱生活，也没有电视。小孩们不太做家务，最多就是去打点油，他们得抓紧时间读书。

我们那时候穷到什么地步呢，我的衣服基本上都是我岳父的衣服改的。我和我爱人都没有表，买不起。我在新华制药厂的时候有块表，英格尔牌的，挺有名的，刚发工资时买的，还买了一支派克笔。我喜欢笔和表，这也算爱好吧。后来英格尔表跟着我到北京来了，但因为日子不好过就当掉了。

20世纪60年代时，我写了篇文章，在《化学通报》发表了，篇幅比较长，我挣了大约150元钱稿费，挺多的。我拿了这笔钱买了块苏联的飞艇表，一直戴到1966年。

我唯一的长处就是肯下功夫

我觉得这一生，父亲对我来说是最重要的，他把我领到烟台上中学，如果不上中学的话，那一切就都别谈了。最重要的是他说服了我母亲，让我到烟台去，这是非常重要的第一步棋。当时我母亲让我在家娶媳妇、种地，而且定好了娃娃亲，她不让我走，如果我走了，家里就没人了。我爷爷跟我们一起过，他特别喜欢我，所以我母亲更反对我出去，千方百计不让我去。我父亲做主，一定要我走。他认识到我在农村没有出路，没有什么发展。我也想过，我如果留在农村，也可能会当兵，那时候胶东当兵的特别多，但这就不好说了。

第二步棋是上大学。上大学是受到别人的影响。有一个人姓潘，是我们的总工程师，他是南京药专毕业的，在业务方面挺棒的，英语也特别好，我很佩服他。我跟他一起工作，一起打桥牌等，这才体会到有学问的人还是有很多优越性的，所以那时我就觉得应该再上学。他并没有直接跟我说，是我自己感悟到的。

在大学，对我影响最深的是林启寿教授，他已经故去了。他是教我们专业课的老师，我之所以学这个专业与他有直接关系。他讲课讲得好，是大家公认的，所以我毕业设计课也找他，而且是他把我介绍给研究室当时的主任傅丰永教授，并推荐我到这里来工作的。

专业要选好，这个很重要。我在北京医学院的时候，开始学校考虑把我分在专科，就是三年毕业。专科毕业的学生大多是在药房里做药剂师。当时我考虑自己是搞合成的，做药剂师不合适，所以就找当时的教务长马旭教授，说我专业不合适，请他给我换换专业。经过学校协商，马旭教授表示同意，还找了北京医学院药物化学专业非常有名的蒋明谦教授来考考我，看看我到底情况如何。蒋先生问我一些问题，包括做过哪些合成工作，使用过什么样仪器，等等。大概考了一个多小时吧，最后他说同意我上药物化学专业。

我愿意做化学方面的工作，愿意做有机合成，对合成一直有兴趣。我在结构测定方面的能力还是比较突出的。别人问我有什么诀窍。我就跟他们说，我天分不是特别好，但是我唯一的长处就是肯下功夫、勤奋，能很好地利用时间。

我到所里后，有幸认识了梁晓天教授。梁教授曾就读于美国华盛顿大学，后来在哈佛大学做博士后。当时他在合成室，我在植化室，合成室搞合成化学，这跟我学的专业药物合成化学是一样的。我现在从事的是天然产物化学，虽然与有机化学有紧密联系，但不是有机合成化学。我和梁教授的性格不一样，他说话少，脾气好，而我则比较容易暴露自己。我跟他学了很多东西，包括如何做学问，怎么处事，以及如何做人，等等。梁教授是国内外著名结构专家，人缘好；对学生特别亲切，不管学生是哪儿的，不管他认识不认识，有问必答，特别耐心；对学问精益求精，特别严谨，做学问不马虎。梁教授对我的影响很大。虽然我在众多同行中，现在看起来比较冒尖，成为院士，但其实我并不能算成功。在成为院士之前，人们也都公认我在业务方面的表现比较突出，我在某些方面的口碑好，很重要的原因可能是梁晓天教授太有名了，而我是他的学生，沾光了！

生活上不计较，工作中执着、专注

我觉得做事应该有执着精神，没有执着精神什么事也干不好，特别是科研工作。比如说有人今天干点这个，明天干点那个，就像狗熊掰玉米一样，掰一个丢一个，那将一事无成。所以必须要有执着精神才行，否则做了半天不是白忙活了？科研工作既要务真求实，也要有创新，不创新干什么？对科研工作来讲，其实每天都有创新，只是创新的大小不一样。

我认为人品最重要。我这个人比较坦诚、正直，有什么事当面跟人说，绝不会背后搞别人，这点是大家公认的。我有什么都能说出来，没什么坏心眼，我从来没有打过小报告。我对组里的同志宽宏大量，别人不愿意做的工作，我可以做，自己吃点苦没关系。但是，我认为有些问题不对，我肯定要说，包括我看到学生做得不对，我肯定也要说，绝不会不说。其他工作也是一样，开始他们不理解，为什么那么凶啊，但过后又都觉得挺好。学生也能体会到我是为他们好。

在生活方面，我不计较，能过得去就算了。我欣赏某部电视剧中的一句解说词："功名利禄短暂，黎民百姓长久。"成就仅是过去，重要的是未来。我第一次赶上评副研究员，是在1979年。从我当时的情况看，如果我要争取，是有可能评上的。我的工作以及所里对我的评价都还可以，但是我没有报名，因为我1980年就要去法国了，何必急急忙忙。另外，当初有特别多的人争这个名额，有些人岁数比我大。后来有人说，老于不容易，那种情况都沉得住气。我从法国回来后，1981年又赶上评职称，没有什么争议我就上去了。

至于说涨工资，我也不是特别在乎。以前工资从62元涨到69元，再涨到78元。每次调工资档次的时候，名额都有限，有一次我主动要求说这次我不要，请领导先给别人涨，别人比我更需要。

对“院士”头衔我也是一样，我争取，但不是特别在意，当然能当选院士我也很高兴。除了高兴以外，我现在感觉压力更大了。当院士后多了好多事情，找我的人更多了，我也更忙了，任务更重了。我总希望能够多做些工作，但常感到力不从心，总觉得自己的水平低，高招不多，知识面太窄，压力真是比较大。

从青年到中年的好长一段时间，我有一个习惯，就是晚上我要思考一天做了什么，做得对不对。到了星期六，我就想上个星期做了哪些事情，再考虑下个星期做什么，怎么做。我还会想这一年要做什么，而且也会按我的想法做下去。我做什么事都是这样，比方说做一件事冲动了，那我就要回忆回忆，这是怎么回事，应该怎么办。

我从来没有有意地给别人下过绊子，从来没有有意地给别人制造过麻烦。有时与别人发生争议，很难说自己对，别人不对，可能是沟通方面做得不太好，至少是处理问题方式不合适，应该可以处理得更好一些。所以不管怎么说，事情过去以后还是要进行自我检讨。

我会想办法改变环境。我在新华制药厂时，原本可以留在厂里，与领导搞好关系，但他们说我是个人英雄主义、不听话，所以我未能入党。我从新华制药厂出来，就是要充实自己、提高自己，通过学习更多的东西来改变环境，所以我提出申请考大学。后来领导经过研究，批准我去考大学。批准我走的那位袁书记2000年在北京去世了，他曾经对我能考上大学，当上研究员，又当选院士由衷地感到高兴。

我从来没有那种心灰意冷的时候。有时我因病不能上班，躺在床上也不能白躺，我就得学点儿东西，对得起这段生活。另外，我会千方百计地充分利用时间，如果在一段时间里头能干两件事，就决不干

2000 年，于德泉（右二）与同事在实验室

一件。

我基本上是好热闹的，不是孤僻类型的。我喜欢玩，年轻的时候经常出去玩。当然因为工作需要，我也可以在办公室里一直工作，最好没人来找我，这样有一个好处，看书看几个小时没人管。我干什么事情都不想被人打扰，因为分析核磁共振谱必须坐下来仔细分析研究，如果没有坐下来的功夫，就无法分析透彻，无法发现问题，更无法解决问题。

我和别人基本没时间聊天，一般都是说工作的事。我们研究所有这个好处，就是科研风气好，而且在国内和国外都有一定的知名度，这些都与几位早期从美国回来的教授分不开，梁先生、黄先生、宋先生、周先生还有雷大夫，他们几个人都是新中国成立初期从国外回来，参加研究所工作的。他们良好的科研作风影响着全所每一个人，大家都养成了严谨的工作作风，代代相传。

我的朋友不算多，但是我每个时期都结交了一些朋友，有的现在还有联系，彼此以诚相待。比如“文革”时期，我与工人阶级代表——广州星群制药厂厂长的关系非常好，现在还有交往。我的朋友各有各的特点。中央电视台主持人鞠萍在一个节目里有几句关于朋友的话，她说对待朋友不要特别近，也不要特别远，但是朋友有了事你要帮忙，没有事你不要瞎掺和。我当时觉得她这段话挺好，就应该这样。我认为朋友间有事互相帮忙，拔刀相助，彼此往来，没事就不要给别人添乱，我同意这个观点。

2000 年，于德泉在办公室

我认为后天的努力很重要

我的学生大多觉得我严厉，我发现不好的地方，马上就会说他们。当然他们也可以提意见，说相反的意见也无妨。我喜欢学生提不同看法，进行讨论，老师的责任就是发挥学生的潜能与才干，多交流可以多发现问题。

有个硕士生，今年要转到我这里读博士。他昨天跟我简单汇报了他前几年做的工作以及他的想法。我说这孩子不错。为什么呢？因为他跟我汇报工作前，把材料整理得特别详细，很有条理，非常清楚，我问他什么，他也能说得很明白，看得出是经过充分准备的，所以我觉得这个学生挺好，我就喜欢善于思考又有创新思维的学生。

有些学生就不一样，脑子里乱糟糟的，事情可能也做得不少，但缺乏条理性、逻辑性，这种学生很难带，我也搞不清他怎么想。干什么事就要干得像样，这样才能干好。比方说让学生画张结构式的图，他们也画了，但是画出来一看就不像样，搭配不好，画得也不行，可能没好好想应该怎么画。可还有些学生画得非常好，版面排得也非常好，搭配非常合理，是动脑用心去做的，不是完成任务就行了。这些学生的素质与在学校的学习、家庭的教育都有关系，培养学生的良好素质非常重要。我认为学生之间的差别不会太大，当然也有特殊的，例如几岁小孩弹钢琴弹得特别好，中国科学技术大学也有少年班，但绝大部分都要靠后天的努力。

一个人一辈子要做出成就，一是靠自己的聪明才智，二是靠努力和勤奋，还有环境和机遇，就这几点。所以我觉得大家都差不多，关键是看自己是不是努力、刻苦、勤奋，这是后天的。

机遇也是一样，机遇来了能不能抓得住，要抓住些什么，要看你的知识累积。爱因斯坦曾说过，机遇偏爱那些有准备的头脑。如果准备不够，机遇来了也抓不住。自己要多学东西，学得越多，越能抓住机遇，这点很重要。

1997 年，于德泉与研究生们

我的两个孩子的差别就不大。我女儿从北京第一实验小学毕业后，因“文革”就近分配进入普通中学，她在学校里是拔尖的，班主任是数学老师，特别喜欢她。后来她到工厂当工人，我们给她创造了条件，让她下班回来就写写字，学点东西。她喜欢数学，所以我们就给她找些数学方面的书来学习，做习题。两个孩子考大学，我们从未辅导过，全靠他们自己学习。我女儿喜欢数学就学了数学。现在我们认为她选错了专业，女孩子学数学太枯燥，太苦了。如果是现在，我们绝不会让她选数学。现在我常跟我爱人说，当初女儿选数学选错了，她心细手巧，头脑灵活，勤于动脑，改学别的专业可能更好。她在上中学之前，就会组装收音机、万用电表等，做得很漂亮的。

研制新药需要做大量基础性的工作

药物研究是多学科综合研究的工作，需要大家一起配合。你想这么多学科组，这么多环节，哪个出点问题，都出不了药，都得做好了才成。

人工麝香就做了18年。我们从1976年开始干，到1994年才拿到产品。参加的大单位有3个。北京地区是我们所负责，由卫生部药政局中国药材公司领导，上海中药所、山东济南中药厂共同参与。一共有几十个人参加这个项目，一搞十几年，哪个地方出了问题都无法生产。真正按药物的规范做起来是很麻烦的事情，所以一个人一辈子能研制出一两种药就很不错了。

我做出的产品就这一个，其他都还没形成产品。国外平均要十年才能研制出一种药，而且需要投入几亿美元。这么多钱花在哪儿了？花在失败上了。一种药经过多次失败，当然就很值钱了。咱们国家的投入产出比与国外不能比，咱们投入几百万就很了不起了，当然可能我们做的水平也没有人家高。

研制新药是分阶段的。开始是发现阶段，然后是新药临床前实验阶段，接着是临床阶段，最后是生产阶段。我现在做的基本上都在临床前实验阶段。我们在做的抗病毒药，经过进一步深入研究有希望发展成抗病毒创新药物。

具有抗肿瘤效果的植物类中药不多，大概可以分为两大类：一类是合成药，另一类是天然药。天然药包括植物药、动物药和抗菌素，而合成药是合成出来的，合成的思路，往往也是从天然产物结构上获得信息，再去合成它，因此跟天然产物也有一点关系。所以，创新药物的源头问题，是发现天然药物的先导物。

现在分子生物学发展得特别快，基因组学和蛋白质组学做出了很多成绩，将来新药物研究方向是充分利用分子生物学的成就，进行学科交叉。我们从事的是天然药物这一块，也就是从天然药物里面发现有效的东西，比方说发现植物里的青蒿素，并弄清楚其结构，再进行系统的药理作用和毒性研究以及临床研究。但是合成青蒿素很难，而天然提取很方便，没必要合成。像利血平、奎宁碱、吗啡等也都是这样来的。能不能合成，由药物结构的复杂程度决定。青蒿素结构太复杂了，虽然能合成出来，但是生产做不到，因为生产就要达到生产的标准，不是每种化合物都能达到生产要求的。现在用得最多的是半合成，两个天然的东西一样一半把它们接起来，但原料都是天然的，或者仅有一部分是合成的，而大量生产全部合成的东西是不可能的。

从自然界天然资源中发现的有活性的东西称为先导物，在目前阶段或者在今后相当长的时间里，这是研制新药的主要方向。这方面需要做大量的基础性工作，而我们国家有优势，因为我们有丰富的天然资源，同时还有民间用药经验以及几千年临床应用经验，所以做起来比国外采用盲目筛选、随机的方法要快得多，且成功率也要高得多，而我们的投入也可以适当少一点。但是用国际标准衡量我们的创新药物，除青蒿素以外，国外看得上的东西并不多，原因就在于我们前期的基础工作做得太少，当然投入也是一个问题。我们国家近年的投入在不断增加，也开始重视基础研究，我相信这样做下去，不久会出好药的。

很多投资人跟我们所联系想共同开发，比如李嘉诚。有远见的商人要投资，但由于风险投资有时可能赚不到钱，所以必须从长计议。有的国外药厂拥有几万名员工，干了一百多年了，都是慢慢积累起来的，但现在我们国家有些商人急功近利，最好是今天做出来，明天给他，他多给点钱没关系，只要能让他立刻赚钱就成。这样不行，做不出大成果，科技含量也提高不了。

推动中国的天然药物发展需要做两方面的工作，一方面是从天然资源中发现新的有效单体成分，将来研发出一类创新药物；另外一方面就是复方中药和中药现代化。这方面打开国际市场可能会更快一点，因为我们有临床经验，经过几千年的筛选，所剩下的都是有效的东西。但是现在也有很多问题，像有些临床效果到底能不能经得住现代科学的验证还不清楚，因此不被接受。现在我们正在做这方面的工作，使国外能够接受。替代疗法在美国和欧洲已经使用了，日本在这方面也走得比我们快一点。

访谈人：顾因明

访谈时间：2001年6—8月

甄永苏（1931—　）

1931年11月10日出生于广东开平。微生物与生物技术药学、肿瘤药理学专家。1954年毕业于中山大学医学院。中国医学科学院-北京协和医学院医药生物技术研究所肿瘤研究室主任、研究员、教授、博士生导师。历任国家新药研究与开发专家委员会委员、卫生部生物技术专家咨询委员会委员、国家药典委员会委员、中国抗癌协会抗癌药物专业委员会主任委员、中国药理学会肿瘤药理专业委员会主任委员、中国医药生物技术协会单克隆抗体（抗体工程）专业委员会主任委员、《中华医学百科全书》（药学类）主编。1997年当选中国工程院院士。

从事微生物来源的药物研究，主持研制平阳霉素、争光霉素、光辉霉素、博安霉素等抗肿瘤抗生素，其中平阳霉素被收录于《中华人民共和国药典》，并被列为国家基本药物。从事抗肿瘤药物筛选方法研究，创建“精原细胞法”并应用于药物筛选，发现新型抗肿瘤抗生素力达霉素；以“核苷转运”作为靶点研制抗肿瘤生化调节药物。从事抗肿瘤抗体药物研究，研制抗体与药物的化学偶联物以及基因工程融合蛋白；建立高效化、小型化抗体偶联药物制备的技术平台；构建具有双靶向功能的抗体药物与配体寡肽药物。曾获国家发明奖二等奖1项，卫生部科技进步奖一等奖2项。2001年获何梁何利科学与技术进步奖。

甄永苏院士

科研工作行百里者半九十

“九一八事变”之后诞生的牙医之子

我1931年11月10日出生于广东开平，刚好“九一八事变”以后，所以我的童年正是国家最困难的时期。但是相对来说，我的家庭在困难时期是比较幸运的。我父亲在地方上是一个比较有影响的牙科医生，所以我们的生活比较稳定。所谓稳定就是当时我能够上学，家庭日常生活的开销能够得到保证，但是逃难的时候也很多。日本飞机来轰炸，大家听到空袭警报都要进到防空洞；日本军队来侵略，大家就要逃往他乡。频繁的停学或转校是我童年的一个特点，但我总是抓紧时间，努力把缺的课补回来。我常常在想：为什么日本侵略我们的国家？为什么我们侨乡不少人流落到异国他乡，受尽凌辱与歧视？为什么外国人叫中国人为“东亚病夫”？都是因为我们国家是个弱国、穷国。我曾经梦想祖国将来变为一个强国，我们也都能生活得很好，所以我从小就常思考一个人在社会上、在集体里头应该怎么做。

儿时的甄永苏（左）

我家乡开平旁边有一个县叫台山。因为这两个县的华侨很多，所以都是很有名的侨乡。我们很多同乡都到美国去了，那时候到美国去是打工，很艰苦的。他们回来以后，把国外的东西，包括国外的一些文化都带回来，这个影响是很大的。给我印象最深的是，外国很发达，我们国家与它们有很大的差距，所以那时我就强烈地希望，将来我们国家也能发展到美国那样高的水平。

人不是照着书本生病的

在上小学的时候，我心中的念头只有一个就是要学习。虽然社会动荡，但是我不随便缺课，甚至生病时都不愿意请假。这可能是受家庭的影响。我的父亲非常重视教育，我的姐姐和哥哥也都爱学习。我们过去生活都非常俭朴，从来不要什么物质鼓励，学好了，只要得到老师的鼓励、父母的鼓励，我们就觉得非常高兴了。

我上了中学后，非常喜欢自然科学。1945年抗战胜利后，因为了解到原子弹的巨大威力，所以我认识到了科学技术的力量。那时候，原子和原子弹都是人们特别感兴趣的话题，当然，人们还没有认识到原子弹也会给人类带来巨大的破坏和灾难。当时我经常在想：我们这个世界小，小到什么程度呢？大，又大到什么程度呢？我对基本粒子与物质结构、宇宙与天文学都非常喜爱，而且对生物学也有浓厚的兴趣，这也是我学习医学的基础。

我选择学医主要也是受家庭的影响。我认为医生可以治病救人，是高尚而又稳定的职业。当然，白求恩大夫的事迹与崇高精神对我下决心学医也产生了重要影响。我报考大学时，广东还是在国民党统治下，介绍白求恩大夫的书还不能正式出版，但由于广东靠近香港，我可以看到一些香港出版的书刊。那时香港出版的《小说》杂志，曾连载过白求恩大夫的故事。

1949年是新中国成立的一年，对我个人来说也是难忘的一年。我进入中山大学医学院学习，我感到非常光荣，也非常高兴，因为我学医的愿望终于实现了，这也是我人生道路上的新起点。

进入医学院后，要学习的东西很多，我对基础课、临床课都有浓厚的兴趣，尤其对药理学与病理学更是情有独钟。因为这两门课程是基础与临床各学科的桥梁，与了解疾病发生、发展和转归，用药治病的机理等都很有关系。特别是对病理学我兴趣更大，当时我是病理学课代表，所以学习起来就更努力了。在学习上对我影响特别大的是病理学老师梁伯强教授，他是全国著名的病理学专家，早年留学德国，学成回国后从事病理学的教学与研究工作。他是我们医学界很早的一名院士，那时候叫学部委员；他具有为医学教育事业献身的精神，深受学校师生的敬仰。

梁伯强教授在病理学方面学术造诣很深，在教学上更有一套独到的方法。第一点善于观察。梁教授以严谨求实的学风著称，他常常告诫我们说：人不是照着书本生病的，不要按照书本上说的去“套”病人；一定要通过观察进行分析与判断。记得有一次梁教授指导我们做病理解剖，死者是患伤寒死亡。在对尸体解剖讨论时，梁教授提问：“病人死于何种疾病？有哪些病理变化？”有一位同学当即回答说是伤寒，并且对病变讲得非常完整。梁教授问他：“诊断是对的，但你说的这些病变都能见到吗？是你观察到的还是照书本背出来的？”原来这是一个特殊的病例，未出现书上所描述的典型病理变化。这位同学只好承认是根据书本背下来的。梁教授语重心长地指出：书本上详细描述了伤寒的早期和晚期病变，而本病例中有些病变是有差别的。要实事求是，有就是有，没有就是没有，不能凭空想象。一切从实际出发，要根据自己的观察得出结论。老师的话，我至今记忆犹新，也常常以此要求我自己和学生，要老老实实做学问，要通过实际观察得出结论。这是第一点。

第二点就是要学会思考。思考就是综合分析，要经过大量的调查观察以后，有一个整体的观念，把材料放到一个互相联系、动态的过程里面来考虑。在病理学研究中，我们经常将制作的标本切片放在显微镜下，观察各种不同的细胞和组织发生了什么样的变化。原来没有的细胞可能出现了，而原有的细胞可能消失了。去研究各种各样的变化有没有关联。那时候，梁教授先让我们看大体标本，再让我们用显微镜观察组织切片，然后问我们看到了什么东西，它们之间的关系是什么，引导我们对各种病理变化进行全面综合，从动态发展以及相互关联的角度进行

1986 年，甄永苏（前排左三）与学生在家中合影

甄永苏（中）带领学生作研究

分析，最后得出结论。

第三点要努力学习基础理论，力求理论与实践相结合。在学习病理学时，另一位让我受益匪浅的老师是秦光煜教授，他学识渊博，勤于思考。在讲授病理学时，他经常把结构与功能相结合，病理形态与病理生理相结合，让学生全面理解。他常教导我们，要对疾病的发生发展过程有一个全面的了解，作出正确的判断。这不仅要靠个人的观察和经验，还需要有广泛、扎实的基础知识和专业知识，阅读大量专业文献，学习前人和别人的经验。

大学时光是短暂的，但大学阶段的学习对每个人来说都是很重要的，它为日后进入特定的专业领域奠定了基础，所以必须十分珍惜这一学习机会，刻苦学习，力求学得更多、更好，为以后从事的工作打下扎实的基础。

学习是终身的事情。如果说大学是一个学习阶段，那么大学毕业就是新的学习阶段的开始。

大学毕业以后，我很高兴能有机会到国家的医学科学研究机构工作。在科研单位工作，我迫切感受到需要学习的东西很多。要学习相关学科的基础理论知识、新的技术方法、实验设计、论文写作及外语。我在医学院学习的是人体生理、解剖、病理和临床等学科知识，而到了科研单位还需要用动物做实验，因此也要学习关于实验动物方面的知识。所以在刚参加工作的时候，我很注意，也很喜欢观察和提出问题。遇到各种各样的问题从不随便放过，总是带着问题去查阅专著与文献，看看别人是否已经研究过这些问题，研究的结果是什么。

科研工作是探索未知的，由未知到已知，这也是一个学习的过程。我个人的体会是要努力做到理论与实践相结合。首先，要努力实践，要做实验，收集大量的数据；其次，要认真观察，发现线索与问题。如果不亲自实践，“坐而论道”是很难解决问题的；再次，还要从理论的高度来认识问题，要阅读学术专著，要查阅大量的专业文献，力求在了解国际研究现状的基础上去开展工作和总结工作。

1954年大学毕业时，我是由国家统一分配工作的。当时个人在这方面没有多少选择余地，但是，却有比较强的敬业思想，要努力把本职工作做好。我想作为医药科学工作者，应该把个人的发展和国家建设发展的需要以及科学发展的需要结合起来，应该努力去找到它们的结合点。

我毕业的时候，因为卫生事业的发展，国家迫切需要大批的医生和卫生人员，医学院校也要大发展，所以卫生部要在各医学院开办各种学科的师资班，培养一部分人当医学院的教师，主要是基础学科的教师。当时有一部分同学是想不通的，希望毕业后当临床医生，不愿意做基础学科的教师。但我被分配到病理师资班学习时，并不觉得这个问题很难解决。我曾想过当外科医生，觉得能很快解决病人的问题，但我考虑到国家需要培养一批病理老师，而我的病理课成绩比较好，我也很感兴趣，因此结合国家的需要，我就确定了专业。

仅凭热情与干劲是搞不好科研的

最初在医学院学习的时候，我有一个大体的目标，那就是要做一个医术精湛、治病救人的医生。毕业到研究单位工作后，就又有了一个比较明确的目标：要研究肿瘤这一个医学难题。

1954年，我从中山医学院毕业，被分配到中央卫生研究院（今中国医学科学院）病理系工作。在杨简教授和王蘅文教授的指导下，从事实验肿瘤学的研究工作。他们指导我查阅文献，提高外语水平，还指导我设计实验、总结工作和写论文。他们是我在科研工作中不断探索与追求的引路人。当时我从事的研究课题是局部神经对肿瘤发生、发展的影响，这是一个复杂的问题，短期的研究工作难以得出明确的结论。我当时建立和使用了诱发性肿瘤和移植性肿瘤的动物模型，观察了影响实验性肿瘤生长的因素与条件，为后来开展药物筛选与实验治疗研究奠定了基础。

对我来说，研究抗肿瘤抗生素是具有特别重要意义的新起点。20世纪40年代青霉素问世，为控制感染性疾病提供了有效的药物，而20世纪50年代国际上就掀起了抗生素的研究热潮。抗生素是微生物产生的药物，既然微生物可以产生像青霉素那样奇迹般的抗菌物质，是否也可能产生有效的抗肿瘤药物？这是当时医药研究者十分关注的问题。当时中央卫生研究院院长沈其震教授及时掌握了这一动向，迅速下达任务，并让我参加了这个项目。1956年中国医学科学院成立，1958年中国医学科学院成立抗菌素研究所。建所前，沈其震院长亲自通知我，全职调到该所工作，负责研究与筛选抗肿瘤抗生素项目并负责相关的组织协调工作。那时我在实验肿瘤研究方面已有一定基础，对抗肿瘤药物的实验研究也有基本的了解，所以转到新研究所负责抗肿瘤抗生素的课题是比较顺利的。1958年，我有机会与所长张为申教授出席在莫斯科举行的国际抗肿瘤抗生素学术会议并参观了莫斯科与列宁格勒的抗生素与肿瘤研究机构，开阔了眼界，明确了方向，也增强了开展工作的信心。

我从事抗肿瘤抗生素、单克隆抗体靶向药物、抗肿瘤生化调节剂等研究工作，这几个方面的难点不尽相同。抗肿瘤抗生素是微生物产生的具有抗肿瘤作用的活性物质。自然界的微生物种类繁多，其代谢产物极其丰富多样，是发掘新药的宝库。因此，从微生物产物中寻找抗肿瘤活性物质是极具挑战性的研究课题。而如何发现有用的抗肿瘤抗生素，首要的问题是进行筛选，要从复杂繁多的微生物产物中发现有效的药物。我当时曾充满期望与幻想，想很快就能发现一种新型有效的抗肿瘤抗生素。在1958年“大跃进”浪潮的影响下，我们曾干劲十足地进行工作，也曾狂热与盲目地提出过不切合实际的指标和口号，比如：外国人从一万个样品中筛选出一个抗肿瘤抗生素，我们要苦干，筛选十万个样品。我们当时以为，只靠超常规地加大筛选数量，就能获得更多、更好的抗肿瘤抗生素。“筛选十万个样品”是极为繁重的任务，因为这不仅仅包括样品的检测，还包括样品的制备。筛选抗生素包括分离菌种、挑选菌种、发酵与活性检测。而初步筛选阳性的菌种还需要提纯活性成分，进行理化性质鉴别，以及动物实验的疗效评价。面对繁重的任务，为了完成“筛选指标”，我们研究组成员曾经大干、快干，不知经历了多少个日日夜夜，也不知在实验室度过了多少个节假日，但很遗憾，当时却没能发现一种有应用前景的抗肿瘤抗生素。初期工作的挫折使我认识到，仅凭热情与干劲是不能做好科研工作的。筛选工作中，数量固然重要，但单靠拼数量不能实现发现新药的预期目标。面对困难和思想上的压力，不应心灰意冷，不应失去信心，需要下功夫，更多地钻研与思考。要有研究抗肿瘤抗生素的新思路，要有新的筛选方法。

当时经过反复思考得到的结论是，需要研究抗肿瘤抗生素的筛选方法。“工欲善其事，必先利其器”，改进筛选方法才是出路，要在广泛吸取国内外相关工作经验的基础上，探索出可靠、敏感、简便易行的初筛模型与方法。经过努力，我研究出了“抗组织谱法”，用该方法筛选后，检出了光辉霉素、放线菌素等抗肿瘤抗生素。经过对100多种化合物，包括抗肿瘤药物以及其他药物对精子生成过程的影响的研究观察，我发现精原细胞对一系列的抗肿瘤药物具有高度敏感性，其细胞增殖受到特异性抑制。在此结果启示下，我建立了“精原细胞法”，并用于筛选大量菌种的发酵液样品，找到了多种肿瘤活性物质。由于新方法的应用，我们的筛选工作取得了较好的成果。

和其他领域一样，“文化大革命”对我国医药科研事业的发展也产生了严重的负面影响，对很多科研工作者冲击不小。在不少科研单位，课题负责人也要受到批判，而从事基础性研究的人，受到的冲击就更大。那些批判者认为科研工作脱离实际，不是为人民服务。当然，那种批判是完全错误的。我是比较幸运的，没有受到批判。因为我的研究目标十分明确，就是要研究有效的药物，给病人治病。所以在当时不利于开展科研的大环境下，还能坚持做一些工作。

多年的科研实践使我深深地体会到，从事科研工作“贵在坚持”，也“贵在应变”。要做到坚持科研方向，要踏踏实实工作，克服困难，力求达到既定的目标。我的科研方向与目标，就是致力于研究肿瘤的治疗，寻找有效的抗癌药物；要在微生物药物学、肿瘤药理学和医药生物技术领域不断进行探索，做出应有的贡献。当然，研究的领域、思路、途径与方法都不是一成不变的，需要密切关注医药科学和相关学科的进展，需要根据科研工作的实际情况，进行新的探索，拓展新的研究领域。

开展科研工作，特别是大的科研项目需要多方面专业人员的合作，需要研究组成员的共同努力。作为项目负责人，要在完成科研任务的过程中发挥关键作用。但个人的作用终究是有限的，做什么事情都有一个如何处理个人与社会关系的问题，要把自己摆在适当的位置，才能够发挥作用。

另外，做科研工作并不是一下子就到达顶峰，而是像上楼梯一样，一步一步地往上走。达到一个目标以后，总是还有新目标、更高的目标。实际上，这也是我们认知客观事物的一个过程。研究工作需要一个阶段、一个阶段去做。比如我们研究药物，就算取得一个阶段性成果了，但这不等于问题都解决了，我们还要进一步地研究，进一步发现新的东西。研究工作应该总是处于这样的状态，不能停顿。

我很欣赏一句话：“行百里者半九十。”比如要走一百里的路程，当已走了九十里的时候，距离目标已经比较近了，但是对于最终达到目标来说，你走了九十里等于你只完成了一半，最后那十里的任务是很艰巨的。虽然可能已经很累了，但不能松懈，需要坚持，因为这对于能否达到既定的目标非常重要。

和国际接轨不是简单模仿或重复

就我的专业发展历程来说，有两个重大的转折，一个是在1949年，另一个是在1979年。1949年我考入中山大学医学院，确定了从医的专业方向；1979年经过考试，我作为我国改革开放早期的访问学者，有机会到美国从事医学研究工作。此后又20余次到国外（及地区）从事短期研究、参加国际学术会议、考察和访问。改革开放大大促进了我国科学事业的发展，对我个人来说，我的研究水平也得到了提高。过去是靠阅读文献了解国际研究动态，但改革开放后有机会亲自到国外访问并参加研究工作和国际学术交流会议，也有机会在国内接待来访的外国学者。

1997 年，甄永苏在奥地利哈尔施塔特留影

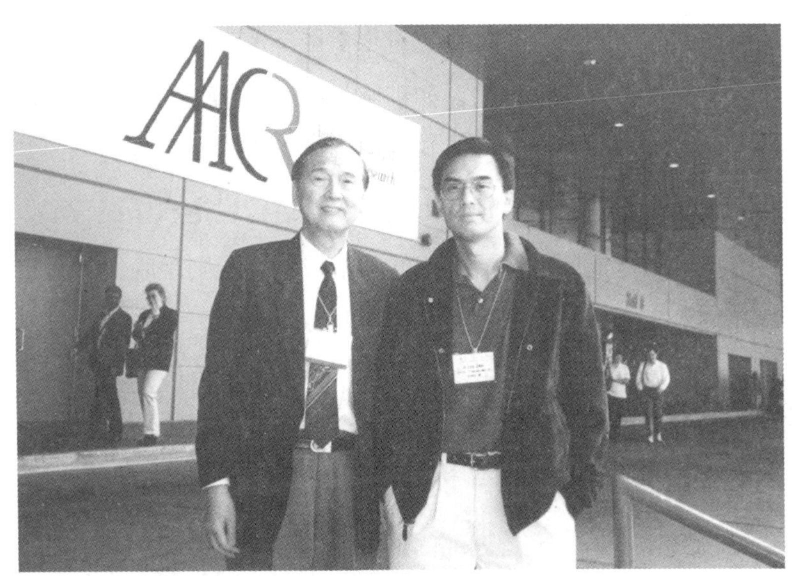

2001 年，甄永苏（左）在美国癌症研究协会前留影

1979年第一次到美国进修，我首先要考虑的是专业问题。多年来我在国内一直从事抗肿瘤药物研究，进修的内容最好能够和我的研究方向密切相关，以利于回国后开展工作。到美国后，我研究的内容涉及两个专业：一个是药理学，包括免疫药理；另一个是实验肿瘤学，包括肿瘤生化。我用近两年半的时间先后在美国约翰·霍普金斯大学医学院药理与实验治疗学系和印第安纳大学医学院实验肿瘤学系进修，从事单克隆抗体、肿瘤酶学以及生化药理等项目研究。这两方面的工作基础对于我后来回国开展新的科研项目，都有很大的帮助。

我第一次到美国时，对很多事情都不熟悉，需要了解、学习和思考。我到美国的第一年，特别重视学习英语。工作日我是很忙的，除了实验室的工作外，还需要查阅大量的专业文献，所以没有时间学习英语，周末两天却是我学习英语的好日子。除了去超市购买生活必需品以及偶尔参加同事们的家庭聚会外，我几乎每个周六、周日都在图书馆里。美国医学院的图书馆非常好，有很多医学的录音带和录像带，都是成套的，关于各种不同学科的，如细胞学的、解剖学的、病理学的、药理学的，还有内科的和外科的。我通过这些录音带和录像带学习英语，一年时间就能在专业方面比较自由地用英语进行讨论和作报告了，算是不小的进步。而用于日常生活交流的英语口语，我则是晚上通过看电视和听收音机来锻炼，我并不是太关注那些节目的内容，而主要是学习他们说话时怎样表达。通过一年多的训练，我的英语口语表达能力也得到了明显提高。

甄永苏在实验室工作

事实上，在国外进修期间，我将更多的精力用在科研工作上了。我要学习新的技术方法，要针对从事的研究课题查阅文献，要设计并进行实验，要总结实验结果和书写研究论文，还要参加经常性的学术讨论会，等等。虽然工作与学习十分繁忙，但我感到很充实。

我在美国时经常思考，回国后如何开展科研工作这个问题。由于我开阔了眼界，所以特别体会到科研工作一定要和国际接轨。就是说课题的立项、实验设计、采用的技术方法、实验结果的分析与评价都应该放在国际水平这样一个高度来考虑。要掌握本领域的研究动态，了解相关领域的主要进展，学习和应用新的技术方法。当然，和国际接轨不是简单模仿或重复他们的研究工作，重要的是自己的研究项目要有特色，要有新的研究思路和内容。

我为什么没有长期留在美国

身处异国，就会更加体会到个人的荣辱与祖国的国际地位紧密相连。一方面，当时，国内取得的每一项重大成就都使我感到自豪，另一方面，个人应该自尊与自强。当时，我勤奋学习，努力工作，在科研方面可以和同事进行讨论与交流，还能发表个人的观点，没有给人以“水平差”的印象；我平时对世界（包括美国）的历史、地理与现状等都有一定的了解，加上学习英语取得的进步，可以在社会生活的多个方面和人们进行交流，没有给人以“什么都不懂”的感觉；我能做到严格自律，虽然经济拮据，但不会去占什么“小便宜”或为某种利益去乞求和讨好任何人。

我想，在对外交往中应该做到不卑不亢，不强求于人，也不强加于人，这是周恩来总理提出来的，我非常赞同这一点。

许多人问过我为什么没有长期留在美国。我当时回来是很自然的事

甄永苏（左二）一家

情，如果要问有什么动力，我想主要是责任感和家庭。

这种责任感是对事业的责任感。科学工作者要为国家的社会主义事业的发展做贡献，我作为医药领域的科研人员，应该为发展祖国医药科学事业尽自己的力量。我出国以前，就想过学成回国为国家、为社会做出一点贡献。记得我在1982年回国前曾和同实验室的一位日本学者交谈过去留的问题。他是东京一所大学的教授，到美国进修2年，他说他在美国进修期满就要回东京去，因为他对那所大学负有责任。我也对他说，我在中国有科研项目，也要回去开展工作。我回国不久，那位日本教授也回东京去了。我想，科学工作者要对自己的事业有高度的责任感，这是十分重要的。曾有人问，我回国是不是因为不喜欢美国。我说，我不是不喜欢美国，虽然在美国做科研工作的条件很好，收入也比较高，20世纪80年代时，比我们在国内的收入要高出三四十倍，但是我觉得自己在国内有事业，可以更好地发挥个人的作用。

当然，家庭也是一个重要因素。我的夫人本来也是有条件出国深造的，但她主要考虑工作和事业的需要，就选择留在国内，所以，我也不能长期在外。

2001 年，甄永苏获何梁何利科学与技术进步奖

近二十年的实践证明，到国外进修，回国开展工作，这一选择是正确的。第一，我一直在履行我的责任，通过科研实践，参与了建设有中国特色的社会主义的进程，为发展我国医药事业尽自己的力量，我为此感到高兴。第二，使科研工作得到发展。出国前，我主持抗肿瘤抗生素研究项目，回国后不仅该项目得到继续发展，还得到国家攻关项目、国家自然科学基金重大项目、“863”项目、“973”项目以及新药项目等，开展了单克隆靶向药物和抗肿瘤生化调节剂的研究。第三，培养了青年科技人员。回国的当年，我开始担任硕士研究生导师，1986年成为博士研究生导师。我先后培养研究生40余人，其中28人已获博士学位，12人获硕士学位。第四，我在国内外发表了一系列的研究论文。在药物研究中也取得了一些可值得进一步研究开发的成果。

我认为，不管在什么时候和在什么条件下，都需要保持清醒的头脑，对自己工作、对所从事研究领域的现状都要有客观的分析和估计。按照新形势下医药科研事业发展的要求以及为防病治病研制新药的要求来衡量，我们的工作还有很大的差距。

访谈人：张兴杰

访谈时间：2001年5—9月

周同惠（1924—2020）

1924年11月8日生于北京，广西桂林人。1944年毕业于北京大学化学系。1952年获美国西雅图华盛顿大学博士学位。中国医学科学院药物研究所研究员，北京协和医学院博士生导师，国家药物及代谢产物分析研究中心主任。曾任中国科学院化学部常委、化学部副主任。兼任中国兴奋剂检测中心主、中国科学院应用化学研究所电分析化学开放实验室学术委员会主任、北京大学教授、国务院学位委员会学科评议组成员、国家自然科学基金委员会学科评审组委员、国家自然科学奖评审委员会评审组委员、卫生部药典委员会委员、卫生部药品审评委员会委员、中国分析测试协会副理事长、中国化学会常务理事、中国化学会色谱专业委员会主任委员、北京化学会理事长、北京分析测试学会副理事长、北京市科学技术协会委员。1991年当选中国科学院学部委员（院士）。

20世纪50年代中期，先后建立了麦角的纸色谱法、柱色谱法测定单一生物碱含量，取代了过去只能测总生物碱的溶剂提取法。60年代，制定的“中草药活性成分分析方法的研究”和“新技术新方法在药物分析中的应用”为分析室的两大研究发展方向。建立了常用中药材包括单味药和复方中药活性成分分析方法百余种。国内外新技术新方法很快应用于我国药物分析领域，特别是色谱分析和电化学分析。将多种色谱方法、极谱方法、库仑分析、离子选择电极等新方法应用于有机药物与中草药的分析。建立了五大类100种兴奋剂药物的检测方法，并通过国际奥委会的资格考试，于1989年建成了我国第一个兴奋剂检测中心，填补了我国体育运动禁用药物检测工作的空白。近年来主要从事药物代谢研究，完成了丁苯酞类化合物的体内外代谢及代谢产物研究工作，阐明了其氨基衍生物活性异常的原因。

代表作有《纸色谱和薄层色谱》《中草药现代研究》等。曾获国家科技进步奖一等奖、全国优秀科技图书奖二等奖及卫生部科技进步奖三等奖等。

周同惠院士

参与创建中国首个兴奋剂检测中心

童年最深的记忆：母亲打屁股

我上学早，不满20岁就大学毕业了。父亲是个读书人，母亲从小也在家中学习了文化。我和姐姐是同样岁数上的学，当时都用虚岁。我是1924年生的，1929年就上小学了，实岁还不到5岁。我姐姐是1923年生的，1928年就上学去了。我对现在大学里的少年班感觉不太好，因为我自己的经验，让我觉得不好。当然现在大学的少年班，单独把这些年轻的学生们分在一个班，也许还好一点。

我当时上学的时候，排队我总是排在最末，因为我是班里最矮、最小的一个。我常常跟那些大孩子玩不到一起。我总是比人家小，我上初中了，还玩弹球呢。同学们玩大球（篮球、排球、足球等），我就玩小球（弹球），而当时这种弹球只有小学生才玩，我跟班里的同学好像总差了一个档次。

我小学毕业报考初中时，怕因为年龄太小不被录取，就虚报年龄加大了一岁，结果顺利地考上了北平师范大学附属中学。

初中时，一年级的劳作课和二年级的化学课都让我产生了很大的兴趣。劳作课教我们自己动手使用各种工具，我学到了一些木工手艺。化学课则更让我入迷，看到老师在课堂上做实验，制造氧气、氢气等，我也想自己亲自做一做，认为是一大享受，于是在家里因陋就简，也搞起了一个小摊摊。没有烧瓶就把坏灯泡拆开，使用下面的球形部分，同样可以进行加热反应；没有试管架就用从劳作课上学来的手艺自己制作。我还经常去化工商店买些酸碱和其他试剂，也想方设法找些小瓶小罐，就这样自己建立了一张桌子大的实验台，在上面照着课本上的方法进行各种反应，真可谓其乐无穷，从此我有了将来长大后要读化学专业的念头。初三时的另一门工艺课也是我喜欢的，可以自己制作各种产品。记得我们做过晒图纸、牙膏、肥皂、雪花膏、冷霜、蜡烛、干电池等好多品种，我觉得这种课程很结合实际，能培养动手实践的能力。

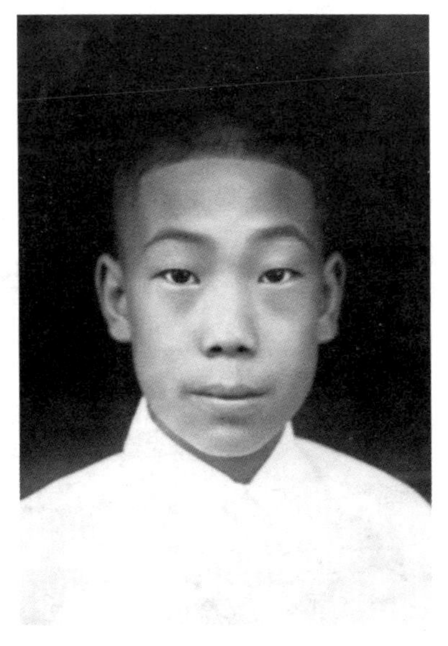

1937 年在北平师范大学附属中学毕业时留影

初中毕业时正赶上“七七事变”，七八月间，北平几乎所有的中学都不招生了，只有中法大学附属高中在招考，于是我报名并考上了这个学校，学起了法文。这时看到同学手中的中华书局出版的关于矿石收音机的小册子，作者在序里的一番介绍很有吸引力，我又受到了影响，开始对收音机产生了浓厚兴趣。自己买零件安装，由绕线圈开始，一步步实践，由矿石到真空管，不断组装、拆卸、改进，经常借阅图书馆的几本有关无线电的书，也经常利用中午时间，从学校（东黄城根）去朝阳门南小街一家专卖各种零件的商店，买些合用部件，走去走回，累了也觉得很高兴。可能就是这些爱好注定了我以后以仪器分析作为专业方向吧！随后我就考上了日本人占领后成立的北京大学。当时在沦陷区只有有限的几所大学，不上就得失学。

北大毕业时，我因成绩第一而被留校任教。一年后，抗战胜利了，国民党政府宣布不承认沦陷区的大学毕业生的资格，要进行甄审，当时被任命为北京大学校长的胡适也同声附和，于是我于1946年离开北大，

1951 年，周同惠在北京大学化学系任助教

去经济部特派员办公处工作，被派往汉沽化工厂，后属资源委员会天津化学工业公司。但不久就派我回北平做些与业务毫不相干的杂事，如看守房屋、争取汽车配额、要房子、搬家运货，等等。我开始感觉到国民党政府机关的腐败作风，产生了不满和反感，又另谋工作，去了由北京大学的刘思职教授负责的制药厂。

我祖父是广西人，他年轻的时候，那会儿还是清朝呢，就离开广西了。他在河南办学堂，当时他办的是河南高等学校，就是现在说的洋学堂的意思。至于我祖父受教育的程度，我就搞不清了，他好像没有功名、没有头衔。他是在河南故去的，就葬在河南了。他的坟在河南什么地方，我也不知道。

我祖父也到过北京，在一个当官的家里教小孩子，做家教。我母亲说我祖父特别严厉，大概也是管人家的孩子管得特别严，结果人家就恨他、讨厌他，还在吃的东西里面下了泻药。后来他就离开了这个人家。

我父亲1887年在北京出生的，过了几年，又跟着我祖父回广西去了。他们回到桂林，待了一段时期吧。后来再随祖父离开了广西，我父亲就到北京上学了，在京师大学堂读预科。

他曾在保定陆军军官学校教过英文。那会是南方有黄埔军校，北方就是保定军官学校。我父亲就一直没有回广西了。

我父亲对我的影响好像不是太大，平时主要是我母亲在管我，因为我父亲要上班工作，他和我在一起的时候不是很多，不像我母亲总是在我的身边。我父亲是学英文的，他还学了俄文等好几种语言。同时他的文学也很好，特别是字写得非常好，篆书、隶书都好，那会儿有很多人来求字。他对猜灯谜也特别有兴趣。他的学问是很好的，所以我母亲要求我好好读书。另外，她说我父亲为人正派，不贪便宜。我母亲经常给我这种教育。我父亲一生中的绝大部分时间是在做文书方面的工作。

我的外公倒是做过清朝的官，他是南京人。后来，母亲跟我父亲结婚到了北方，生我的时候，她已经三十多，快四十岁了。我上面还有三个姐姐，二姐夭折了。她们也都是大学毕业的。我大姐念的是法文，三姐在北大，也是学化学的。现在，我两个姐姐还在，两个姐夫都不在了。我家里可能有长寿基因，我母亲活到八十几，我父亲也是七十多岁故去的。

母亲经常对我说应该怎么样，应该好好地努力念书，应该怎么正派，不贪便宜，就是这些道德方面的教育。母亲对我管得很严。上小学的时候，我的功课她都抓得很紧，做不好就要挨打，打的次数还不少。当然母亲也有她的爱好，她喜欢打牌。

我们都比较怕父亲的。他对我们不打，也不骂，不过我觉得他有威严，可能也是因为小孩看大人嘛。我母亲总说我父亲学得怎么好，他上学的时候，大概考前几名都有奖的，比如奖墨盒啦。母亲就说你父亲年轻的时候怎么用功啦，学问好啊，就经常拿这些来教育我们。我母亲平常在家待着，也不显得怎么厉害，可就是管我功课管得严，书上一句要念不下来，背不好的话，就要打，而且打得还比较厉害。大部分是打屁股。

我小时候还有个奶妈，很心疼我。有一次，我母亲怕奶妈来劝解，就拿把木尺子把门给别上，外边的人进不来。奶妈赶来了，拉不开门，把尺子都给拉劈了。那把劈了的尺子后来一直还在，过了若干年搬家时才扔了。当时具体用什么东西打，我印象不太深了，但是很疼，真的很疼。

我对自己的孩子倒是一点也没有打过，我觉得小时候父母打我，是为了我好，但是还是封建了一点，比较老式的。

奶妈平时总是向着我。后来等到我稍大一点，奶妈就等于做保姆了，在家里边做饭，打扫卫生什么的。奶妈家是昌平农村的，她在我们家里总共待了三十多年。一直到1960年前后，她才回到了老家，那时候我已经三十多岁了。

我生在北京，长在北京，还喜欢唱京戏。在北大上三年级的时候，与金建中（也是中科院院士）配合，一个唱京戏，一个拉胡琴，因为我们两人都住在理学院学生宿舍，经常一起合练。我当时不是一般的唱唱，而是能唱整台的戏。我是怎么学这些戏文的呢？小时候听“匣子”。每晚现场转播京戏，我差不多每晚都听，完全自学。再后来就发展到了登台演出。1956年我刚回国的时候，有几次单位联欢演出，我就和我现在的爱人一起唱《四郎探母》《武家坡》和《空城计》等，当时，我演老生，她演青衣。我演杨延辉，她扮铁镜公主；我演薛平贵，她就扮王宝钏，就这样我俩就唱到一起了，哈哈哈……

问我童年最深刻的记忆是什么？最深的嘛，就是小的时候挨打呗。我小时候很崇拜岳飞和关羽，所以大人们说我将来可能要做武人。我小时候还特别喜欢马。买玩具都是马，还有刀、枪等，都是在厂甸买的。

我对厂甸的印象特别深，另外我对豆汁也是情有独钟。现在已有好多年没喝了，主要是没有时间去找了。那会儿豆汁摊儿多，一出去看到就要喝。我喝豆汁一直从小喝到出国，回国以后还喝过几次。差不多一天三碗，就这么喝。因为我从小就受到了北京饮食文化的熏陶，特别喜欢北京的风味小吃，如扒糕、艾窝窝、凉粉、灌肠……

小时候，我家就住在琉璃厂附近，那时的新华街、厂甸最能体现出老北京的风情，街道两旁就有卖小吃的铺子和摊棚，还有许多推着小车或肩挑的小贩，在胡同里串街叫卖，随便走到哪里都可以很方便地品尝到地道的北京风味小吃。从上小学开始，每天放学后，我都要在路边的豆汁摊喝上两三碗豆汁。那时的豆汁很便宜，一“大枚”就可以喝上一碗（当时一银元可换200多“大枚”，即铜板），我们很多同学都去喝，就像现在的人们喝饮料一样。

我上初中是在北京师范大学附中，还是没有离开琉璃厂，就接着喝。后来上了高中，在东皇城根那边，中午就跑到隆福寺去喝，连带着吃些油饼、烧饼之类的干粮，就算是午饭了。就这样连着喝了十多年，当年喝豆汁的情景至今历历在目，那令人难忘的滋味深深地留在了心底。

有人说豆汁酸溜溜的有一股泔水味儿，有什么好喝的。说起来确实挺奇怪，那时候大家都喝，不仅是市井平民爱喝，就是知识阶层也爱喝。到底为什么爱喝，谁也说不出更多的道理。只知道好喝，别有风味。喝豆汁必须就咸菜，必须趁热喝才好喝。爱喝豆汁，才能算是“老北京”。上学的时候我们就曾以是否能喝豆汁来区别是不是“老北京”。有一些后来来北京上学的同学，说什么也喝不惯，只沾一口，就再也不去碰它了。豆汁这个东西，若不是从小就喝恐怕是很难习惯的。改革开放后，那些离开祖国大陆数十年的“老北京”们，回来后最想做的事之一就是喝口豆汁，你看这豆汁的魅力有多大。

当时厂甸从和平门到南新华街全都是书摊，卖小吃的则是在海王村公园，在那儿可以买书，可以喝豆汁，可以吃点艾窝窝、豌豆黄等。我的印象，那会儿就喜欢过年，可以逛厂甸，从和平门一直走到虎坊桥。那时阳历年一次，阴历年一次，阳历年是十天，阴历年是十五天。我家那会儿就住在北柳巷琉璃厂那个口上，离厂甸特别近，所以厂甸是我童年去的次数最多的地方，豆汁是我最喜欢的。

我小时候常是一会儿一个兴趣，上初中的时候，喜欢做化学实验，当时可能是因为我喜欢模仿。高一的时候对无线电、收音机都挺有兴趣。我还自己买零配件装了台收音机，同时我还买来简单仪器独自一人在家里做了不少化学实验，当时感觉还挺不错的，现在想一想，也可能是没人一块儿玩吧。

赴美留学经过

还是从我从国内到美国的经过和第一次跨上美国国土这段时间说起吧。当时我并没有抱什么希望去国外留学，因为我是独生子，我母亲非常舍不得我出去。我是1946年参加留学考试的，考试前呢，我也没跟家里说。那时抗日战争刚刚胜利，留学考试有自费的，也有公费的。我没有考自费，就直接报考了公费。

我报的是法国的一个名额，是学化学的。化学只有一个名额，我就报了那个。1937年抗日战争全面爆发，我在北京。那年暑假后，只有中法大学附属高中招生，我考上了，所以我高中学的是法文。学了一年，中法大学附属高中搬到内地去了，我就留下来。后来我转学到宣武门的一个教会中学继续上学。那个中学都是法国人教，所以我的法文念得不错，当时就报了留法公费的。大概过了几个月，我接到通知，说我没考上，但是按考的成绩，上自费还是合格的。自费留学也要考，只要你自费考试留学合格，就可以换官价外汇。官价外汇便宜，黑市外汇与官价差得越来越多。那时很多人自费留学，都是那样考出去的。

1946年的那次考试，我是有一搭没一搭的，我知道考上了家里也不会让走，但我还是联系了美国那边的学校。当时觉得要留学，还是去美国比去法国要强，法国刚打完仗，比较贫困，也不如美国先进。我就联系了华盛顿大学，在西雅图的那所。因为我的一个同学曾联系了那所大学，所以我就照他的办法联系，寄去大学时的成绩单和毕业证书，结果对方很快就同意了。我想既然对方已经同意了，慢慢再跟家里讲吧。

到后来解放战争又开始了，形势越来越紧张了。北京周围已经很紧张了，那会儿已经是1948年的夏天了，从春天开始，东北战场越打越猛。国民党越来越乱了，所以我最后也就下决心了，家里也同意我出去了。当时就是想出去念书，念完书等国家太平了好回来建设，那会儿想法很单纯。我是1948年8月从北京走的。去了没几个月，北京就解放了。

先从北京坐火车去天津，再从天津坐船到上海，再从上海上船——当时只能坐船，到美国要走三个星期左右。路线是先从上海到香港，再到马尼拉、关岛，然后再到旧金山。船上的中国留学生很多，有一二百人，都不是很熟，有不少是通过考试去的。当时还有教会送去上大学的学生。我们到那边去是念研究生，而他们中好多是高中毕业生，是到美国念大学的。当时真正跟我比较熟的就几个人，有一个是我的大学同学，有几个是后来在船上交往得比较多的，其他都不认得，都是各管各的。有时风浪很大，有许多人都晕船，都躺着起不来，幸好我不晕船。我们的船到夏威夷时正赶上工人罢工，所以船就没有停，直接从关岛开到了旧金山。到了旧金山后，听来过的人介绍，找了中国青年会，可以住下来且比较便宜，就在旧金山待了几天。

一口气拿到华盛顿大学的硕士和博士学位

我以前从报刊上看到过介绍美国的情况。另外当时还有一本杂志叫《西风》，所谓西风，就是专门介绍西方的情况。华盛顿大学的情况，我是先通过《西风》杂志了解到的。因此到了美国后，倒也没有觉得有什么特别，与想象的差不多吧。反正就是看到了想象中的大楼，有点异国他乡的新鲜。真正去念研究生的人，有一百多人，下船后大家都散了。当时好像是中国领事馆的一个官员，出面表示欢迎什么的。后来就是自己买车票走哇，根本没有人管，自己单独行动。到学校里情况就很简单了，有很多中国同学安排食宿，介绍情况。开学后发现有好几个中国学生都在化学系，年龄都差不多，都上一样的课。所以我们几个人接触得多，大家又都是同一专业的，也还谈得来。我跟梁晓天从那时就开始认识了，到现在已经相识五十多年了。从1948年算起，经过几年学习，差不多都是在1952年念完了学位，离开了西雅图。除了念书，也没有别的活动。谈起国事，大家都觉得国民党政府上上下下都挺腐败的，我们在这些问题上比较谈得来。到周末了大家聚在一起，可以烧饭，打桥牌，看电影，就这样度过了研究生时代。

在国外读研究生的时候，我觉得跟国内大学教育的差别还是比较大的。一个是考试比较多，但又不是所有的课程都要考试。有的课程经常有小考试，比较简单，每次最多考10或15分钟，就是给你出一道题。这个当时我们在国内是没有过的。其他的要自己看书，因为我们在国内上学时用的也是英文课本，所以倒也没有觉得有什么不一样。

另外，美国人比较随便，老师和学生之间很随便，都不称呼什么教授什么博士的，而是直接叫名字。连老师的姓都不用叫，就是叫他的名字。这些跟国内相比较都不一样。有的时候也留一些功课，倒也不是特别多。在美国大学里，认真读书的人并不多，他们的大学教学水平不如当时中国的大学，但是真到了念研究生的阶段，就都挺努力的。

刚到美国，给我印象比较深的，就是觉得美国的售货员有些笨。哈哈……比如买东西，我买五毛五的东西，然后给钱让他找，要是咱们中国人的话，售货员好像都是收一块，就找你四毛五，都是心算的，而他们却是每个收款柜里都放着钱，然后拉开抽屉找零钱，你是五毛五，他先搁一个五分在那，说是六毛，然后再七毛、八毛、一块地往上加，我觉得这点挺逗的。

进了大学后，就要注册、选课，要找一个导师。想念什么专业，就找哪一个专业的教授，我想念分析化学，就找搞分析化学的。当时分析化学一共有三个教授，罗宾逊教授年纪比较大一点，正是因为他年龄大一点，我就找他了。他人很好，可能过去也没跟中国人打过交道。我找他请他帮助选课，别的倒也没什么，就是选课、注册时，才去找他。我头一年还选他的课，选他讲的微量化学分析，实验室就在他的办公室对面。我们大概一个星期做三次实验，平时彼此没什么来往，到时候听课，然后做实验。等到后来写论文的时候，他每个星期来看一下，我跟他谈一谈，等于汇报做的工作。逢到过节、过年时，常请他到家吃饭聊聊等，联络感情嘛。

罗宾逊教授对我们都挺好，人也挺客气的，对中国人印象大概还不错吧。后来我回国以后，还继续跟他通信。一直到“文化大革命”时，有一段时间规定不能跟国外通信了，就断了联系。“四人帮”倒台以后，又恢复通信了，一直持续到他去世。

前面已经说过，我去美国读书是自费的，出去前只买了一次外汇，一千美金。一个月饭费几十块钱，然后再买点别的，一个月就用一百来块钱，反正维持半年没问题。

先是当时的国民党政府，发给每个中国留学生一二百块钱，大概算是救济金吧，就有过这一次。然后美国政府也给过救济金。后来就允许中国留学生工作了，等于一方面给你点经济支援，另外呢，也让你去打工。罗宾逊教授见我手里仅剩下几十块钱，整天还笑呵呵，也不发愁，甚至还经常哈哈大笑，可能是他也被我的笑声所感染，说我的笑是百万美元的笑！后来，他又帮助我在系里找工作。因为他还兼着海洋系的教授，他手中有海洋分析化学的基金，所以就帮助我找了一个研究助理的位置。我做研究论文时，他每个月从这个基金里给我100块钱，后来又涨到110块左右。助理一般有两种，一种是帮着教授改试卷、改作业，当助教什么的。另外一种是当研究助理，你做自己的研究，然后每一个学期写一个报告交上去。我找了这么一个工作，就稳定下来了。

当时买官价外汇与黑市的差价是10倍，在黑市上你同等的钱只能换100美元，而官价就能换一千多。我买的还晚了一点，外汇价格上调了，最早相差有50倍呢。金圆券在黑市上非常疲软，与美金的比价一天一个样。那会儿物价飞涨，国民党用的金圆券、法币都在贬值。我们这些要出国的人，可以买官价外汇。不过是有限制的，只能一次买半年，每月按150美元计算。

我的硕士和博士学位是同一年拿到的，因为做研究助理时，我做了两个研究题目，我先做的那个课题比较简单一点，后来教授又让我做另外一个课题了，我的博士论文就是后边这个工作量大一点的课题。要是只有一篇论文的话，就只能拿一个学位。我去问我的导师：能不能拿我的前一篇论文做硕士论文？他说完全可以。

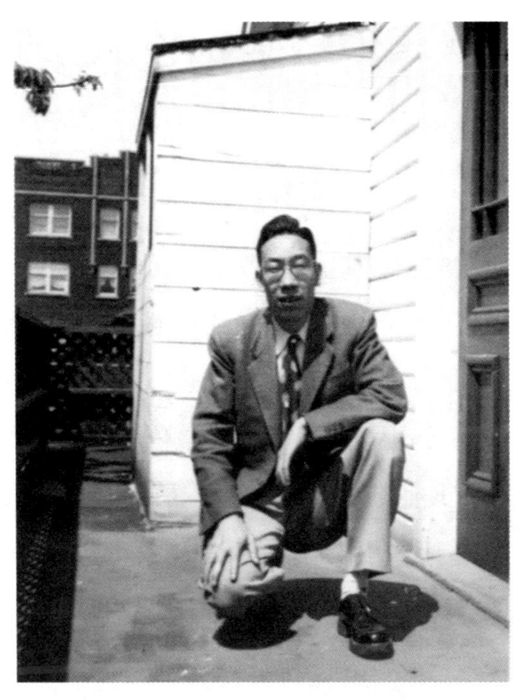

1951 年，周同惠在美国西雅图华盛顿大学家中阳台上

按道理呢，一般都是先念完硕士，然后再念博士。在我念书的华盛顿大学要通过考试，只要几次考试通过之后，就可以直接读博士了。美国的大学要求念够学分，然后再有个研究论文，就可以得学位。我可以在你这念了一年或几年的学分，把这些学分攒起来，然后再过些时候，或者过几年再接着念，学分仍可以累积计算。他们对年龄也没有限制。现在国内，我看有些报道把博士后都作为比博士高的学位了，这个说法实在是不对，是想当然的误解。另外还有说什么多少个美国学校抢一个中国学生，实际上美国的学校根本不考试，你只要把成绩单寄去，然后管入学的部门加以审查，看你合格了，就同意你去了。

抱着科学救国的想法回国

我是1948年出国，1955年回国的。在四五十年代，国内的大学生相对比较少，真正出去（留学）的一般得经过考试。我们那会儿就是经过考试，然后买官价外汇出国的。这也可算是在经济上给留学生一点特别的照顾。当时能考上的人还是比较少，考出去的人总共也就四五千人。这四五千人呢，因为朝鲜战争的关系，美国政府不让中国学理工的人回来，其他的像学文的、学法的、学农的，好像都没有什么限制。不让学理工科的回来，是美国把新中国视为敌对国家了。那我们就留下，留下就要找工作了。当时真正想回来的人确实也并不是太多。后来中美谈判，最后达成协议，愿意回来的就可以回来，总共回来的也不过几百人，绝大部分还是留下了。我是1955年回来的，大概到1957年就可以自由活动了。你愿意回来就回来，不愿意回来嘛，就可以在美国申请永久居留，绿卡啦，或者是入美国籍，美国也制定出相应的政策了。

去台湾嘛，好像那会儿也没听说有真正想去台湾的人。因为从整个形势来看，去台湾还不如在美国待着呢，在美国待着，工作和生活条件都比台湾好多了。所以我认识的人，好像没有去台湾的，基本上或者留下，或者就回来了。

当时我想要回来的直接理由是什么？我们就是要回来，因为我家在中国。当时，我们对国内的情况还是了解一些的。因为那会儿在美国，有一个由学理工科的中国留学生共同成立的叫留美科学工作者协会的组织。具体负责人是地下党员侯祥麟院士。

侯祥麟院士当过化工部副部长。他当时也在美国。留美科学工作者协会在很多地方，特别是中国留学生比较多的地方，都有一个分会，总会把国内的有些情况印成刊物，发给各个分会，然后会员也都通过这些刊物知道了一些国内的情况，特别是新中国成立以后的情况。所以回来的人都是抱着参加国家建设这种心情回来的。当时也有学生同国民党关系比较深，那么这部分人就不会参加这些活动，对这些宣传品也不相信。当时在美国的中国留学生有两派，一派想回来，一派不想回来。朝鲜战争爆发以后，美国对留美科学工作者协会还是比较注意的。他们也有他们的情报。他们就查，都谁参加了，每个参加的人，都被找去谈话。一个是美国联邦调查局（FBI），一个是中央情报局，主要的还是FBI，他们要了解你的情况。

如果要申请回国，那就得跟移民局打交道。移民局就给你一封信，说是根据现在的形势不许你走，以后每三个月还要去他们那儿报到一次。这就表示你还在美国，人没有走。你还拿着你的护照，但是不再给你续签了。如果给你续签的话，你就可以随时到加拿大、墨西哥等国家旅游，就有可能绕道第三国回到中国。按照正常规定，你在美国居住的话，应有有效的签证，可以自由地出入边境。从美国到加拿大，从美国到墨西哥都可以。所以美国不给你续签证，你就只能在美国活动。我后来的工作是在纽约北边一点，离纽约还是比较近的，所以每次去移民局报到还要自己去。要是住得远的话，至少要给他们写一封信，让他们知道你仍在美国。

我加入留美科学工作者协会还算比较早吧，我记得是刚解放的那会儿。我们在西雅图地区的中国留学生，大家周末常常在一块聚会。我们这些人里边，就有人早些时候加入的，他们再推荐一些志同道合的人参加。我们分会的头儿，跟总会有联系。总会负责人侯祥麟院士比较早地回国了。他回国以后，总会还在美国东部，具体的地点我说不上来了，可能是纽约或费城某地吧。总会有的时候还搞些活动，不过因为我们西雅图是靠西边的，没有能参加那些大的活动。因为来回跑一趟，时间也比较长。

西雅图的天气比较温和，秋天、冬天雨比较多一点，夏天比较舒服。当时舍弃那种环境回来，真正的原因确实就是想回来，我小时候受的教育跟现在的不一样。我从小形成的这种思维方式跟现在的年轻人也是不一样的。

这个怎么说呢？就是说有各式各样的人，他们所受的教育，所接触的人，或者他本身的思想、想法，都是不一样的。“九一八”的时候我在念小学，老师就讲，东北被日本占领了，再不自强将来就要当亡国奴了，这些话我现在还有印象。老师讲得学生们都哭了，我也哭了。后来发生了“七七事变”，我就在北京，此后我一直也都在北京。我是北京生的，北京长大的，“七七事变”都是亲身经历的，日本人怎么欺负中国人，弱国国民的屈辱与惨痛我都见过！这些就是我想回来的主要原因，当时就是抱着科学救国的想法回国的。

留学生中还有很多支持国民党的，他们就留在美国不回来了。他们觉得共产党好像是洪水猛兽，所以就不肯回来。这个比较正常，大家各有各的圈子。我们周末聚在一块的人，都是比较谈得来的。我们这个组里的人，大部分都回来了。

我相信，当时回来的人都有心理准备。因为我们走的时候，都很清楚国内是个什么样子。你想过了几年，你回去，虽然是解放了，搞建设什么的，也不可能一下子变得很好。所以回来呢，我们的生活条件等肯定不如在美国了，这个心理准备还是有的。

政策嘛，也知道一些，当然也有一些不知道。国内运动比较多，这点都知道，因为跟家里还有通信。我跟家里的通信，在北京解放的那一阵断了几个月。在那以前和以后，信还是通的。国内的情况一般都知道，很具体的就不够了解。我知道国内是反对美国的政策的。另外，当时在美国也有中文报纸，而这些报纸也是有区别的。跟大陆关系比较好的、介绍情况比较多的是《华侨日报》，社址就在纽约。当然也有中间的，或偏右的。反正他们都是从各自的立场选发新闻的。

在给艾森豪威尔总统要求回家的公开信上签名

这些新闻只是作为参考，反正三方面的内容，我们都能看得到。但是美国报纸登中国的消息不太多，比较大的事情，像高岗事件还是登，一般的运动也是知道的。另外有的毛主席讲话的文字内容，美国的唐人街里也会卖。对总的情况，虽然不是很了解，但也还是知道一些。比如新中国不会跟美国怎么好，总是要跟苏联搞好关系，还有毛主席去莫斯科什么的，报纸肯定也报道这些。

刚回国时，我们没受到什么冲击。除了“反右”“文化大革命”，我什么运动也没参加过，因而也就没有冲击过我，我认为我一直是比较“清白”的，没参加过“三青团”之类的反动组织，所以我也没有什么可交代的，反正我一直认为自己就是个搞科学的，是个学者。“文革”时期也就是劳动劳动而已，当然，资产阶级知识分子的帽子肯定是要戴的了。当时对我就是有一些大字报，在一些会上批判一下。

最早我是怎么知道不让我们回国的呢？因为当时有中国留学生坐船回国，（那时回国只能坐船，还没有航空航线），到了夏威夷，就被人从船上赶了下来，不许他们继续乘船到香港，不让他们回到中国大陆。从那些报道中，我知道是不能回去了。至于后来的三个月报到一次，则是因为我们要求离开美国，你有了这种表示，它（美国政府）就给你这种待遇。如果你没有表示说要离开美国回中国，他们好像也没有这种做法。

后来我就到美国东部工作去了。1954—1955年，东部想回国的这些人，有些联系和活动，如给周总理写信，给美国总统、给联合国秘书长写信，这个是大家签名的。我们在美国东北部的一个地方聚会，谈好了，请梁晓天起草，然后大家签名。以多人名义写的信，这是第一封，是给艾森豪威尔总统写的。当时的聚会好像有三十多人吧，主要是在东北部工作或学习的中国留学生。

我是跟波士顿来的人在一块儿，当时梁晓天就在波士顿，跟他在一起的还有张兴钤、师昌绪、林正仙等人。是他们通知我的。还有李恒德，他当时在费城。大家打个电话就联系上了。

给艾森豪威尔总统和联合国秘书长的信，主要内容是说，我们是中国的留学生，来美国就是念书，现在都想回家。按照美国的规定，以学生的身份去，念完书一定要从哪儿来回哪儿去。跟艾森豪威尔总统强调要回去，当然不能说它的坏话了，就说在美国也觉得挺好的，但是你不让回国，就不符合你们的人权观，你没权力把这些人留在美国。而写给联合国秘书长的那封呢，就有点像告状似的，就说美国无视人权，不许我们走。那个信当时发了很多封，几乎是所有的议员每人一封，而那时联合国里面呢，像印度这样当时跟新中国关系比较好的国家的使馆也都发了。信是在纽约油印的，然后我们投在不同的邮筒里往外发。

当时好像是《纽约时报》还想全文刊登这封信，但是就在那个时候，在美国总统每周一次的新闻记者招待会上，有个记者把这个问题提出来了，总统说中国留学生迟早是要回去的，所以后来，这个宣传就没那么厉害了。有一家比较“左倾”的杂志把那封信全文登了出来。可是给艾森豪威尔总统和联合国秘书长的信，好像都没有反馈的信息，总之我是没听说过。信件受到检查倒不一定，因为都不是在一个城市里发的。有在纽约市发的，也有在波士顿发的。后来，《生活》杂志的两个人跑到我工作的地方找我，还在我的实验室里照了些相，预备登在杂志上，但是后来也没有登出来。

第一次拒绝我回国，是在1954年的夏天，拒绝的理由就是根据某条法律，你被认为是敌对国家的人，因此不能回去。写得很明确，根据美国的哪条法律，第几条第几款，他们把当时的新中国看成敌对国家了。就是根据这个，所以不准你回去。

我1952年博士毕业。那时像钱学森等人，已经被软禁了，美国已经开始不让学理工的中国留学生回来了。我知道自己这时想离开都不能离开了，因而就开始找工作了。先是到美国中部的一所大学教了一年书，那是个临时性的工作。到了1953年夏天，还是不能回国，我就到纽约一家药厂工作。那就不是临时的，是正常的工作。后来中美关系缓和了，1953年朝鲜停战了，协定也签了，大家又想起来活动了，现在再提出回国应该不受限制了，所以1954年就开始申请要回来什么的。

我在纽约的药厂工作，一个月500美金，算是比较高的。美国一般是根据你的学历、学位，定一个标准，在这个学位上你不能低于多少收入。你要是低于这个收入标准的话，还可以控告厂方。一般像博士毕业，能达到500美元左右。我还是单身，一个月大概扣我100美元的所得税，真正拿到手的也就400美元左右。反正一个人，吃饭一个月大概几十块钱就够了。

因为我是独生子，家里人写信说希望我回来。美国政府对我们这些要求回国的留学生也没有什么过激行为，就是要求三个月报到一次。其他的也没有什么。临回来的时候，在码头上，还有人向我了解，是不是有人强迫我、威胁我非回去不可，是不是自愿回中国的，等等。后来嘛，大概在我们即将回来时，美国当局就开始采用怀柔政策了，诱惑你可以申请绿卡，也可以留下来申请入美国国籍。

头一批放的三个人，一个梁晓天，一个宋振玉——他也在我们所（中国医学科学院药物研究所），现在也退休了。还有一个叫范新弼，现在在中科院工作。他们是头一批，三个人，以后每一班船都有一些留学生给放了回来。我是到了1955年7月才回来的。6月份移民局就来信了，不仅说同意你走，还给了个期限，说你必须在一个月之内离开美国。

1955 年，周同惠（中）回国途中在船上参加救生演习

据说我们是周总理用美国俘虏换回来的

最早给周总理写信的时候，是在日内瓦会议召开时。那时有一个人叫梅祖彦，他是偷偷从美国溜出去的，是趁着星期天从纽约机场走的，

去欧洲。大概那天特别松，移民局的人好像也没太注意，结果他就跑到日内瓦去了。他办的是去瑞士的签证，结果没有人仔细查他。后来他带着我们签名的信，交给中国代表团了。

当时中国跟美国开始谈判，在日内瓦，王炳南代表中国跟美国开始谈。日内瓦会议后，又到了华沙，在华沙接着谈。我们从美国走的时候当然不知道这些内幕，回来以后，才听说我们当时是被交换回来的。中国释放美国的战俘，而美国放了中国的留学生。我记得在1956年曾让我们填表，问我们现在留在美国的留学生还有谁想回来，让我们写那些同学的名字，看看是否能够争取他们也回来。

1983 年，周同惠在上海全国色谱学会报告会上

梅祖彦是做过清华大学校长的梅贻琦的儿子，也是留美科学工作者协会的会员。他的背景，当时想回去的人都知道。他要上日内瓦去，就让他把那封信带上。有位叫黄葆同的，现在在长春，他被美国当局关起来过，他是协会的负责人之一，被关过几个月，就是因为要回国。在朝鲜战争开始以后，好像在1950年，我们这个协会就宣布解散了。当然私底下大家的串联还是有的，有点消息就互相转告一下。

筹建中国的兴奋剂检测中心

都说我是中国兴奋剂检测专业的创始人，那是大家对我的好意吧。只能说我接触这一领域早一些，大概是在1985年。当时决定亚运会将于1990年在中国举行。举办国要负责运动员的兴奋剂检测，中国那会儿还没有这方面的机构，也没有这方面的工作经验和相关设施。后来这一工作是由国家体委承接的，他们以前也没有接受过兴奋剂检测任务。兴奋剂检测属于分析化学和药物分析方面的工作。1985年，他们到中国医学科学院药物研究所找我，希望我们能够参加这个工作。同时他们也分别找了其他一些单位，后来由于一些原因，中间有一段时间就没有再找我了。

到了1986年又回过头来找我，希望我们能参加这方面的工作，并建立起咱们中国自己的兴奋剂检测机构。我们是在1986年9月签的协议，是用国家体委运动医学研究所、中国医学科学院药物研究所的名义签的。协议大致的意思就是说，我们帮助建立起兴奋剂检测中心，并把兴奋剂的检测方法建立起来，同时还要帮助培养国家体委的科技人员，希望他们能跟我们一道研究并掌握这些方法。

当时就是签了这么一个协议。那时我们还没有市场经济的概念，我们就把它当作一般工作和国家需要的任务，同时也作为科研项目来完成。一直到1989年通过了国际奥委会的考试，拿到资格认证，才正式成立了我国第一个兴奋剂检测中心。等到亚运会完了以后，我们就停止这项工作了，把这个工作交给了国家体委运动医学研究所，现在咱们中国的兴奋剂检测中心就是在那里办公，我们跟他们已没有什么联系了。

运动会禁用的药物是在不断变化的，种类也在逐渐增加。检测时一般是根据运动员吃药的情况，因为国际奥委会定出了禁用药，运动员就想办法再找一些类似的其他药来吃。这样一来，检测的难度就比较大了。我们是1986年9月签的协议，国际奥委会要求1990年举行运动会前要完成所有的检测方法，同时还要在1989年通过国际奥委会的考试，取得资格，所以只有两年多的时间。时间很紧，任务比较重，因为当时有一百多种药物需要检测，而我们都要拿到这些药的标准品，然后进行实验，同时还要收集真正吃这些药物以后的尿。因为检测都是用尿样，还要吃各种相关的药作为对照，然后建立方法。

总的说来，兴奋剂检测属于药物分析。当时并没有现成的方法，也没有统一规定的标准，一切都要我们自己去寻找、去摸索。国际奥委会新增加了两类新药物，当时国际上这方面的报道比较少。在我们建立兴奋剂检测中心前大概只有六七十种是禁用的，接过来做工作后，才知道现在禁用的药达到一百零几种，所以有三十几种禁用药的参考资料比较少。还要定仪器。国际奥委会没有什么要求，它也不管你用什么方法，就是到时候考你，给你一些未知的尿样，这些未知的尿样里边可能含有也可能不含有违禁药物，然后每次考10个未知尿样，在正式考试以前一共要考三次，叫预考。头一次先给你10个，要在24小时内得出结果，你做完了，看结果对不对，合格不合格，第一次及格了呢，然后再考第二次，第二次及格了呢，还有第三次。最后再有一个正式考试，正式考试也是10个尿样。就是要在几个月之内要考四次，做这40个尿样，得要全对，国际奥委会才同意你能够取得资格。

第一次他们是派人来看我们的试验室，看我们建立的方法，看看人员的情况，先整体了解一下，同时也带来了考试用的样品，10个未知的尿样。我们做完了以后，把结果告诉他们。第二次、第三次的样品，都是他们派人送来的。等到最后的正式考试，他们又派了一个负责人带着尿样到了北京，然后再来到实验室，把尿样交给我们。当着那位负责人的面，按照国际奥委会的要求，我们必须在24小时内，将违禁药的样品检测结果报出来。他在24小时内，一直在实验室里看着我们怎么做，正式考试时也是这样。之所以要这样做，就是如果你发现比赛时有人吃了药，就可以采取行动，进行处罚，或者取消参赛者的资格，由运动会的组委会讨论决定。

当时我们就按各方面的要求，针对这些尿样，分成几个工作组。如把有刺激性作用药物的尿样作为一类进行检测，即所谓刺激剂，就是真正的兴奋剂，其他类还有麻醉镇痛剂、利尿剂、类固醇激素等。我们按照药物的类别分了四个组。这些违禁药物的样品，事先都要找齐全，这个也是通过一些关系，从加拿大、民主德国，还有其他一些途径找到这些药品，然后我们再拿这些药品做实验。做起来是每个组负责各自组的药品，有多有少，比如说麻醉剂大概20种，刺激剂有40种左右。有的药多一些，有的少一些，每个小组都要负责检查样品中含不含这些药物。

做起来要分两步走，尿样来了以后，要先初筛一下，我们用的方法叫作色谱法，有时也跟质谱法同时用。色谱法主要是把一个混合物分成单个成分，比如刺激剂有40多种，要找到适当的条件把这些药物分离，然后根据它在谱图中出现的位置，即根据它的“保留时间”来初步判断有没有某一种药物，这个过程叫作筛选，就是初筛了。初筛可疑了，就说可能会含有这种药物。另外还要做一个确证的步骤，用质谱法来确证，等于画出药物的指纹来。发现有的话，我们就要把报告提交给运动会医学委员会，这就能作为我们查出来的证明，然后运动会医学委员会根据报告讨论后，再采取措施。当然还要找运动员本人，找他所在代表队队长、队医，都要找到一块儿，把这些图拿出来给他们看，这就表示，我们有这个证据，证明这个运动员吃了药。

我们那个时候搞这项工作，最多的时候有30个人左右。我们所里自己有20多人，体委那边也找了一些学化学的、学药的人员一同参加。基本上都是年轻人，平均年龄也不过30多岁。方法呢，就是这样摸索着建立，然后逐渐地就把这些方法都掌握了，等到亚运会正式开完了以后，工作就结束了，我们就撤回来了。

亚运会期间，国际奥委会负责兴奋剂检测的官员也到了北京，在实验室看我们做这些检测。他们又想考我们一下，带来几份他们已知的尿样，掺在收集到的运动员的尿样里，一起交给我们做检测。怎样提取这些运动员的尿样呢？是这样的，比赛完了以后，根据运动员的成绩，从第一、第二、第三名里面抽样，也就是成绩比较高的，一定要抽样。成绩不太好的，也要选一两个或两三个。这些运动员比赛完了以后，就有人跟着他们、陪着他们，一直到取得他的小便样品。一般来讲，按照常规，第一名是一定要取尿样的，第二、三名也有可能。事先有个计划，比如说100米短跑比赛要做几个样品，举重要做几个样品，事先都有个计划。有时比赛项目不同，运动员服兴奋剂的概率也不一样。这个抽查计

1990 年，周同惠在办公室，时任兴奋剂检测员

划是由医学委员会提出来的，而取样则专门由一个组的人员办理，就像刚才我说的有专人陪着运动员。

他们取了尿样以后，就送到我们的分析检测组。尿样就跟考卷一样，全是密封的，不写姓名，只有编号。这个底牌也是由他们医学委员会那边掌握。所以样品送到实验室来，做分析的人不知道尿是什么人的，是非常严密的。取尿，一般是100毫升左右，分成两部分，一个叫A组，一个叫B组。A组尿送到实验室，当时就取样进行分析了。B组要密封锁起来，供以后如果发现A组样里边含有兴奋剂，确认是可疑的，就再把B组样拿出来，重新分析验证。这个再分析呢，也要通知运动员本人和他所在的队，他们可以来看具体的整个分析操作过程。

这样你根本不知道手里检测的尿样是谁的，所以亚运会开始的时候，他们带来几个尿样，就掺在里边，目的就是要再考验一下我们做得对不对，合不合格。结果一看我们全都检测对了，当场就表示我们还是可信的，因而对我们的工作是比较满意的。当时做了大约有600个尿样吧。一般运动会是两个星期，分析600个样品的话，平均每天40个左右，不过有时多一点，也许五六十个，少一点也有二三十个。

当时全世界有个不成文的规定，这样规模的运动会的兴奋剂检测用的都是惠普公司的仪器，因为它这个仪器比较好用，不那么容易坏。因为这个工作做起来要不停地进行，比较紧张。另外一个呢，平常我们做实验时，有两三台仪器就够了。可开运动会时，样品多了，一天有好几十个样品，需要的仪器也就多了。需要的仪器多，惠普公司可以免费提供一部分仪器，等于借给你几台，等开运动会的时候，他们也派一些维修工程师跟大家一起在实验室。如果仪器出了问题，或运转不太好的话，他们当时就能修理。

关于检测人员呢，开亚运会的时候，当时二三十个人不太够，又

1990 年，接受国家体委主任伍绍祖颁发国际奥委会的兴奋剂实验室合格证书

抽调了一些其他同志。比如我们所的分析室不做这个工作的人，也去帮忙。整个工作，连轴转，三班倒。当时的仪器也没出什么问题，还是比较顺利的。在我国主办的这届亚运会上，也发现了服用兴奋剂的，发现三个阳性尿样。我们每天都有一个报告送到医学委员会，报告内容就是今天分析了多少尿样，有没有发现阳性尿。最后因为发现的阳性尿都不是在前几名，所以只通知了他们自己的国家，并没有公布。

在整个亚运会准备工作期间，我们这个兴奋剂检测组是首先完成任务的。所以开会嘉奖了我们，在报纸上也做了些宣传报道。

访谈人：周勍

访谈时间：2001年7—10月

朱晓东（1932—　）

1932年9月21日出生于河南南阳。心血管外科专家。1956年毕业于哈尔滨医科大学。1965年毕业于中国医学科学院，获硕士学位。中国医学科学院主任医师，曾任阜外心血管病医院院长、心血管病研究所所长。1996年当选中国工程院院士。

主要科技成就与贡献包括：五十余年心脏病外科临床实践，全面开展各类心脏与大血管手术并参与建设全国心脏外科技术协作网；早期从事心导管检查与血流动力学研究；从事人工心脏瓣膜与心室辅助装置的研究。代表性成果为生物心脏瓣膜的研制与推广应用，并获得国家发明奖。2004年与2005年任世界心胸外科医师协会第14届与15届国际会议主席。

朱晓东院士

经受磨练、把握机遇、坚定信念

家庭、部队、协和医院对我影响至深的教育，奠定了我做人和做医生的基本准则

我们家是书香门第，我父亲由一位亲戚赞助考入武汉大学化学系。毕业以后就在开封教中学，他对学生管得很严，对我更看得紧。我父亲主张科学救国，新中国成立后是开封市无党派政协代表。记得我刚刚10岁时，正值抗日战争时期，我家生活困难。有一次父亲看我贪玩不用功，就锁上房门拿木板子抽我。他自己一边打一边哭，当时的情景令我永生难忘。

1950年我参军的时候，我父亲作为校长不能不让我去，但我母亲

朱晓东军装照

坚决不同意，而我姥爷却鼓励我参军。我姥爷是个很开明的人，据说他还跟孙中山的同盟会有关系。我姨妈是老八路，很早就到延安参加革命了。她也鼓励我好好读书，到部队锻炼。

我参军后在部队学医，学习、生活全部按照军事条例管理，很严格也很深入。战友们天天生活在一起，学习有互助组，思想有谈心会。我们每月有8元零用钱，生活无忧无虑。那时我们都是十七八岁的孩子，没有什么私心，就像兄弟姐妹一样。对老师、领导布置的任务就是服从和坚决执行。部队的教育锻炼使我们养成了遵守纪律、顾全大局和关心他人的品质。这对我们的一生有很深的影响。对毕业分配也没有任何怨言。40多年过去了，现在战友、老师相见还是亲得不得了。

从培养良好医风、学风的角度来看，我在协和医院受益最大。我们在校最后一年是到医院做临床实习工作，我有幸被分配到协和医院做实习医生。那是我首次以医生的身份为病人服务，感到很新鲜也很紧张。老教授们都以身作则，常给我们讲协和的好学风、好医风。当时著名妇产科权威林巧稚教授带我们查房时，就教育我们首先要学会如何体贴病人，然后再学习医疗技能，但我没有想到实习医生如此辛苦。比如，每收一例新病人，实习医生要亲自为病人做常规化验，对病人的询问、检查要一丝不苟，还必须当天完成正规病历的填写，而且要在第二天早晨查房之前背下来。所以实习医生每天都要工作到次日凌晨，再加上整天见不到太阳，有些医生脸色苍白，得了“协和脸”的称号。起初我们也向领导诉苦，领导的回答很明确：只有这样才能加深我们与患者的感情，才能使我们充分掌握病人的病情，由此成长为一名合格的医生。这点累对我们的成长有好处。毕业后我被分配到解放军胸科医院任住院医生，这所医院也是按照协和模式管理，首先强调的是良好的医德和严

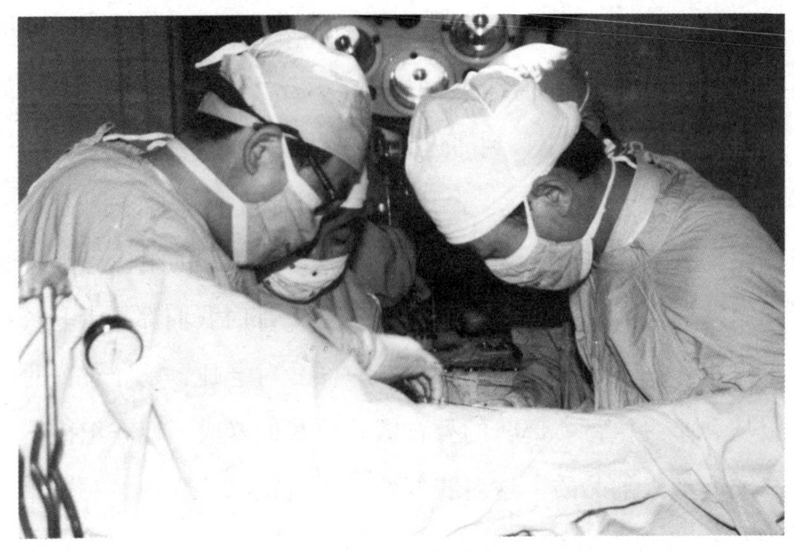

朱晓东（左一）为病人做手术

谨的学风。

可以说，家庭、部队、协和医院对我影响至深的教育，奠定了我做人和做医生的基本准则。

接受抗日战争、解放战争、“文化大革命”三个时期的洗礼

抗日战争期间，我家搬到河南西部山区。我就在一个庙里上小学，旁边有水坑、粪坑，有小孩掉下去就淹死了。我有一个弟弟因出麻疹死了。我也得了场大病，但还算命大没有死。许多人逃荒要饭。民族的屈辱和仇恨给我幼小的心灵留下了深深的烙印。父亲教我唱《义勇军进行曲》，要让中华民族扬眉吐气的梦想也开始在我心中萌芽。

解放战争时期，我正上初中，也懂些事了。1948年解放开封时，巷战打得非常激烈。当时我上初三，与同学们就躲在学校宿舍的床底下。我们亲眼看到解放军在枪林弹雨中拼杀，舍己抢救倒在血泊中的战友，处处坚持三大纪律，随时宣传共产党的政策，我们佩服得五体投地。开封解放后不久，就出现了夜不闭户的良好社会秩序。我们这个年龄段的小青年个个热血沸腾，后来也积极报名参加抗美援朝。我们对新中国的发展充满信心。因此在20世纪60年代的经济困难时期，我们仍然坚持上班为病人治疗、做手术，下班排队买副食，晚上回家还要看书学习。那时虽然人瘦体弱，但并无怨言。

“文化大革命”是个特殊时期，几乎人人都受到了冲击。我也接受了一次深刻的洗礼，提高了分辨是非和真假的能力。那时候我们医院也分成两派，所幸没有武斗，但是医疗秩序近于混乱。医生被派去当护士，护理员可以当麻醉师。我当时白天当医生兼任配膳员，晚间上小夜班兼任护士。院长和我们科主任打扫卫生。医生送病人进手术室之前还要对他喊：下定决心，不怕牺牲，排除万难，争取胜利。医院图书馆关

1951 年，朱晓东（右一）与战友

门，许多有价值的病理标本被丢掉了。最初我们想不通，但后来逐步清醒过来：我们是医生，我们的天职永远不能变，我们的医疗技术永远不能丢。时间不会倒流，要认真做好临床，要抓紧时间学习。“文革”教会我独立思考问题，不能再浪费时间。《心脏外科手术图解》一书就是我在“文革”期间编写出来的。书中几百幅图是我对着书桌上的心脏标本和参考书一张张画出来的。这本书在1980年出版。

抗日战争、解放战争、“文化大革命”三个时期的洗礼使我对社会有了更深的了解，也更加坚定了自己的人生道路。

作一名合格的心脏外科医生是我毕生的理想和追求

我选择医生这个职业完全出于偶然。新中国成立时我是个17岁的中学生，因朝鲜战争而投笔从戎。当时干啥都愿意，报了空军，但没被录取，所以是命运把我安排到部队学医的。朝鲜停战后，我们成为部队第一批正规医学本科班学生。毕业时正赶上我国第一个五年计划实施的第一年（1953年）。我越学越觉得有意思，尤其是外科，好像与我特别有缘。在医科大学时，我就担任解剖课代表、外科课代表等职务，至今与当年的老师还常联系。当然，这主要是个人兴趣。我真正感到外科，尤其是心脏外科的意义并愿意毕生为之奋斗，则是毕业当上外科医生之后的事。心脏外科的范围很广，包括先天性心脏病、冠心病、大血管病等的外科治疗。经过几代人的努力，我国心脏外科取得了迅速发展，而在这个过程中我也得到了锻炼和提高。20世纪60年代初，心脏外科刚起步，手术条件差，风险大。病人手术前的思想压力非常大，往往私下

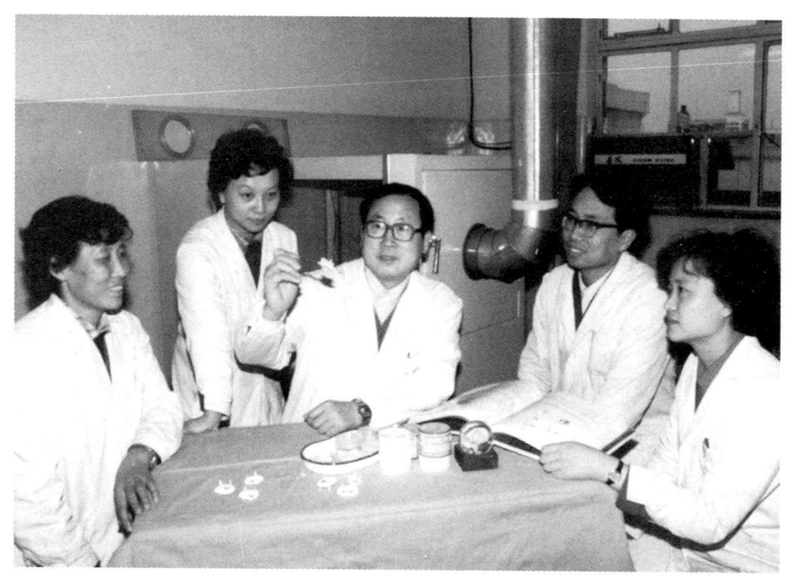

朱晓东（左三）与同事一起研制人工心脏瓣膜

都先痛苦地写好遗嘱。有些大手术从早晨做到天黑，结果却是一场空，老主任疲惫遗憾的神态和家属痛苦的抽泣给我的心带来了剧烈的震动。心脏外科医生最崇高的理想，不就是用手术刀让心脏病人重新获得健康幸福吗？当时我的想法就是勤学苦练，把临床工作做好。完成心脏手术后，我们经常整夜守在病房。最初没有呼吸机，我们只能昼夜用手捏皮球辅助病人呼吸。但是这不是办法，关键还是要提高技术水平，因此科研必须跟上去。记得1974年有一位心脏瓣膜严重病变的病人，天天盼着能够通过手术换一个人工心脏瓣膜。人工心脏瓣膜是当时国际上刚刚发展起来的新技术，我们也正在加紧实验研究。那位病人经常在实验室门口等待实验成功的消息，但却没能等到1976年我们成功研制出人工心脏瓣膜的那一天。

作为一名心脏外科医生，看到病人手术后恢复健康是我最高兴的事。不断提高心脏外科的学术水平和技术能力，把自己锻炼成一名具有良好医风、学风和较高医疗技能的合格的心脏外科医生，能够为病人解除痛苦，是我毕生追求的目标。

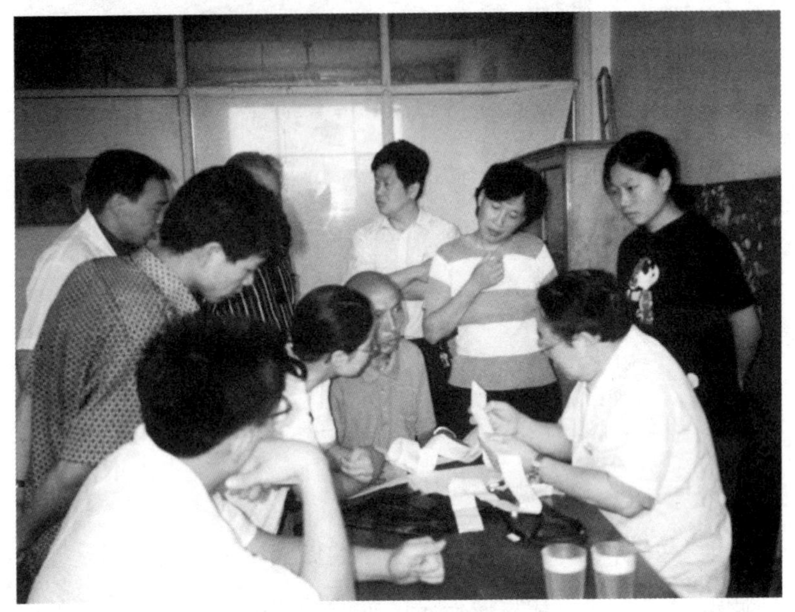

朱晓东（右二）为病人进行义诊

生活经历的强烈反差坚定了我为国争光的信念

从医生涯中，我曾到过最荒僻的山区、牧区，那些地方缺医少药。冬天大雪封山，阑尾炎也可能夺去病人的生命；原始的接生习俗不知损害了多少母亲和新生儿的健康。我也曾去过繁华的都市，既现代化又奢侈浪费的医疗机构。这种生活经历的强烈反差经常提醒我，作为医生该怎么办，自己如何能为心脏外科的发展尽一点微薄之力，从而尽快缩小甚至消除这些巨大差距。

1968年初，我参加了中国医学科学院组织的防疫与医疗小分队，到青海高原的牧区开展鼠疫防治工作。鼠疫是一种烈性致死性传染病。我们每天骑着马奔波在海拔3200—4000米的高原上，一面给牧民们打防疫针、看病做手术，一面还要消灭传播病菌的动物——旱獭。高原缺氧，走路快了就喘。在卫生所做饭要自己挑水，烧的是干牛粪，由于气压低馒头都蒸不熟。巡诊就住帐篷，过游牧生活，吃糌粑和酥油，喝奶茶。我们如果春天去，就要吃隔年带一股霉味的风干羊肉，虽然当时饿得不行了，但还是有些吃不下去。住在四面漏风的帐篷里，躺在帐篷内的草地上，可以看见外头的雪地和大狼狗。那时候我们也为藏民做手术，不分科，从拔牙到剖腹产，从换药到肝包囊虫摘除手术等都做，而且就在我们用床板、凳子、手电和火炉拼凑的“手术间”进行。当时还有个小

朱晓东（右三）与医疗小分队成员在青海省黑马河乡卫生院门口合影

卫生员兼藏语翻译和我们一起工作。我们就这样巡诊了近一年，亲身感受到了边区和基层是多么需要医疗保健服务。我曾把这段经历画成了一本速写，而这本速写也成了我孩子的启蒙小人书。三十多年后，我还回过曾经巡诊的地方，感到十分亲切。

1975年因为一个偶然的学术交流机会，我被派往英国进修一年，主攻先天性心脏病和心脏瓣膜病。英国对我是一个完全陌生的环境。虽然

1976 年，朱晓东在英国

英国人都很友好，英国的医疗技术也很先进，但我仍然非常不习惯，而且当时压力也很大。于是，我将全部精力投入到业务学习和英语练习之中，没有多少休闲时间。那里的电影院、剧院，我从来没去过。我的老师就是发明人工心包瓣膜的医生，他希望我留在那里，但我还是一心一意想早些回国。回国后，我就立即开始研究心脏瓣膜了。1976年，我研制出第一代牛心包心脏瓣膜，并在临床使用成功后，多次举办学习班，在全国推广。随后，作为国家“六五”“七五”“八五”攻关课题的新型生物瓣和机械瓣也研制成功。目前，我主要参与左心辅助装置与人工心脏的研究。

1981年我到澳大利亚进修冠心病治疗，那里的医疗技术比较先进。当时我就希望，有一天能够在技术等各方面和他们平起平坐。我每天忙忙碌碌，确实开阔了眼界，学到不少东西。老师对我非常好，也希望我多干一段时间。但我在国外总有寄人篱下之感，仍然按时回国并积极投入到冠心病手术的发展与推广工作之中。

因为我都亲身体验过了，所以任何地方无论多么发达富有或多么落后贫穷，我都不会再感到惊奇了。现在的我更加现实，只想着如何踏踏实实地工作以提高我们的医疗水平。为了推动我国心脏外科的发展，自20世纪80年代起我就积极参与心脏外科全国协作网的建设。我在20世纪90年代出任中华医学会胸心血管外科学分会主任委员后，一直致力于推动我国心胸外科技术的推广与协作。我还特别关注我国的西部开发。1991年我带了一个医疗小组去西藏，帮助拉萨市人民医院开展高原心脏直视手术。当时医疗组同志虽然还不适应缺氧环境，但仍然一丝不苟、按部就班地工作，成功完成了我国首例3600米高原心脏直视手术，为西部地区发展出了一些力。

朱晓东在西藏拉萨布达拉宫前留影

我对年轻一代寄予厚望

半个世纪以来，中国心脏外科的发展很快。20世纪50年代时我国心脏外科的水平与国外的差距很小，只是“文革”期间发展相对停滞了，但20世纪80年代以后又开始迅速发展。特别是20世纪90年代随着我国改革开放的不断深入，经过几代人的努力，心脏外科各领域，包括冠心病、风心病、先心病及大血管病的外科治疗均得到了迅速发展，其中一些领域已位于国际先进行列。

我很清楚，学术发展是无限的，但个人能力是有限的。现在我国已经涌现出一大批优秀的中青年专家，他们具有比老一辈更优越的学习、工作和创新条件。他们正在科学前沿拼搏，有些人已经做出了卓越贡

朱晓东在讲课

献。现在与我们专业相关的信息量非常之大，我现在虽然努力去把握学科发展前沿的脉搏，但也清楚地认识到世界是年轻一代的。我只希望自己的从医经验和成长经历，能为他们提供一些参考。

访谈人：舒阳

访谈时间：2001年6—8月

下篇

中国医学界院士访谈实录

巴德年（1938— ）

1938年10月27日出生。吉林四平人。免疫学专家。1967年从北京医科大学研究生毕业，1982年于日本北海道大学获博士学位。曾任中国医学科学院院长、中国协和医科大学校长，教授。兼任中华医学会副会长、《中华医学杂志》总编、中国免疫学会名誉理事长、中国生物医学工程学会名誉理事长。1994年当选中国工程院院士。

巴德年长期致力于肿瘤免疫研究。首次发现抗胸腺自家抗体，从而揭示了高血压大鼠免疫功能低下原因；用胸腺移植等免疫重建方法，在国际上首次提出了免疫与高血压相关的证据；结合我国实际情况，开展癌转移机理及防治途径的研究，率先在国内建立5种高转移动物模型和稳定的高转移性细胞株。同时，在内源性白介素-2诱导、同种LAK细胞应用、LAK细胞杀伤原理以及LAK细胞的临床治疗等方面取得一系列成果。

巴德年还先后获省部级科技进步奖4项，国家科技进步奖1项。

巴德年院士

科学家要讲真话

我们国家更缺战略科学家

问：巴院士，请您回顾一下中国在肿瘤免疫学研究方面的发展和现状，同时再与世界发达国家在这一领域的研究成果做一比较，希望通过这次对您的访谈，能对目前尚处于学习阶段的广大青少年产生影响，并能对他们起到一定的教育作用。

答：从我本人来讲呢，我在肿瘤免疫方面做了一点工作，主要是建立了五种恶性肿瘤转移模型，从中分离出具有高转移性的癌细胞，并用LAK细胞成功地抑制了癌的转移形成，这点在临床治疗上还是有些意义的。同时我也在国际上发表了相关论文，得了国家科技进步奖。但在我看来，工作很一般，也没什么了不起的。我觉得无论是作为一个科学家，还是一个普通人，每个人的工作可能都是点滴的，也许汇集起来会对人类有所贡献。就我本人来讲，我觉得我的工作平平。

我很早就参与了管理工作，1983年就做了大学的副校长，以后又做了校长，我在高等学校和科研机构做领导工作的时间长达18年。因此我认为在其位谋其政，做校长的主要任务就是当好校长，做院长的主要任务是当好院长。当然，搞自己的业务也不是不务正业，但是那不是我的第一岗位，所以这些年做领导工作，我的业务肯定是要受些影响的，不过我从来没感到后悔。

当年的管理工作使我对本专业的深入研究肯定是有所影响，但是这也使我对中国医学和世界医学发展的前景有了整体的宏观了解与把握，而对这方面的把握要比我在科研岗位上的要多得多，所以我回想我的整个工作，倒有一种感想：我们国家缺科学家，缺大科学家，更缺战略科学家。

我认为我当了18年的大学校长，又当了9年的中国医学科学院院长，这个经历本身就是一种尝试，一种知识和经验的积累，并且在一定程度上，对一个个体化的人来讲，是一个科学家难得的机会。我最近写了一些东西，比方说对20世纪医学教育的看法，对整个医学未来发展的展望，以及对我国医学科学所面临的问题的思考，等等。而在这一领域里，有好多人对我的观点是比较感兴趣的，但这些早已经不是我专业研究的那个科研领域了。而我对上述问题的一些观点，包括国家领导人和老百姓都比较关注。

另外，我写的相关文章也已经收进了中学的课本。我曾经亲自去给中学生讲课，去给大学生讲课。除了我们学校以外，附近有个中学也请我去讲课，因为他们所学的课本上收有我写的文章。我接到了好多封来信，其中不少是中学生给我写的，为什么呢，他们读到我的那篇文章以后，就来信问我一些问题。我觉得无论是搞科学普及还是从事提高全民科学素质的工作，是每一个科学工作者应尽的责任，所以我对我走过的路无怨无悔。我最后一次以校长的身份参加协和医科大学毕业典礼，当时我说，对我这一辈子来讲，做大学教授、做大学校长，我不仅无悔无恨，如果人生当真还有来世的话，我还愿意做大学校长、愿意做大学教授。讲到这里，所有的学生都热烈地鼓掌，并且有不少学生当时就掉了眼泪。

问：您认为您身上最突出的特点是什么？

答：我觉得我人生所走过的路，都不是我所选择的，而是被大家推上来的。所以我觉得我是我们这代人当中的幸运儿，但是我也是比较努力的。总结我自己：第一我不笨；第二我不懒；第三我不贪。由这三点构筑了我这些年所走过的路，所以人生并不是说你怎么聪明，你怎么能干，就能怎么怎么样了。

我常常对自己说的心里话是：智力上我不算很高，但我也不很差。关键是，人遇事要有主心骨，人品要正。比方在“文化大革命”当中，我一张大字报也没有写。在那段时间，我偷偷地读专业方面的书，还用外文版《毛泽东选集》作掩护学英语。到1978年，在当时大多数人都没有读书的情况下，我通过考试出国留学去了，这些东西并不是我就比别人聪明，而是当这个机遇来的时候，我已有了相应的积累。

1978年，十一届三中全会召开前，邓小平决定派三千人出国，我就是这批出的国。而我们这批人当时也最听党的话，留学期满后，一天也没延期，都按时回国了。等回国以后呢，又是邓小平讲话：要大力提拔年轻干部。结果呢，那会儿我回国才四十多岁，一提拔年轻干部，一搞民意测验，老百姓一选，我就当上了副校长。那时我是在哈尔滨医科大学任的职，在黑龙江省当的劳动模范、优秀党员，以后又做协和医科大学校长、中国医学科学院院长，我就是这么一步步地走过来的。

所以我觉得不是我有什么了不起，而是时代造就了我，是邓小平的这些理论和政策把我就这么一步步地提拔上来了。比如说我来中国医学科学院，刚好是医科院物色院长人选，找那个当院长不成，换这个也不行，可当时找到的院长人选都比我优秀，但是都没成。人有时候不是说你比谁优秀就一定能成功，而是所谓的可接受性非常重要。后来又提到巴德年，卫生部党组通过了，中组部考核也通过了，国务院下了任命令，我就到医科院来当院长。我想我的这个成长过程说明：人只要能把握住自己，能较全面地发展，谁也打不倒你。最能打倒你的，只有你自己。

为什么这样说呢，有以下几点：第一，比方说，平时你不注意身体，到你发挥作用的时候你病了，那不就倒了吗？第二，你不能自律，你贪财、贪色，别人不用怎么用力就把你打倒了。所以人就是这样，要想真正做点事情，能够成就点事业，就得有点苦行僧的精神啊。我并不想象有的人说的那样，知识分子就得人人做苦行僧，但是不严格自律，无论如何是不行的。不管做什么工作，都必须要做到这一点，不然的话，你想成就一番事业，或者想有一个幸福的家庭和健康的身体，都是不可能的，这就是我自己的体会吧。

问：我觉得东方的知识分子和西方的知识分子相比，特别是科技知识分子，在人文关怀方面差距很大。我比较推崇像爱因斯坦那种类型的科学家，因为爱因斯坦既是一个大科学家，同时他对人类的发展，对人类文明的进程都非常关注。直率地讲，中国缺少这种大师级的人物，您以为呢？

答：你这个观点我不能完全赞同，因为人类社会需要各种各样的人才，比方说需要战略科学家，我刚才也说到我们国家缺这样的人才，但是社会的结构是由各式各样的人才构成的，千万不能都一样，要都是那种大科学家，都是领袖式的人物，也不见得行呢。比方说陈景润的生活能力、知识面等比较差、比较窄，但是像陈景润这样的科学家也是非常需要的。所以这个社会就是这样的，人才结构只要在比例分配上合理就行了，像你刚才所说的这样的大科学家，还不宜多。要有，但太多了也不行，应该是个什么样子呢？要有专门从事科研，就是一心一意从事这个专业，别的他不知道也没关系，但是必须有一部分科学家，他在本专业上有一定的水平，而且他还要对整个科学领域有所把握，甚至对社会、对人类，乃至对宇宙的发展都要有所思考和建树，这样的人才是最伟大的。但是这样的人不可多得，也不能多得。

问：您觉得中国形成目前这种人才结构状况，是不是跟中国的教育体制有关系？

答：不是，中国不是没有这样的科学家，而是相对少一点。可世界各国这样的人也都很少，全世界能出几个这样的人？

所以在这样的情况下，你得承认，因为我们整个中国的科学或者民族的发展程度到21世纪的30年代才能达到中等水平。经济是基础，你不要一考虑问题就讲中国曾经有过古代文明，我们现在就一定能在文明、在民主上怎么怎么着，这是不现实的。江泽民同志提出来的跨越式发展，跨越是加快速度的意思，而不是说我们可以凭空干成一件什么事情，我们必须要有这样一个过程，只不过我们现在要加快这个过程，这就是我理解的跨越，而不是像当年毛泽东搞的“大跃进”，搞什么“共产主义是天堂、人民公社是桥梁”等，“叭”地一下子就跳过去进入“天堂”了，那是乌托邦。

从这个意义上讲，我倒希望中国加快发展，这样科学家才能真正对社会、对人类有所贡献。我们国家有些人，比如郭沫若在考古、文学等方面，都有了不起的贡献，但是他在别的方面也有很多不足甚至缺陷。再比如说，像周光召这样的科学家，他在本学科的领域以外，在其他的学科，知识也是很丰富的。我有一次跟周光召谈话，他对其他知识，包括生命科学知识，知道的都挺多。在我们国家，像爱因斯坦、波尔这样的国际大师恐怕还是少，但我相信，随着中国经济的发展和科学技术的进步，中国出科学大师的年代，出诺贝尔奖获得者的时代，已经为期不远了。这是我的估计，所以我一直都在激励学生，我每次讲话都会讲：有才干、有能力的就是年轻人。30岁以前，实际上是各方面的积累；30

岁到45岁是创业；45岁以后，是在经验积累和一定成就的基础上进一步发挥，人都是这样。

该忍的时候就得忍，该挺的时候就得挺！

我现在还能干些什么呢？我给我自己定位：我既不可能有什么重大发明，也不可能有什么了不起的重大发展，但是，我可以协助年轻人，让年轻人少走弯路，让年轻人迅速成长，这恐怕是第一大作用。

当然，我还有一个作用，就是我戏称的“教育后代派”。因为我的身体条件比较好，我的体力、精力都比较好，还可以去传授科学知识，这是我以后要做的一个很重要的工作。我可以通过我已经走过的路，通过我所掌握的知识，去教学生，去教那些低年级学生甚至是中学生。我觉得我还可以干点事情，但指望有什么发明创造，我想论文肯定还是会不断发表的，但是没有多大劲了，说实在的，不会有多大劲，爱因斯坦的相对论是什么时候搞出来的？是在26岁，你想想。

当然，我作为大学校长，为什么感到无怨无悔呢？这些年我在两所大学做过校长，可以说是桃李遍布了。有一天，我在美国的明尼苏达州的一个城市的大街上走——那是美国的一个不大的城市，我走着走着，忽然间后面一个急刹车，我说怎么回事呀？回过头一辆车就开过来了：“巴院长，我是你的学生。”但我不认识他呀，可那个学生却认识我，所以我就感到那种心情呀……

还有一次我到纽约去，一个学生领着他的夫人来看我，这位学生也是协和医大毕业的，虽然我教过他，但我不认识他，我不可能认识那么多曾经教过的学生。他第一句话就对我说："巴院长，我就是你得阑尾炎那年的毕业生。"

当时，我就觉得一个人做好一件事情是很有价值的，尽管你当时做的时候并没有觉得有这么大的价值。当我从美国回来后，学生的这一句话一直让我觉得当初自己的做法是有价值的，这是怎么回事呢？

那一年，我头一天晚上做了阑尾炎手术，就在协和医院做的。第二天协和医大要开毕业典礼，负责毕业典礼的教务长当时宣布说，咱们校长昨天得急性阑尾炎刚做了手术，今天就不能参加毕业典礼了。确实也是这样的，依我的性格要不早就到了会场。我当时在病床上躺着，也没有西服，所以要去会场，我得先到办公室，那儿倒是早就预备了西服和领带。我就来到办公室，穿上西服，扎上领带，就去了毕业典礼的会场。

因为教务长当时已宣布巴院长因病不来了，可我在这个时候又突然出现了，我刚一进屋，全体学生都起立鼓掌，因为所有的毕业生一直都觉得巴院长得阑尾炎，做了手术不能来了。

但我在这次毕业典礼上讲话的时候，我还和以前一样站着。大家都说刚做完阑尾手术后直不起腰，事后我才发现，为什么直不起腰呢，弯腰不疼，直腰疼呀，但不是直不起来！就看你有没有那股劲儿，有什么直不起来的？就是要挺住疼呗，六尺汉子，挺不住这点疼？

我和平常一样挺胸讲话，大家听完以后，觉得我不像得了阑尾炎，底气还挺足啊。可等我从主席台上走下来的时候，连衬衫都湿透了。人就是这样，该忍的时候就得忍，该挺的时候就得挺！我认为作为大学校长，不参加学生的毕业典礼，那算什么呢？这是你给学生上最后一堂课的时候，你凭什么缺席？

我当时还没体会到这件事情会在学生中产生这样的一种效应。等我到纽约的时候，这个学生来看我，他说："巴院长，我就是你得阑尾

巴德年与博士毕业生合影

炎那年毕业的，我就记着你当时说的话，今天我把我媳妇领来了。”因为我在最后讲话的时候，我说了那么一句话，他就当着我的面重复了一遍，他说：“你告诉我们，协和医大的毕业生，不仅要在事业上是成功者，在生活上也要是强者，不仅要事业有成，而且家庭也要幸福。”

所以我觉得一个人做事情，当时你可能意识不到这些东西会有什么效果，但是只要你一丝不苟地认真去做，就会得到意想不到的效果。为什么我从校长位置下来以后，你们感到我精神状态一直很好，因为我是63岁退下来的，可我在60岁的时候就打报告要求交班，在那份报告上我说，人到60岁就应该退下来了，应该让年轻人来做事，至于你下来做什么，那是你的事。

我有时候跟有些朋友接触，他们当中有原来当校长、当厂长的，下来以后就觉着无所事事，觉着很失落。我就没有那种感觉，我觉得我下来以后，老百姓对我比以前还要热情，我现在一个月去不了几回办公室，但我的那热水瓶每天都有人给打水，也不管我来不来。我觉得老百姓对你是够拥护的了，你还要怎么着？你当校长期间，你给老百姓做了多少事？

我都不知道是谁每天在给我打开水，因为打开水的人肯定知道今天打的这壶水没动过，也就知道我没来办公室，但他明天还给我接着打，他虽然不知道我每天来不来，但我一来，这壶水肯定是热的。你看打水这个事，人走茶凉是正常的，如果人走茶不凉，那得浪费多少能源。人走了茶本来就该凉，本来就该撤，但是人走后留下的情谊、影响，乃至你给人们的那种印象，这东西恐怕你走了它也走不了，你做得好的地方或做了缺德的事，人们会记住的，所以历来就有这么一句话："恶有恶报，善有善报，不是不报，时候未到，时候一到，全部得报。"这话不是没有道理，但是人们往往都侥幸地以为自己做的坏事没人知道，实际上是时候不到，时候一到，一切都暴露了。

我把"留美预备学校"的帽子彻底扔进了历史的垃圾堆

问：在1992年高教工作会议上，何东昌公开批评"协和医大是留美预备学校"，而您在主持工作的9年中很快把"留美预备学校"的帽子摘掉了，同时您果断停掉了协和医大学生例行的为期一年的军训，确保了8年的学习时间。到2001年，95%的毕业生拿到了博士学位。科研经费、国家重点项目逐年增加，稳固了协和医大在科研上的龙头地位。

另外，您初来协和时，为了解决十年“文革”所遗留的人才断档问题，让老专家下，提拔年轻人，这在官场是比较忌讳的，直接会影响到您的“前程”和个人得失，可您仍果断地这样做了，请您谈谈当时的经过和处境。

答：我是1992年9月29日被国务院任命为中国医学科学院院长、中国协和医科大学校长的。1992年12月27日到职，1993年1月11日开始主持院校的全面工作。在第一次见面大会上，我就讲了我之所以敢来担当这一工作的三个理由：第一，现在的形势好。改革开放的形势，特别是十四大召开以后，整个形势给我们创造了一个大干、实干、快干的环境，这是最重要的一点。第二，我们医科院总体来说，学术水平、外语水平，整个的研究、教学、科研能力是强的，有一支强大的队伍。过去的经验告诉我，只要把大家发动起来，我们就会把事情干好。所以，我尽管水平不高，但是医科院总体水平高，只要大家能团结一致，我们的工作就有可能搞好。第三，全国只有一个医科院，八年制的医科大学也只有一所，卫生部一定会支持。这三点是我敢来接受这个任务的基础。我讲完以后，当时大家反响还不错。在1992年以前，协和医大八年制六个学年应毕业学生共180名，其中只有105名毕业，75名未完成八年学业就去了美国，被称为中间流失。而在这180名学生中，只有40名获得了博士学位，占22.2%。留国内工作的只有14名，占7%。因此，在当时的高教工作会议上，何东昌就公开批评说：“协和医大是留美预备学校。”

通过大家的共同努力，从1993年到2001年八年制的学年中，毕业360人，无一人中间流失，其中获得博士学位者324名，占90%，而其中244名毕业生留在国内工作，占67.8%，把“协和医大是留美预备学校”的帽子彻底扔进了历史的垃圾堆。

在1993年1月21日院校教学工作会议上，我决定停止为期一年的军训，确保八年制读满八年书。由于中国的大好形势和多方努力，到2001年协和医大八年制毕业生，95%的学生拿到了博士学位，圆了协和医大复校（1959年）以来，八年制学生读八年，拿博士学位这个“协和梦”（注：1959年复校时的新生到1966年“文革”爆发，没有一人读满八年。1979年恢复招生后，1987年、1988年毕业生都读了八年，但只有2名学生拿到了博士学位。1989年以后，协和医大实行为期一年的军训，八年制学生只读七年书，所以直至2001年这届毕业生才实实在在读了八年书）。这是我感到特别欣慰的。

同时，为国家输送的博士毕业生，也呈上升趋势。从20世纪90年代初的四五十名，到90年代末的200多名，2002年有望突破300名。

在本科生数量方面，协和医大远不及北医、上医，但博士生总数大大多于北医、上医，并且协和医大的博士学位获得者，占全国医药卫生战线博士总数的1/6，实现了小学校、高层次，用提高办学层次的方式达到提高办学效益的目的。

回顾这九年，感到充实，感到欣慰。我一生所坚信的、所追求的，在这九年中都充分体现了。“历史是公正的”“群众是公平的”“发展是硬道理”“数字比文字更生动”，这些名言一直在激励着我，成为我的座右铭。民意测验时有97%的群众投票评价我清廉，80%多的党员选我为优秀党员。我知道，我还是我，我并不怎么好，但我敢夸口，我没有偷懒，也没有谋私。坎坷、艰难、发展、成功，本来是所有人，所有人生的一个必然轨迹。苦辣酸甜才是真正的人生体验。所以，当我回头看这九年的时候，好像在医科院、协和医大的历史上已经留下了清清楚楚的两串脚印。是跑了近道，还是走了冤枉路，后人自有评说，但这脚印是真实的，是我踩出来的。当院长当校长的时候是我，卸任了还是我，还是那个出自老百姓，又回到老百姓中的我，而且永远是那颗不变的心，牵挂着医科院，期盼着协和医大。

说老实话，我离开协和医大校长这个岗位以后，感到最欣慰的就是，解决了人才断档问题。在当时有两种意见，一种意见是继续启用老专家，该当主任还当主任，该当所长还当所长，让每人再多当三五年。还有一种意见，就是要千方百计提拔年轻人，来弥补人才的断档。

我认为，如果协和医大再沿用老先生，那么这个断档就会越来越大，只有年轻人上来了，这一问题才能尽快从根本上得到解决，因为后生可畏。

你设想一下，我来的时候，科室主任的平均年龄是64岁，我再按前一个方案最少用三年，到那时他们的平均年龄就是67岁，那时谁来接班？我在处理这个问题的过程中，肯定是得罪人了，但是我没有伤害任何一个人，因为不是我看不上哪一个人把你抹下来了。就连当时反对我最凶的人，后来我也批给他应当享受的200多平米房子，该照顾得照顾，但位置你得让出来，要不然年轻人怎么办？而我认为无论医科院也好，协和医大也好，甚至整个国家，不这么做就没有办法发展。

我一直记得父亲临终的一句话

“文革”使我国人才培养整个断档了十年，这是历史造成的，但是面对这样一个现实，谁来填补？唯一的办法就是大胆提拔年轻人。实施这个政策，我无悔无恨，因为我一直记得我父亲在临死的时候跟我说过这样的一句话：“能干大事干大事，不能干大事要安心干小事，免不了干错事，但千万别干坏事。”

我是想干大事的，但是干不成，那也没办法，比我有能耐的人干不成事的不是有的是吗？光你能耐呀？刘少奇怎么样？彭德怀怎么样？谁不想干点大事，他们比你巴德年能力大多了，但是干不了大事，也要安心做小事，能做成多少就努力去做多少，做一个人最可怕的是以个人的私欲来决定自己的行为，他虽然可能得到一时的荣光，甚至得到某些意想不到的利益，但是这样的人活得确实很累。

真正要为百姓做点实事的人，还是要按客观现实的需要去做，按人们的需求和你自己做人的准则去做，这样你永远都会感到轻松。成也好，败也好，人生不就这样吗？犯不上去苟且，犯不上去奉迎。所以在这点上我无愧，我活我自己，我最怕对不起谁呢？不是对不起别人，而是怕对不起自己的良心，因为你对不起别人，将来还可以赔礼道歉，可唯有对不起自己良心的时候，会终生地歉疚。

问：我觉得您在谈话中，体现了东北人性格中的那种倔强和执着，请您谈一下您的这种性格对您的科研以及您个人一生的影响。

答：我不愿意这么说，为什么呢？康熙应该算是东北人吧，乾隆也算是东北人的后代，但是慈禧太后也是，清朝最后软弱无能的同治呀、光绪呀，也都是满族人，满族不都是从东北来的吗？地区的差异是有的，一方水土养一方人，东北人高大、粗壮，江南人细腻，特别是上海人精细，这些可能有点儿区别，但是我认为，任何地方的人都可以成功，也可能失败，都有好人，也都有坏人。

问：从您的相关资料介绍中，我了解到您童年的求学经历非常感人。能不能谈一谈您的童年？

答：遇事我就喜欢当第一，这恐怕是我个性的一大特点，到现在为止也是这样的。我从小学开始就打头儿，中学也打头儿，到了大学也打头儿，到现在也一样。咱是学问不大，个头儿很高。我爱体育，我待过两个大学，我篮球打得都是最棒的。我离开一个单位，对这个单位别的没什么影响，但这个单位的篮球队立刻就会从甲级队降到乙级队。我在北医的时候，北医对钢铁学院还能抵挡一阵子，我一走马上就不行了，因为再打都是白打。假如说一场球赛下来，我们队能得100分，我自己投篮率可能就要占到少一半。

我的学习成绩也总是最好，后来我发现打头儿还是有用处的，就是你得事事、处处严格要求自己。比如说老师让向右看齐，就是要大家向你看齐，那么你就老得这么挺着，走路也得挺胸收腹，结果这一辈子我就没弯下过腰，也没驼背，但我实际上也是一辈子受苦，为什么呢？我走路时一个班都得随着我，我要走路走不好，老师总骂我，所以我在想啊，我从小学、中学就一直这样，走到了现在。

我于1938年出生在吉林四平道东七马路街一个普通的家庭。父亲赶车拉脚，母亲勤俭持家，勉强维持我们五兄妹的生计，我是家里最小的孩子。当时的四平紧挨着日伪统治中心“伪满洲国首都”长春，我从童年就感受到日本帝国主义铁蹄蹂躏下的屈辱。童年的经历使我从小就有了落后就要挨打的竞争意识和强烈的爱国情结。由于家境贫寒，生活拮据，加上战乱，直到四平解放后，我才入学读书，上小学时由于年龄偏大，我就要求直接插入二年级就读，小学毕业时全班只有两人考上了初中，我是其中之一，而且还是班级第一名。念初中时，为了交足学杂书费，我每学期都要打工挣钱。初中毕业时尽管成绩全优，为能尽早帮助养家糊口，我曾决定报考中等专业学校。

这绝对是我一辈子受用不尽的信条

我觉得我这辈子很重要的一条，就是没少遇到过贵人。最让我感动的就是初中毕业时，老师鼓励并资助我上高中、上大学。我爸爸是在他45岁时才有的我，所以我上中学时，父亲就60岁了，已丧失劳动能力了，而当时父亲又是个普通人员，家里对我的需求不是如何省钱的问题，而是把我看成是养家糊口的一把手，尽管我初中毕业的成绩是全优，但在这种情况下我就不敢奢望上高中了。当时我急于上中专，寻思着中专毕业后可以尽快地养家糊口，但我的班主任禹爱学老师当时对我说了一句话，到今天我还记得，我这辈子之所以能干出点事情，禹老师的这句话起了很重要的作用。禹老师当时对我说："巴德年，你一定要报考高中，因为你不属于你们家，你属于国家。"就是老师的这一句话，决定了我一生的发展。他还说："你不能上中专，你必须上大学，国家需要你这样的人才！"

禹老师是教我数学的，他为什么对我这样好呢？我在中学的时候，学数学还是挺灵的，老师刚把这个题写在黑板上，我的答案就差不多出来了。他头两次发现我这样，还以为我事先看过题了，后来他就专门找一些他估计我不可能看到的题，但是我一看就知道，X得多少，Y得多少，Z得多少。当时我一看确实感到很简单，这样的题还用算吗？

因此，所有的数学考试，我没得过99分，全是满分，老师特别欣赏我。临考高中前，他对我说："我帮你解决不了大问题，但我可以通过组织来帮你。"随后他就把当时的党支部书记兼教导主任聂桂兰老师找来跟我谈，原则只有一个，就是我一定得上高中。他们当时就说："你也不用考虑，学校保送你上高中。"四平当时就一所高中，我就说，我

巴德年（右一）上中学时与同学合影

没钱上学。他们就说：“我们已经跟组织说好了，给你助学金。”

所以我是用人民的助学金完成学业的！禹老师对我的另外一个影响是那句“你不属于你们家，你属于国家。”那时我才十几岁，老师留给我的印象是那么深刻，现在回过头来想想，如果当初没有遇到这个好老师，我可能就上中专了，估计现在我也可能会是什么技术革新能手，也可能是什么工人、工程师，也有可能当个车间主任，但是我当院士的可能性没有，当大学校长的可能性更没有！这是我第一次遇到贵人。

再说我遇到的第二个贵人。当时我们家很穷，上高中后，家境并未好转。父母年老多病，家里唯一的劳动力哥哥又突然病倒，家里当时太需要我了，这时我想退学提前参加工作。就在这关键时刻，邓文学老师给了我鼓舞和力量，使我决心克服困难读下去，但我为了尽快毕业摆脱困境，在学习上就不能 “按部就班”了。当时我白天上高一年级的课程，晚上和节假日自学高二、高三以及与高考有关的功课，自己演算“历年高考试题”。结果我用高一一年时间把高中全部课程自学完了。

当时我就在家学，一道题也没问过别人，学完以后我就去考，考上了哈尔滨医科大学。那时候政治审查把我的问题给审出来了：学历不够。因为那时候报考大学有两种学历是可以报考的，第一是高中的应届毕业生，第二是同等学力。我不是高中毕业生，也不具备同等学力。就算是社会青年吧，也得有三年的自学时间呀，而我就一年，并且我这一年还是高中的在校生。

我上大学的时候，正好赶上“反右”斗争，各项要求都极其严格，结果我又遇到了一个贵人，他就是当时的党支部书记。上了大学后人家审查我：巴德年，你只上过一年高一，凭什么能上大学？可再一看怎么入学考试的成绩又够了，并且我刚入学就被任命做一个班的班长。在审查的过程中我发现，这位党支部书记也是四平高中毕业的，但他不认得我。他当时对我的印象就是这个人仅上过高一就能考这么多分，虽然他不符合规定，但说不定这个人将来会是个有用之才，就留下来以观后效吧。

就这样，我的学籍保住了。后来“文化大革命”中有人整这个人，他就到我这儿来避难，当时他到了北京，不敢再回去，因为只要回去，当地的造反派就要整他。我说你就在这儿多待一段时间，没事儿。

那时候我在北京上研究生，反正单位也比较乱，他在我那儿待着倒很安全。我觉得做人就是这样，他当初要不保我，再让我以所谓的审查不合格退回去，他啥事儿也没有啊。当时我也在想，要是把我从大学给退回去了，我就到一个中学去教书，我可以教数学，也可以教物理，那样的话一个月也能挣三十几块钱，慢慢熬呗。我考上大学以前追求很小，当时就是这么想的。等我一上大学，想法就又变了，我又想当大学教授了，可我从来没想到过要当大学校长。我是在入大学不久就有当大学教授的想法的，后来果真一点一点地实现了这个愿望。而当大学校长也是一个突

1967 年，巴德年在北京医学院读研究生

然的机会，并不是说我要当，而是民意测验，老百姓一选就把我选上了。

另外，李立安也是我遇上的一个好人。他当时是黑龙江省省委书记。在外交官都不许带夫人的时候，我夫人却随我出国了，是李立安特批的。为什么呢？因为我到了日本以后，由于成绩突出，日本方面明确提出，像这样的优秀学者，不带夫人来，他们不能理解。我夫人的一切费用由日方出，他们直接写信给中国驻日总领事馆，总领事也没办法，那会儿正是中日友好的高潮期，使馆就给李立安写了封信来说明这个问题。我带夫人出去了，是非常幸运的，人就这么回事儿，没法说。现在带夫人出国很方便，可是二十多年前，就得惊动省委第一书记，得由他亲自批。那会儿的政策是外交官二秘都不允许带夫人，只有一秘以上才允许带夫人。

我现在也常常碰上好人，但是有的人遇到贵人或者遇到恩人总是不以为然。在你一辈子最关键的时候或者在你最困苦的时候他提携过你，你不忘本，这对你终生都是有好处的。如果有的人事完了后就把这些帮助过自己的人忘掉了，老是觉得围在你周围转的这些人对你好，那你很快就该走到沟里了。不忘贵人，不忘恩人，不忘老百姓抚育了你，绝对是一辈子受用不尽的，有好处的。

问：听说您出国留学那一年考了第一名，可当时您还没正式学过日语。

答：当时并不是我考得怎么好，而是普遍都不行。1976年“文化大

巴德年（右）与李立安合影

革命”结束，随后就是粉碎“四人帮”，1978年又开始出国留学考试，那会儿我也不会讲日文。现在回想起来都可笑，当时我看日语书没问题，已经用日文翻译了很多东西了，可日文一句话也不会说。那次考试，我以为是像过去一样用笔答，突然间听说要考口语，我一句都不会，虽说看书、翻译都没什么问题，但就是不会说。离考试就剩十几天了，正好一个贵人帮了我。当时哈医大图书馆有个馆员是日本人，嫁给中国人了，这位中国人是当时教过我化学的一位教授。我就去问那位老师，我能不能跟他夫人学日语的发音，老师答应得很爽快。他的夫人名叫寺岛。

我就每天上她那儿去学，一去就是一个半小时。她教我念一本叫《简单日本语》的书，是日本NHK广播电台每天教的广播日语，她教我的那本书很薄，一共就52课，每课也就五六句话，加起来也就二三百句话吧。她每天教我两三课，我用了十几天就把这本小书背得滚瓜烂熟，全都记住了。

只要这个小本上有的我都会，说出来就像唱歌似的。唱歌你们都会呀，你唱《西班牙斗牛士》，刚开始你就会唱词儿？没那事儿，你老听老听就会了嘛，人家说啥你跟着说啥。但是比学英文好在哪儿呢？就是我知道日语讲的是什么意思，本来我就认识日文，只不过我不会说。寺岛给我念完了，她咋念我咋念，就像现在唱歌一样，她唱《东方红》，我就跟着唱《东方红》呗。

考试那天由四个老师考，我当时有个战略，碰上我会说的我就多说，要碰上不会说的，我就说不会，因此在考场上我说的机会就多了，因为你会说的你说了，你不会说的你就说你不会，这样的话，你不是整个全场都在说吗？考完了老师都觉得我挺好的，所以我就第一批去了日本。

可当时我考完的时候特别难过，我从来没觉得这么丢人过。就说答卷吧，因为我过去考100分考惯了，可这次我复习来复习去心里都没有底。“文化大革命”刚结束，都多少年没考试了，考完研究生以后也没考过试，加在一块有十四五年没参加过考试了，突然间八开纸的卷子，密密麻麻地写了十几张，你想心里能没压力？

当时我估计自己能考63分，而和我一起参加考试的人，有的说考七八十分没问题，有的说及格没问题，我一想自己竟然只能答63分，就非常丧气。回家我就把情况跟夫人说了，为这我一宿都没睡着觉。

我为什么没睡着觉呢？本来我就不是单位推荐的，我所在的单位党委不推荐我，因为我老给领导提意见，那个党委书记烦我。我当时在北京肿瘤医院，肿瘤医院党委没推荐我，而是推荐了另外三个同事。等我回到母校去，老校长刚上任不久，他记得我的名字，因为在哈医大我是以最优毕业生毕业的。另外，上大学时我曾代表哈医大参加俄语考试，考了个全国第一名。他就问肿瘤医院怎么没报巴德年，其实他也不知道我都会什么语种，但是在这位老干部的印象中知道有个巴德年，而肿瘤医院报了这么多人，怎么就没报巴德年？后来这位校长说，告诉教务处长一声，让他把巴德年报上来。那时候是1978年，老干部说话还好使得很，我就是这么着给报上去的。

可到政审的时候，我单位的党委又不给我政审，没政审就不能报名，又是这位校长为我说了话：巴德年是咱们学校毕业的，有什么政治问题？你们凭什么不给政审？我单位的党委书记就说：我们没报他的名，是你们那边提出来要给他报名的。这位校长就急眼了：这么说就不用你们政审了，你就说巴德年有没有问题吧？没问题政审就写巴德年没问题。就这样就把我报上去了。我有时候想我这个成长过程，在关键时候都是贵人们很简单的几句话帮了我。

等考完了，我见到了肿瘤医院的一位领导，我说我考得不好，他说，你说这学校怪不怪，能行的就不让去，不行的反而让去了。我这人从来没丢过这个脸哪，回到家一宿我都没睡着觉，到后半夜了，我夫人醒了。她说，哎呀，马还有失前蹄的时候呢，考上算，考不上拉倒呗，胜败乃兵家常事，睡觉睡觉。东北有一句老话，叫“有一搭无一落”。对，考上算，考不上拉倒，就这么的。

1982 年，巴德年在做实验

可是没过几天，我的老师，就是教我日语的那位日本人的丈夫跑来告诉我，他参加了省里判卷工作，他跟我说你得了60.5分，刚及格。他还说往下比你再少的就是43分，刚考完试说自己及格没问题的那人才考了17分，说能考80多分的才考了40多分。因为全省400多个考生，第一次口试、笔试都及格的只有22人，这样我就考上了。

人这一辈子，有时候说不清楚是怎么回事。想当初如果那位老校长不说那话，我连考试的机会都没有。另外如果没有我的化学老师让他夫人临时教我几天日语，我一句都不会说，出国留学也就黄了。但我这个人有一个好处，就是第一我不笨，第二我不懒。

就说为了背这一本书吧，我那几天就跟圈起来（坐牢）一样。我夫人对我特别好，她不让孩子过来捣乱。那时候孩子很小，两个姑娘，一个刚上小学，一个还没上学。当时这两个孩子是在什么时候才能过来见我呢？就是在开饭的时候，她俩一个端饭一个端菜，说：爸吃饭。就等着我吃完了就拿上空碗走了。我就是这么把那本日语书背下来了，我夫人当时也够辛苦的，她身体不好，可她说不管怎么着，这几天你就赶紧背书吧。

要是都说你好，那你可能就是萨达姆了

问：巴院士，通过很短时间的接触，我觉得您这个人很真诚。您的心态很好，待人诚恳，对有恩于自己的人充满感激之情，确实令人感动。

答：在这个问题上，我为什么能得到一些人的支持呢？比方说我在北京医学院上研究生的时候，我的导师刘思职先生是学部委员。20世纪50年代他就是学部委员，可见他的专业程度。童第周过去也在他的下边，他就是这么个了不起的人，但当时他却被打成了“右派”，我和他关系很好。我并不是因为其他原因和他关系好，一个是我从小对科学家有很深的敬意，我上大学念的书就是他写的，中国的生化名词，比方说

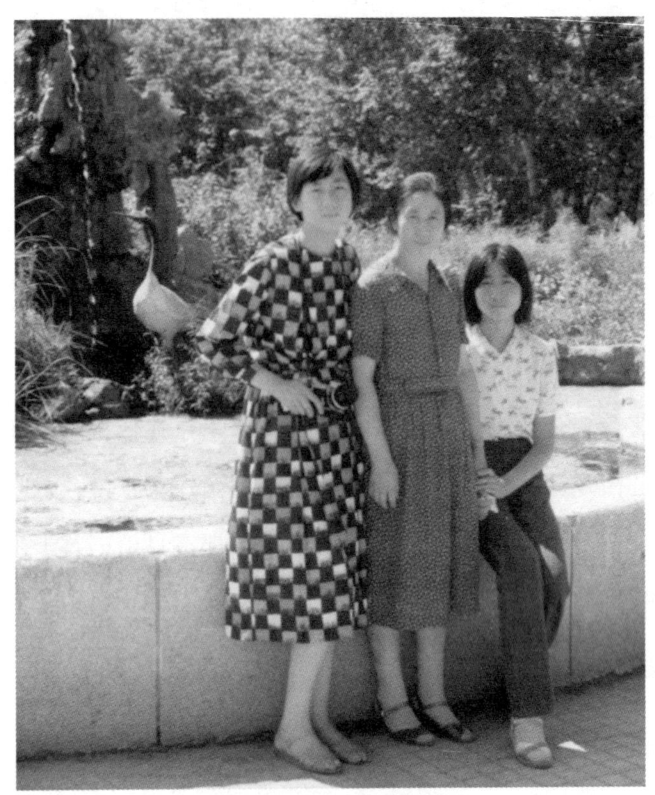

巴德年的妻子和女儿

ATP，第一个中文名字是由他叫出来的。全国第一本专业教材也是他写出来的，所以我对他特别崇敬。

这种崇敬在当时却麻烦了，因为我是党员，组织要求党员必须揭发反动派，可我就是一句话不说，直到最后我一张大字报也没写，一句瞎话也没说。当时已经把他看管起来了，平常我也看不着他，有一次上厕所碰见了，他就问：你凭什么不批判我呢？你说我两句我不对的地方，对你有什么不好？

他本人当时虽然这么对我说了，可我心里想，我说你两句有什么用？对我还能怎么样？这种昧良心的事我干不出来！我就坚持到最后，一句违心的话都没说。所以等到后来组织上到北医去考查我的十三大代表资格，考查我是不是“文革”中的三种人，结果北医的所有同仁异口同声，就佩服我在对待刘思职的态度上绝对是一条汉子。

可在当时党支部有的人都跟我说这种话了：“巴德年，你丧失了共产党员的立场，你已经和反动派站在了一起。”我也反问他说：“你凭什么说我丧失了党员的立场，我怎么就丧失了立场呢？我是把咱们党支部的、党中央的什么秘密交给他了？我什么也没有做。无非就是我崇拜他、尊敬他。他当“右派”的时候，我也不认识他，你现在要我批判他，可他现在除了教我念英文或者专业书外，没什么了呀，我不知道他有什么可批判的。”

我在北医，即使对当时整我的人，我后来对他们一句不好的话都不说，我认为他们当时整我，也不能全怪他们，因为当时的整个大环境就是这样的，他们无非说了两句过头话嘛。说就说了呗，到什么时候人都得这样往宽处想，你还想不让别人说，那是不可能的，说得对了做个参考，说得不对了一笑了之。包括后来骂过我的人，我从来没说过他们的不对，就像协和医大有的老先生因为我提拔年轻人而诋毁我，我也没报复过他们，为什么呢？你作为医科院院长，底下人对你有意见、有看法，说两句坏话是正常的，当时说我坏话说得最厉害的一个人，到后来买房子要我批，我啥也没说就批了，绝对不计前嫌，人应该有这种胸怀。

底下老百姓对你有意见是正常的，大家有不同看法，甚至有人骂你或者说你不好，这可以理解，要是都说你好就有问题了，那你可能就是萨达姆了。可你是巴德年呀，就不可能人人都说你好，有人说你好，有人说你坏，最后如果大多数人都说你不错，这就够了。我为什么感到非常满意呢？2001年老百姓投票选模范党员，明明知道我要下台了，大家还是把我选成模范党员了，院里光荣榜上第一个是谁？第一个就是我，我看了以后，还跟那个党委书记说，我是院长，你选我当什么模范党员啊？他却说："那没法儿，是老百姓自己选的，我有什么招儿？民意不可违。"

另外，"三讲"也能说明点问题。当时就有人甚至是权威人士估计我"三讲"一定不会通过，因为我连续当了九年的校长，他们寻思着"三讲"我一定过不了关。结果我的满意率是第一，当时给我提了一千多条意见，可等到最后投票的时候，对我满意的总人数仍是第一。后来包括那些反对我的人所提的意见，我都看到了，看完以后我自己的感觉是，协和毕竟是协和，对你有意见归有意见，但是对事不对人，也就是所谓的"主义之争"，并无个人私怨。

人哪，对那些老说你好的人，要警惕一些，对不切合实际地奉迎你的人，过不了几天就会把你扳倒了。我在"三讲"中写的报告上说，我在医科院和协和医大担任领导工作以后，有一个最大的好处，就是有了一批义务监督员，他们老是监督着我，还不要国家花钱，使得我不敢做错一点事，只要是做错一点他们就写整我的材料，那不是义务监督员吗？本来我就不想干坏事，你还监督我，防止我干坏事，这是件好事呀，所以我对任何一个人都没有搞打击、报复那一套。

我出国32次的花费还没有我出访回来交给学校的外汇多

问：据说2001年美国一个机构给您2.5万美金，您却交给组织处理了？

答：我是陆陆续续交给组织上好多钱，包括你刚才说的这个钱也是的。这个钱是对方邮给我个人的支票，但是我觉得我应该交给学校来处理。他们给我这个钱是干什么的呢？就是他们给中国医科院校的校长们卸任以后去美国考察交流的经费，到目前总共给了三位校长。第一位是西安医科大学的校长，第二位是西藏医专的一个校长，我是第三个，我们三人都是刚卸任的。

这些年我交给国家的钱，他们最后审计，仅我出国回来向国家交的外汇差不多有1万美金，交给国家的人民币可能也有十多万吧。我为什么把这些钱交给国家呢？我认为我用校长、院长这样的地位，以这样的职务行为，出去做讲学也好，交流也好，讲演也好，这些收入我都得上交。我认为这是职务行为，不是我的个人行为。要是我个人行为所得的

巴德年（左）和美国中华医学会主席徐旺志合影

收入，比方说我给夜校补课所得的讲课费，那我当然不上交了，但是人家请协和医大的校长讲演，请医科院院长讲演，这些钱我都交了，因为我不当校长，人家就不会请我。

在这个问题上，我的界限是，请院长和校长的巴德年，我就把这钱上交；单纯请巴德年的，你比如说让我给中学生讲科普课，一般他们也不给钱，给了我就自己收下。我在这方面的界限非常清楚，职务行为所得我全部上交。

我可以告诉你实话，我在医科院当院长这么多年，出国32次，我整个的外汇消耗还没有我交回来的钱多。就是说这些年出国，我给国家还挣了俩钱儿，我不像有的人出国就知道花公家的钱。这是因为我大多数都是外国请出去的，外国既然请我，就要给我出费用。我有时候报在国外的餐费时，会计说：我都没法给你报，你经常就报一顿饭，干脆给你报一天吧。我说，不，这一天中，其他两顿都是对方招待的，就这顿是我花的钱。

这2.5万美金是这样的，是对方给我私人的支票，我把它交公了，交完公以后现任院长刘德培又批回来，说此钱专门用于巴院长出国考察。我不愿意自己留下这2.5万美金自己想干啥就干啥，那不好。

我这辈子要对得起老百姓，因为从上高中起拿的就是人民助学金

问：巴院长，您觉得现在领导干部中的“59岁现象”是什么原因引发的？从您个人做9年大学校长的切身经历来讲，克服这种现象的主要经

验是什么？

答：没有经验，不是说克服，对于个人我没什么好说的，59岁也好，60岁也好，你要想一直做人，就不能贪。我认为人首先不是做官，是要做人。做官也是为了做人，要不然的话这些人没办法做好官。

我自己的体会，说心里话，我当院长也好，当教授也好，我感觉现在的生活够好的了，还想要什么？我的收入已经够高的了。我倒不是说知识分子的收入就到头了，你要看和谁比呗。钱这个东西没有不行，但多了也没用。我是这样对待钱的，你要是正道来的，该多点儿就多点儿。像这次奖励王选500万元，我认为再多给些都没关系，人家是正道。可贪污一毛钱都是很卑鄙的，我觉得做一个人就该这样：这一辈子对得起老百姓，因为我是老百姓培养的，我从上高中起拿的就是人民助学金。

最后我还想谈谈中国的人口问题。我们的一些年轻人，特别是一对夫妇只生一个孩子以后，存在着一个严重的社会问题，好像要把家里的一切东西都给了孩子，孩子也认为是天经地义的。像我们小的时候，吃的喝的，得先给家里的老人，先给别的人去享用，到最后才能轮到自己。可是从现在看正相反，包括我的小外孙子，他不懂这些，他就知道好像什么都是他的。

至于儿童教育，我那天开会时说过一句话，恐怕有些人会反对我的观点，但是我一再提醒有关部门注意，我们国家一对夫妇只生一个孩子的政策，到底要持续多久？我为什么提这个问题呢？现在执行这项政策是为了减轻国家的负担，但是这一个孩子在未来却要承担起更重的负担，到时候他们能不能承担得起，还是个问题。

因为到不远的将来，这些老头儿老太太都要这一个孩子来养，如果他自己养不了，就要国家来养，到时候他们是主要的社会劳动力，他们养不养得起头顶上这帮老人，并且现在还是老而不死呀，要老了一死那也好办。可随着医疗和科技的发展，中国人的平均年龄是70多岁，日本是80多岁，老人这么多，而年轻人又这么少，到时候这个国家怎么办？所以这些问题都要提前考虑和准备。

有人说我提这个问题涉及政治或者高层决策，当然我作为一个科学家，自己做过较为详细的测算，我对于老年疾患可能给社会带来的影响也做过调查，我曾经在这些方面做过不少论证，我心里非常有数，如果我们国家现在不考虑这个问题，就像当初发展乡镇企业不考虑环境保护一样，迟早要吃苦头。我的主张是，人口要控制，这不单单是个数量问题，更重要的是人口的结构和素质问题，以及功能的分配问题和人口整个的系统管理等，如果不尽快解决人口的结构和素质问题，光参照人口数量，这个苦头，以后我们是要吃的。我现在提出人口的结构、素质、功能等问题如果不注意的话，将来我们还要吃苦头。

不用说别的，再过上20年，就是到现在这一个孩子当家做主的时候，他会有多少负担，他能不能负担得起。爸爸、妈妈、爷爷、奶奶、姥姥、姥爷，你就这么算吧，他一结婚，这一个家庭里头仅老头儿、老太太就有8个人，根据现在国际上流行的测算，患阿尔兹海默症的要占老年人口的10%，8个人的10%是多少，差不多就有1个了，几乎每家都有个患病者，他们和这个社会能负担得了吗？所以现在就要有所作为，应该有个测算，应该采取点儿行动，有个办法，可现在仍没有，怎不让人着急？

问：关于这个问题，您向有关部门反映过吗？

答：我在科协的会上，在政协的会上，都是公开讲的。在科协座谈会上，我就是这么说的。在去年政协分组会上，有国家计生委一位副主任在场，我也提出了这个问题。这些问题我都有数据，而且实际情况比目前估算的更严重。我考虑的是面对这样一个涉及未来、后代、长远的问题，我们现在到底该怎么办？

访谈人：周勍

访谈时间：2002年6月

刘耕陶（1932—2010）

1932年5月6日出生于湖南双峰县。生化药理学家。1956年毕业于湖南医学院(湘雅医学院)。1994年当选中国工程院院士。

从事药理研究工作近50年，是我国抗肝炎药研究的著名专家和多种新药的主要发明者之一，在我国首先开辟肝脏生化药理学研究领域，对肝细胞损伤与修复、药物代谢酶的诱导及其生物学意义、自由基损伤与抗氧化剂等进行研究，创建了多种国内外没有的动物模型。作为主要发明人之一先后研制成功我国首创的两种治疗慢性肝炎新药联苯双酯和双环醇（商品名百赛诺），取得显著的经济效益和社会效益，还研制成功治疗多种神经肌肉疑难疾病的灵芝孢子粉注射液，生产和使用已30余年。在对五味子等中药的现代药理学研究中成就突出，先后获国家发明奖、卫生部科技进步奖。

刘耕陶院士

科学无国界，科学家有祖国

改变中国是“肝炎之邦”之说

问：请您回顾一下我国在肝炎药研究方面的发展现状，同时再与世界发达国家在这一领域的研究成果做一比较。

答：我们国家肝炎发病率很高，特别是乙肝发病率是世界第一，所以有人说中国是“肝炎之邦”。但是，目前国际上认为治肝炎的药，疗效较好的只有两种，一种是干扰素，一种是拉米夫定。我们国家过去还不能够生产干扰素的时候，干扰素价格很高。大概多少钱？以前要用进口药的话，一个疗程要3万多块钱。一个疗程指的是半年。现在降价了，因为现在国内也能够生产干扰素了，大概一个疗程不到1万元。但对几千万患肝炎的病人来说，这个药价还是太贵了，而且它的疗效也是有限的，不能根治。所谓的不能根治，就是停了药以后，病就复发了。

另一种治乙肝药是拉米夫定（商品名贺普丁），是英国葛兰素药物公司生产的，它治乙肝的效果主要是服药期间，乙肝病毒（HBV-DNA）转阴率高，但停了药以后，很快就复发。不停药，乙肝病毒又发生变异，产生耐药性，使治疗没有效果，每年发生率大约有20%，所以用拉米夫定治疗的远期效果不理想。

面对这个形势，我们国家得靠自己的力量来研究开发抗肝炎药物。为此，我们药物研究所的一些研究人员，包括宋振玉、陈延镛、黎莲娘、谢晶曦、周瑾、包天桐和我共同协作，在研究中药五味子的基础上，经过近十年的努力，研究成功治肝炎新药联苯双酯。总结这个药的特点是：安全有效，几乎没有副作用。和其他同类型治肝炎药物比较，第一，它改善肝功降转氨酶的效果，其他药物都比不上；第二，它的副反应很少；第三，就是最近的研究结果发现，除降转氨酶外，它对乙型肝炎病毒也有一定的抑制效果。加上它的价钱很便宜，一个月大概才十几块钱，吃药一年最多也就是二百块钱。

联苯双酯已经出口到国外，最初是韩国，后来是印度尼西亚、埃及、越南。现在还在向其他国家注册，据了解国外用联苯双酯治丙肝疗效也不错，能改善肝功能，也有一定的抗病毒作用，价格便宜，很少有副反应。但这个药也存在着缺点，就是停药以后，半年之内大概有50%的病人复发。另外，这个药要口服的话，在胃肠内吸收的程度比较低，有2/3不被吸收。所以，我们经过努力，将联苯双酯制成小滴丸，口服吸收率比片剂提高了两倍，既节省了原料，又减轻了病人的药费负担。但是总的来说，停药以后，病人的复发率还是比较高。

因为联苯双酯对肝炎病毒的治疗有效率不像降转氨酶那么明显，所以我领导的药理研究组与张纯贞教授领导的化学组又开始研究新的治肝炎药，我们花了十多年的时间研制成功第二代抗肝炎新药，叫双环醇（商品名百赛诺）。和联苯双酯比较，这个药对乙肝病毒的转阴率要高一些。特别是转氨酶越高，乙肝病毒（HBV-DNA）和HBlAG转阴率更好。不过从降转氨酶来说，两个药的效果差不多，也都没有副反应，所以双环醇于2001年9月拿到了生产证书，就可以生产了，可以给病人提供新的药物。

由于双环醇在14个国家申请了专利保护，它就成了我国第一个拥有自主知识产权的治肝炎新药。

在我们国家，也有一些单位在研究中草药的抗肝炎作用，像甘草甜素和苦参素等。还有一些治肝硬化的药物，这些药物的研究和开发，我个人的感觉是，我们国家研究肝炎药物的水平应该是比较高的，跟国外比起来的话也差不到哪里去，但是在理论研究方面还比不上国外。我们国家自己的人研究出来的药物至少在价钱上比国外同类药效的药要便宜，这就适合中国的国情。哪怕效果一样，如果价钱便宜，就是它的好处。

问：作为一个有着世界影响的科学家，可否评价一下您最重要的科研成果？这些成果在当时有何特殊意义？在当时的学术界处于什么样的位置？您如何评价自己？有何得失和教训需要反省？

答：我谈不上是什么有成果、有影响的科学家，只能说是个研究人员。过去几十年，也还是为国家，特别是为广大的肝炎病人，多少也做出了一点贡献，也提供了治肝炎新药。我从事研究工作40多年了，可以以我40岁为界分成两个阶段：从1956年毕业到1972年的16年间，做了多方面的研究课题，科研成果主要是发表论文；后30年，就是从1972年开始，我就考虑到理论要联系实际，把个人的研究发展和整个国家的实际

刘耕陶在实验室

需要联系起来。如果说有什么成就，我的体会就是，一个科技人员，他把他个人的发展和国家、人民的需要统一起来，把自己的发展纳入到国家需要这个轨道里去，这样的话他就可以尽自己的能力，从大的方面来考虑做出些贡献。

我前16年的研究成果是以发表论文为主，后30年就是既发表论文，又寻找新药，如治肝炎药联苯双酯以及治疗多种疑难疾病的灵芝孢子粉注射液。怎么样研究中草药，从对中草药的研究与开发中发现新药，就像我们从五味子的研究到联苯双酯，再到双环醇，应该是一条成功的道路。当然这条成功的道路，不是我一个人，而是所里其他很多的同事共同努力的结果。而我个人对在不同的阶段存在各种不同的学术看法时，我始终坚持了这个研究，一直能坚持一个方向去研究。另外就是在研究时不断地思考，去开拓新的研究内容。我本来是研究治肝炎的药物，在研究中发现有的治肝炎药有抗氧化作用，现在我又转到研究抗衰老及逆转肿瘤的耐药性方面，并且也发现了一些新的苗头。主要是考虑到国际上药物发展的潮流和我们国家的实际需要，以及我自己的工作基础，把这三者结合起来。现在拿到了双环醇的生产证书，大体上就告一个段落，当然今后我还要对双环醇药理作用的原理进行深入研究。

我现在又开始了新的研究，其中之一就是逆转肿瘤的耐药性。目前对许多肿瘤，开始化疗还有效，可是化疗一段时间后又没效了，原因是肿瘤产生了耐药性。鉴于90%的肝癌病人有肝炎病史，而肝癌又是对化疗不敏感的肿瘤之一，所以我现在又开始了逆转肿瘤耐药性的研究，目的是想从研究中草药入手，寻找出能够克服肿瘤耐药性的药物，这样可以增加抗肿瘤药物的敏感性，现在也有点苗头。

搞科研工作，归纳起来就是要坚持和有毅力。另外就是要根据发展的趋势及国家的需要，不断地开创一些新的研究方向。

我的家乡出大人物
——曾国藩与蔡和森距我家才20里

问：刘院士，我认真读了《中国工程院院士自述》一书中您的自述，知道您是湖南人。自古就有“楚虽三户，亡秦必楚”和“无湘不成军”的说法，这些民谚都说明了湖南人性格中的倔强和执着，在中国近现代史上，湖南出了不少大人物，请您谈一谈湖南人的个性特征，这些是否对您的治学和研究产生过影响？

答：湖南人的特征，我想可能就是刻苦，能一直刻苦。从经济的角度来看，湖南在全国来说并不是排在前面，也就是达到中等水平的省份，但是那里读书的风气浓厚啊，做父母的都尽力送子女读书。学生一般都是比较勤奋、比较刻苦。当然有的人说湖南人喜欢吃辣椒（问：您爱吃辣椒吗？），我过去喜欢吃，现在慢慢也就不吃了，也退化了。这个嘛，吃辣椒，也不一定，就是有一个能够刻苦、进取的心态。

我出生在农村，解放前家里也挺苦。1949年长沙解放后，我从高中二年级开始，一直到大学毕业都是靠政府给的助学金。这么一个背景也培养了我能像其他湖南人一样，能刻苦，能坚持，不满足于现状，能不断地发展向前走。

我出生的那个县呀，现在叫双峰县，新中国成立前叫湘乡县。新中国成立以后，由于这个县很大，人很多，所以就分为三个县：一个还叫湘乡县，一个叫双峰县，一个叫涟源县。所以双峰县的前身就是湘乡县。

湘乡县历史上出的主要的名人，清朝就是曾国藩，是我们现在的双峰县人，他家离我的家乡也就20里。近代史上也出过一些革命家，像蔡和森，还有蔡畅，这些都是我们双峰县的。新中国成立以前，蔡和森的家就在我们双峰县一个叫永丰的小镇上。因为我们那个县经济很落后，除了产点粮食、茶叶之外，还有特产辣椒酱。你到湖南就知道双峰的辣椒酱是有名的。蔡和森家在镇上开了一个店叫作蔡广祥。我们念初中就在这个小镇里头，所以知道蔡广祥，没有多大，一个很小的门面，卖点辣椒酱、杂货之类，但蔡和森父母的思想是很开明的，很让人敬服。在国民党时期也出过很有名的将军，像宋希濂，是国民党的将军。

我的童年和我的家庭

问：从您的自述中，我了解到您童年的求学经历非常感人，能不能详细谈一谈您的童年？

答：我童年及少年时代是在农村度过的，先在家里念完小学（过去的小学是初小四年，高小两年）。后来我念初中，就到了刚才说的蔡和森家住的小镇，就算离开了家吧，但也在农村。我共有兄弟六人，没有姐妹。父母是农民，一个农民家庭要养活六个孩子多难呀！所以在这种条件下，我念完小学，家里就不可能继续让我念书了。

但是教小学的那个老师觉得我聪明，功课比较好，他就动员我父母想办法让我去读书，家里头的确没有什么，就有五亩地。我上小学时，一清早，或者是放了学以后，马上就放牛。早上放牛，放完了以后也就上学去了。下午放了学也是放牛，天黑了才回去。放假还得参加其他劳动，像到山上捡柴火啦，然后捡粪。暑假寒假就是做捡牛粪、捡狗粪这些事情。从6岁到10岁，这些活我都干过。

我在兄弟里排行第四，因为我上面的一对双胞胎哥哥死了，所以我就排行第二。我大哥是个农民，是个地道的农民。新中国成立后，因为大哥比较能干，所以担任了生产队长，一直到后来生产队实行责任制为止，他都是个典型的农民。我小时候对大哥很尊敬。1951年，我父亲54岁就死了。我那个时候刚好在大学一年级，下面还有两个弟弟，他们都还在念书，所以我父亲死了以后，我大哥就支撑着这个家庭。中国有个传统，就是长兄如父。

我大哥尽管文化水平低，只读过一两年私塾，但是脑子比较灵活，用现在的话来讲，就是总有新的思路。大哥对我和两个弟弟都不错，我们兄弟之间的感情非常深。

我对大哥最早的记忆，就是他脑子比较聪明。大哥在家里除了种田以外，农闲的时候，比如说秋收以后，我大哥就做点小生意，把我们当地铁匠们打的通常用的菜刀、剪刀什么的，挑到湖北去，到那么远的地方去卖，挑着东西走这么远的路好辛苦！也就是为给家里挣点零用钱。我大哥在我童年的时候，已经是成人了，已能挑起家庭的负担了。我父亲去世了以后，好多年就是我大哥主持这个家。我念高小时，就离开家住到学校了。大哥就替我挑着铺盖、大米等去上学，十来里地。我那时才11岁，也拿不动这些东西，这是第一件事情。第二件事情在我父亲在世的时候，他辅助我父亲主持这个家，父亲去世后，地里的劳动主要靠他。第三件事情就是我父亲去世的时候，他不存私心，担起家庭重担。我觉得他在那种条件下真的不容易。

我大哥1994年去世的时候，我正好在美国，我不知道。当时家里也没有告诉我，就是我的一个小弟弟告诉了我爱人，说是大哥去世了，但是家里没跟我说。

当时我母亲哭我大哥，嗓子都哭哑了（哽咽）。因为我的二哥和三哥是双胞胎，都是在二十来岁就去世了。我二哥、三哥去世给我父母精神上的打击是非常大的。三哥死时，正好下着大雨。到现在过去那么多年了，我还记得。我三哥是持续高烧半个月，突然就死了。当时在农村，是没什么方法治疗的，看中医也没治好。等到我自己学了医以后，我就回想我的三哥可能得了伤寒病，可能是持续高烧导致的。

我二哥比较聪明，比我聪明。尽管他读书不多，但他写的字比我现在的字都好。他后来通过一个表兄去衡阳邮电局做学徒工。那时我刚好念高小，我二哥做学徒工的时候，有点零用钱，他总把那点钱寄给我读书。我排行老四，大哥念了一两年私塾，二哥在初中念了一个学期的书，三哥可能就念了个初小，为了摆脱贫困，父母、兄弟就把希望寄托给我，盼着我能够把书读好，将来能够闯出去，所以我二哥把他那很少的零用钱都寄给我来念书，这个我都记得很清楚。

后来日本人打到湖南来了，他就到湘西的平江当了兵，听说他得了痢疾。因为他一个人在那里，没人管他。他住在楼上，拉痢疾，没劲了，在下楼梯时摔到地上，摔死了。他们两个去世的时间相隔大概一年。

我的三哥在农村里学染布。三哥的脾气比二哥好，尽管他们是双胞胎，但两个人的性格完全不一样。二哥性格比较急躁，三哥性格比较温顺。给我印象最深的有两件事情。一件事，是三哥在生病的时候，高烧了半个月，现在想来可能是患了伤寒病，他就想吃荸荠，乡下没有卖的，父母就托一个人到镇上去买，结果那人给忘了，没有买回来。三哥就说了一句话，他说凡事还得靠自己，托人靠不住，这话是很伤感的。还有一件事，是别人对我三哥的评价。他有一次到永丰镇去，中间经过一个地方，有几个小店铺。因为我们那个地方产煤炭，这些煤炭通过这个小镇装上船，运到长沙，他就去那里买点东西，那个店老板找钱给他，不小心多找了钱。三哥走了一段路以后，觉得这个钱找错了，就回过头到店里找那个老板，说你找多了钱给我了，我退给你。所以这个老板就说："你父母养的儿女个个品质都好，尽管家里那么穷，发现钱找多了，还回过头去退给我。"我现在觉得，我的性格比较温顺，比较平和，也不容易大怒，也不跟周围的同事斤斤计较，比较像我三哥。

而我大哥对我的直接影响是支持我读书。因为我念完高小以后，就离开家里了，在学校里吃比在家里头花的钱要多。在这种条件下，我大哥就像我父亲，支持我去念书。在那种条件下，我大哥对家庭、对兄弟却很负责。

谈起我的大弟弟，应当说我是有点后悔的。因为大弟小我几岁，1949年湖南临解放的时候，我没有能够要父母想办法让他去念书。我弟弟的性格比较内向，印象最深的是我弟弟比较贪玩，比如喜欢钓鱼，在乡下偷偷用鸟枪打猎。父母都不让子女不务正业，而干这些事都算是不务正业。我弟弟会游泳，我不会游泳。他晚上下个钓钩在池塘里，第二天早上他可以游泳，也可以踩水，去把那个钓钩拉起来，这样就有甲鱼吃了。现在吃甲鱼都那么贵，可那个时候在乡下吃甲鱼是件很容易的事。钓甲鱼和钓鱼是不一样的。钓鱼是要花时间的，站在那一个小时，两个小时地去等。钓甲鱼不用花时间，把钓钩扔到池塘里边，第二天早上把它提起来就行了，不耽误时间，父母就不责备了。

1949年以后，大弟就参军了。复员以后，先是到我们县里头做派出所的民警。后来公安部门搞复员，也就是精简，弟弟就回乡下去种地了，现在还在老家，人也很忠厚老实。和大哥比的话，他对农业新技术接受得比大哥快，大哥比较保守。

青年刘耕陶

另外我还有一个小弟弟，现在长沙矿冶研究院，是高级工程师，他是1949年以后念的高小。我大学毕业以后，就资助他念高中，后来他又考上了大学，我一直资助他到大学毕业。我大学毕业四年后结婚，结婚后又过了四年才生孩子，就是因为我弟弟还没有大学毕业。在我家兄弟们的观念里，当哥哥的支持弟弟读书是理所当然的事。

我六弟兄死了两个，就剩下四个人，其中两个是农民，两个是知识分子。我们兄弟之间感情很好，从来没有什么隔阂。

问：您在《心迹——中国院士实话实说》一书中，谈到自己的人生格言时说："单有家庭而无事业发展未必幸福，单有事业发展而无家庭亦不美满。" "对科研工作要像谈恋爱一样倾注。"看来您青年时代非常重感情且感情专一，请问您处理家庭与事业关系的原则是什么？再谈谈您的爱人？

答：我爱人跟我是同班同学，她是湖南岳阳人。我爱人经历跟我不太一样，她应当说是很苦的，她一岁多就死了父亲，她的母亲没有再婚，就独自一人带两个孩子。她母亲也是很苦的，做童养媳，碰巧由于岳阳有一个教会学校，那时教会学校上学不要钱，还免费提供食宿，她的公婆就送她到那个教会学校念了几年书。那个年代，女性能够念几年书，就是有文化的了，所以后来她就到小学、幼儿园当教师，挣钱养活两个女儿。

我跟我爱人是大学同班同学，她也考上了湖南医学院，那时候，应当说我爱人的成绩比我要好一点。当时我们班的女同学也不算少，我跟她在同一个学习小组。在学校的时候，我们两个都没有什么。毕业以后，我到北京来了，当时她的姐姐和姐夫在北京做事，她妈妈就住在她姐姐家里。我们两个毕业以后，她留在长沙湖南医学院生化教研室当助教，所以我们就通过写信来加深了解。现在回过头来说，在学校里的时候，应当说我对她有点意思，但是没有好意思表达。1956年毕业以后就是通过写信，慢慢地好上了，1960年我们就结婚了。

结婚以后，她还在长沙，之后又过了四年，我们才有了第一个孩子。没几个月，所里就考虑解决我们两地分居的问题，因为结婚后我们两地分居有四年多了。当时有两个选择：一个是我回湖南医学院去，一个是她调来。后来我们俩人商量，还是把她调来，她就来北京了。

刘耕陶与妻子合影

我爱人的个性有两点：一点是做事情非常细致，比我要细致；另一点是特别爱干净。她和周围的同事处得好。从工作来说，她调到药物研究所后，做过多方面的研究课题，后来主要做抗过敏药研究，与梁晓天院士和卢玉华教授等合作，发明抗过敏新药色羟丙钠，获得国家科技进步奖三等奖。由于我们夫妇俩在工作上是同行，经常互相讨论，可称是互爱互助。

她68岁彻底退休了，因为我比较忙，我就说她退休以后，是不是能来帮我的忙呀，我不在所里时，替我照顾一下组里的工作，她绝对不干，她说如果那样做，别人可能在背后会说我。我们俩之间是这样子，结婚前头四年等于是通过写信建立感情，然后就结了婚。结婚后四年，两个人彼此好像也没有因为两地分居抱怨什么。她和她母亲住在长沙，有了孩子以后就是三口子住在长沙。两个人的感情还是挺融洽的，只是生活习惯有些差异，她很细致，很爱干净，我就是比较随便一点，她有点看不惯。我的特点是在家里做事我比她快。我在家里也帮着做饭，一个星期还买一次菜。管教孩子及其他家务等她管得多些。

问：在家里，您和您爱人，谁管经济？

答：经济的话，钱就放在抽屉里，谁要用谁就拿。过去是她管得多，现在就是把钱放在那儿，她也不管了，我就管得比较多一些。过去钱少的时候，她就得算着花，就那点儿工资，能节约下来的话就存点。

问：您有两个孩子，请谈谈您的孩子？

答：我的儿子是老大，在长沙出生的，现在一米八三，个子比我高。北京钢铁学院毕业，毕业了以后，在钢铁学院工作了五年。后来到日本自费学日文。大概不到一年就考上东京工业大学，念完硕士以后，年纪偏大了，就不再念博士，就找工作了。现在在日本的一家美国公司当高级工程师。他在中学、大学，都是学校排球队的队员。儿子也很聪明。他在大学的成绩也很好，大学毕业论文还在国内学术刊物上发表了。他要是刻苦用功的话，肯定成绩还会更好。我对儿子要求严，当初老是逼着他，所以儿子现在老觉得我们当初管他管得太严了，他老记得父母打过他。他小时候不听话，我急了就打几下。我们当时就住在药物所的这个小院子里，旁边还有个小球场。他那会儿总到那里玩，看别人打球，不好好做功课，就是这么贪玩。儿子怕不怕我？怎么说呢，反正怕的时候也有。但是儿子、女儿对父母，从感情上来说，还是很体贴的。举个例子吧，我儿子上大学时，我们每月给他20元生活费，包括吃饭、零用。因为他是大学排球队的，学校有伙食补贴费，我儿子便把家中每月给他的20元钱退回给父母一部分。他挺孝顺，每个礼拜都从日本给家里打一个电话。他也结婚了，有个小孩，是男孩。

我女儿是学医的，也是湖南医学院毕业的，跟我们两口子是同一个学校，也就是过去的湘雅医学院。她考到了外语班。前几年，湖南医学院与中南大学合并，又恢复为湘雅医学院。医学生一般是五年毕业，而她这个英语班却要读六年才毕业。头一年专门修英语，由美国雅礼学会派来的教师来教他们英文。老师讲课全部用英文讲，教材也都是英文的，所以我女儿的英文不错。女儿毕业以后，先在中国医学科学院基础医学研究所工作，干了一年，刚好有个机会，便到德国去念书了，在那儿读了个医学博士，主要就是做点研究。毕业以后又到美国去了。她现在在美国芝加哥，做博士后。过去我们希望儿女都走父母这一辈的道路，能够做研究啊。后来不这么想了，由他们自己去选择自己的道路，不勉强他们了。

问：刘院士，能不能谈谈您的父亲和母亲？

答：我的父亲应该说是一个典型的农民。他没有念过书。父亲的特点归纳起来，就是四个字：勤劳忠厚。对我们那个村子和周围的人来说，像我父亲这样的为人，还是很少的。连村里的小孩子都喜欢我父亲，因为他对人宽厚，脾气好。我父亲老咳嗽，还不是一般的咳嗽，他一咳嗽就像打雷一样，后来我想可能是支气管扩张，所以他在五十来岁的时候，就咳嗽着去世了。

父亲去世之前留下一句话，叫我好好照顾我的母亲，他反正是看不到我们的未来了，他希望我好好读书，孝敬母亲。我想我还是做到了父亲对我的希望，无论是对我的母亲，还是对我的兄弟。我母亲嘛，去世的时候八十多岁，算高寿了。我母亲的家境是比较好的，应该说是有地位和经济情况好的家庭。我的外公在清朝是做官的。我都没见过我的外

刘耕陶夫妇与女儿、女婿一家合影

公，他是在甘肃做县官，是读书人，死得很早，大概四十来岁就死了。死在甘肃，最后别人把他的灵柩运到老家来的。我对母亲过去的事不太了解，有一次，我问母亲，你家里比我父亲家里日子好，为什么嫁给我的父亲。她就讲起了我的外公、我的爷爷。他们大概当时也在一块读过书。我的外婆和我的爷爷是亲兄妹，两家生了小孩以后，我的外公对我的爷爷说将来要把他的女儿许给我的父亲。我的外公和我的爷爷都死得早，最后还是按照两个老人在世的时候说的，我母亲就嫁给了我父亲。父亲是个文盲，家里有六个兄妹，我父亲是老三。父亲结婚后生了这么多孩子，家里头也挺苦的。我问我母亲，你后不后悔嫁给父亲。我的母亲是姐弟三个。她的妹妹，我叫姨妈，嫁给了一个有钱的，后来土改的时候划为地主，批斗呀，扫地出门啊。我母亲说我父亲虽然穷，但是两人能够恩爱，我的母亲反正也是很能吃苦的。我奇怪她没有念过书，可能主要是因为我的外公很早就去世了，要是死得晚的话，他就是个大地主，并且还是个官僚地主，当时他是清朝的县官嘛。

我母亲确实受了很多苦，特别是生了双胞胎以后。她实在是管不了，就回到娘家，因为娘家比我家有钱。她带着两个孩子，第二天早上起来，发现自己脸上一脸的屎——两个孩子在拉屎。她还跟我说，在你们小的时候我太累了，上面有个大哥，下面有两个双胞胎，还要劳动，太累了。我到现在还记得，小时候在家里，夏天吃了晚饭以后，她就牵着我们到屋前的坪地里去乘凉，叫我睡到她腿上。那个凳子是竹子做的，坐上去比较凉快。我就睡在她的腿上，我小呀，才几岁。她还用扇子扇，怕蚊子咬我。

我小时候不吃肥肉，可那时一个月也吃不上一次肉。母亲就把肉皮留着给我吃。我母亲的性子跟父亲比起来，可能父亲的性子更温顺一点，母亲稍微急一点，但是好像也不怎么大发脾气。我的叔父没有儿子，只有两个女儿，他家里经济比我们好，就希望我母亲抱一个儿子给他，我母亲怎么也不肯，当时我母亲宁可自己苦。我母亲去世得很突然，中午她还吃了米粉蒸肉，突然就倒在地上了。这实际上就是脑出血，说不出话来，但是还没有昏迷，神志还清楚，当天晚上她就去世了。对她来说没受什么罪，对我们来说，就是死得太突然了，心里非常难过呀！而我至今仍感到难过的是，我对父母未能尽孝子之心。

后来我哥哥说，母亲当时就是说不出话来，脑子还知道，她手指着那个衣柜，手指着那个方向。哥哥不知道那是什么意思，后来一看，就在那个柜子里，还有她在世时，我每个月按时寄给她的一点钱。父母对我影响最深的，还是做人，做人一定要本分。孩子的行为就是父母对子女教育的结果，尽管穷，要有志气，要争气。

一个好导师就是人生的一个好码头

问：您的科研分为两个阶段。在第一个阶段，研究方向较杂，您也自嘲说自己是个“万金油”式的科研人员，而且在自述中您反复强调对自己的第一个阶段无怨无悔，并引用了金荫昌教授当年用来教育您的民谚“师父领进门，修行在个人”，似有难言之隐，是不是非自然原因影响了您对研究方向的选择?

答：我1956年毕业后来到中国医科院药物研究所，在宋振玉教授的指导下做研究，当时做的是一些对人参抗糖尿病、中草药抗关节炎的研究。后来“大跃进”，由于任务调整，我又被调到雷海鹏教授手下做动脉硬化、肿瘤、内分泌药理等研究。后来我又回到了宋振玉教授的组里工作。

“文革”开始后，整个科研工作就停了，后来毛主席又让抓革命促生产，还号召西医学习中医，要搞中西医结合，所以当时的所领导成立了一个科研组，就是搞中西医结合。那个时候，已经没有什么所谓的组了，科研工作都停了。所以说我就把这个分为两个阶段。前一阶段，在当时的情况下，不能按自己的意志去选择研究方案，因为我还很年轻。后来在1972年，我刚好40岁，成立了搞中西医结合的小组叫新药组，当时叫我做班长，也叫组长，就三个人。慢慢开始了以后，我就在肝脏研究领域开展了较多的研究。所以，从1956年到1972年的这段时间，课题变化比较大，其实也不是自己去选择的，它是跟着研究任务，跟着老师而变化的。1972年成立新药组，就是搞中西医结合，让我做班长，宋振玉教授后来一恢复工作，也参加到这个组里来，做组长了。后来宋教授又离开这个组了，我就接他又当组长，到2002年是30年。这段时间应当说是我自己去选择，去发展。所以说我前面比较杂，后面比较专。我老是觉得自己不够专，像“万金油”。不过接触的课题多，自己的知识面也就较宽些，这对开阔我的研究思路是有益的。

不论在哪个阶段，都是要感谢过去指导我的老师们，宋振玉教授、雷海鹏教授，还有金荫昌教授。“师父领进门，修行在个人”，就是说做科研，师父帮你领一领，但是能不能够真正有所发展，还是要靠自己努力。谈到宋振玉教授，首先要从我报到时说起。记得我是1956年10月份来到中国医科院药物所，当时主管人事的科长，给我写了一个条，就是介绍刘耕陶到科室来报到，请给予安排。当时宋振玉教授是医药室的副主任，金荫昌教授是主任。我直接找到宋教授的办公室，他第一句话就问我：“你是哪个学校毕业的？”“我是湖南医学院毕业的。”他说：“这个湖南医学院是不是过去的湘雅医学院？”我说：“是的，就是过去的湘雅医学院。”他马上就从书架上拿了一本书——英文书，就考我的英文，叫我看。看完了以后，叫我讲给他听。我就讲给他听，我说有的单词我不认识，多是讲药理方面的专业名词。我不认识的单词他就讲给我听，告诉我。我把所看的那一段英文的中文意思讲给他听以后，他就跟我说：你的英文基本上还不错，就是还有生词，专业词汇还不够。

完了以后，他马上就找了一本小册子给我，就是发现胰岛素的科学家写的一本英文书，书名叫《研究的羊肠小道》（*A trial of research*）。他说你先看一下，那本英文书我到现在都还记得，就是讲科学家发现胰岛素的经过。后来看完了他叫我讲讲，这里头讲的是什么。我讲了以后，他拿几篇药理方面的英文综述给我，要我看了以后，写一个中文综述，题目就叫作《影响药物作用的因素》。我写完了以后，他给改了一改，就送给当时的《中级医刊》发表。从这里来看宋先生对学生、对下面的工作人员的教育培养是启发式的，让他们自己去思考这些问题。他并不是每次做个什么，就让你照他的去做，而是让你自己去琢磨，让你自己去体会，是一个很基本的启蒙。后来每变换一个研究课题，我就写一篇文献综述寄出去发表，这样我就对我做的那个问题所在的领域，对国内外的进展有一个系统的概念。

雷海鹏教授和宋教授一样，对下面的年轻人也是放手工作，让年轻人自己去闯一下，但他在后面总是要把关的。雷教授对周围的同事总是很厚道，不管你是业务好、能力强的人，还是差一点的，他都是一视同仁。另外，他对药理室青年科研人员英语水平的提高一直非常关心，多次亲自给大家上课，为提高他们的英语写作能力，付出了辛勤的劳动。

问：作为一个科学家，您认为国家目前应该给中青年科学家提供一

刘耕陶在办公室

个怎样的科研环境，才能合乎人才能力的最大限度发挥?

答：我觉得重点应该是怎么吸引人才、留住人才，充分发挥中青年在科研上的创造能力上。有两条：一条是信任他们，从科研、政治各方面去信任他，当然生活待遇较好也是必要的，好让他们放手去干，没有什么顾虑地去工作、去创造；第二条，因为科研是个探索性很强的工作，就是它在没有取得成果，没有转化为生产力之前，它是一个消耗的过程，是需要资金投入的。假设经费很少，想做深一点就做不了。真正要做出成绩的话，一个是要有必要的科研经费，另一个则是要选择合适的研究方向，要有创新性，要有先进性，接近国际发展的前沿，同时又符合国家的需要。

问：您对研究生的培养有什么样的要求?

答：对培养研究生的要求，我也可能是受到我的老师宋教授、雷教授、金教授他们对我的影响。

学生刚进实验室，一切都不是很熟。我就给他们提出来做哪一方面的科研课题。先看书，了解动态，然后提出想法，就是有个设想，我跟他们一起讨论研究的实际问题。归纳起来是两点：一个就是要充分发挥他们的创造水平；第二点就是他们做实验的情况，我在背后一直关注他们的进展和过程，追踪他们，了解他们做的情况。到时候定期和他们讨论，了解他们的进展情况。总的来说，我先叫他们自己发言，让他们说是怎么想的，然后我再与他们讨论，这样就不至于把我自己的想法强加给他们。另外就是培养他们的写作能力，包括中文、英文，写论文也是训练的过程，有的人写作的文稿，逻辑性和文字的表达都较欠缺，他们的一篇文章通常是写完了我改三遍，有时改三遍还不止。反正就是说，一个是放手，让他们自己去想，我放手而不撒手。我现在有6个博士生，他们每个人做的实验，我都清楚，最早做过什么实验，有时候他们自己忘记了，我这个做导师的还记得。

问：刘院士，您最满意的弟子是谁？

答：是黄敏。刚好，你看看黄敏这个博士毕业论文，获得了今年（2001年）全国优秀博士论文。这是国家教育部、国家学位委员会在全国博士论文范围里评审出来的。当然我的学生各有优点，各有特色，但是相比之下，黄敏是让我这个导师最省力的。她能力强，能主动思考问题，对有些问题的看法比较深刻，实验做得很好，脑子很清楚，能够不断地提出新问题。她前年毕业，后来去美国了。她考进来之前，工作了三到五年吧，岁数比较大了。她考进来的成绩并不是最好的，她当时面试的时候说，这是她最后一次考试，要是考上了就来念博士，考不上，她就超过了报考的年龄。录取以后，我发现她是一个思想比较敏锐，比较独到的学生。

其他的学生都各有特点。我对他们的要求倒不是要达到多少的工作量，而是应该能写出5篇论文，另外就是有些能够写出英文论文到国外去发表。

我这个人比较随和。学生对我的反映，说这个导师人好，比较随和，对他们不是很刁蛮。有个学生，他后来到美国去了，走的时候说了一句话，说人生呀，要找个好一点的码头，做研究生要找一个好一点的导师。我那个学生，说他找到我，能够走得比较顺利，他找这个码头找得比较好，这是他自己的原话。

问：刘院士，您最讨厌学生的品德或者是科研方面的缺陷，是什么？

答：就两点，第一，最讨厌工作不踏实，不做实事，好表现自己。第二，从我育人的方面来说，我最不喜欢的是虚假。对人应该以诚相待，对科研更应该是这样的。

科学无国界，科学家有祖国

问：您所从事的主要研究是肝脏生化药理研究，是什么动机促使您决定把五味子和灵芝两味中药作为研究靶点？您为什么要选择肝脏疾病的治疗作为研究方向？

答："文革"中后期，根据毛主席提倡中西医结合，停了的科研工作又恢复了，当时我们药物所军管会成立一个科研小组，我做班长。当时按班、排、连搞军事化。我说做什么课题呀？他们也不知道，最后就是我们自己去想去做。我写了一条，就是肝脏，当时没有人去研究，我要研究的话不会和别人重复，自己发挥的余地就要大一些。当时全国掀起了大搞中草药群众运动的高潮。灵芝在过去神奇得很，好多人在搞人工培养、栽培、发酵，好多人研究灵芝的用途是什么。我们了解到灵芝在成长的过程中撒出许多孢子粉，而这个孢子粉没有人研究过。研究人员就是要去研究别人没有研究过的东西，然后我们就研究人工栽培的赤灵芝孢子粉了。最后把孢子粉做成注射液，在1973年用它治了很多疑难病，治那些西医很难治的病，主要是一些神经肌肉方面的疾病。后来还不断地发现这个灵芝孢子粉还有很强的镇静作用，但是这个注射液注射的时候镇静效果很明显，口服却没什么效，为什么口服没什么效果？这么多年了，因为没有人提供科研经费，也就没有继续去研究。后来药厂说，他们提供经费，要我再研究研究，结果我把口服没有效用的问题解决了，这就又发展了一步。

问：在《心迹：中国院士实话实说》中，您说您最钦佩的人是李时珍和邓小平，为什么？

答：改革开放能够把中国融合到国际的潮流中去，要像过去的话，孤立于国际社会之外，什么也不能发展。现在中国融合在国际社会之中，这是邓小平的功劳。我记得有个电影 《邓小平》，开头一句话是："我是中国人民的儿子，我深深地爱着我的人民。"我觉得这就是邓小平的指导思想，这就是他为什么在逆境中能够坚持，能够勇敢直面。我觉得那部电影最让我感动的就是他那一句话。这就是他的伟大之处。

第二个是李时珍，他在明朝的时候，能够写出那么一本《本草纲目》。现在《本草纲目》在国内国外应用得都很广泛，他用献身科研的精神，做了大量的调查研究，花了二十几年的时间，写出这本《本草纲目》。结果一直到现在还有实用价值。这就是我最佩服这两个中国人的原因。

问：您对青年一代的寄语是："科学无国界，科学家有祖国，青年人在中国同样可以干出一番事业。"这充分表达了您作为一个科学家的爱国情怀。您经常进行广泛的国际学术交流，请您根据自己的亲身经历，谈一下青年人出国留学的利弊。

答：这句话就是我的个人体会。我觉得年轻人出去，开阔思路，学到国外的先进知识，掌握先进的方法，能够对科学事业做出贡献。这就是我为什么说现在的"人才外流"，对未来应叫作"人才储备"。但是为什么又说科学无国界，科学家有祖国？科学家不管是在任何地方做研究，对自己的出身，对培育他的那片土地，总是有感情的。应当说我出去了以后，我更爱国。

我记得我在法国的时候，碰到一个越南人，是个华裔。他是广东梅县人，三岁随着父母到了越南，他还能讲中文，他知道我是从中国来的，特地来找我聊天。他说他是在法国念的小学、中学、大学，后来到巴斯得研究所工作，但他和法国人比起来，同样的机遇，同样的能力，法国人优先，当时在法国，日本的产品，在市场上多的是，而中国的产品就是布鞋呀、草席呀，还有那个小闹钟呀，就在地摊上卖，真正像样的产品在20世纪80年代初还少见。即便在国外工作，对科学家来说，他都是在贡献，这个没有国界。但是你想想培育自己的那块土地的人民，怎么样能够使自己的国家不断进取，关心并支持祖国的发展。这是我说"科学无国界，科学家有祖国"的理由，这都是有切身感触的。

对钱这个东西，我认为应当适可而止，不要追求过高的、过多的东西。目前国内的生活条件和工作环境虽然比国外差一点，但我认为年轻人在国内也可以干一番事业，现在有很多年轻人都很有才华、有成就，走在科研的前沿。在国外最让我受刺激的，还是由于过去中国在国际上的地位，国家实力不像今天这么强而留下的阴影。我曾去法国、日本、美国学习工作过。那个年代我们国家的实力不是很强，国家的地位不是很高，中国给人的印象就是穷。到外面别人就问你是不是日本人。

另外还有一次，那是1989年，我从日本到韩国出差，去参加一个国际学术会议，当时中韩两个国家还没有建立外交关系，过海关的时候，安全人员从我进他们的海关一直跟到出大门，最后还把我的箱子打开看。假定我是个日本人，他肯定就不会这个样子。对于一些发达国家，像美国的社会制度，我觉得有一点还是值得借鉴的，就是个人的奋斗精神。在那个社会里，你自己要不去奋斗，你就没有生存的机会。

问：从小学到中学再到大学，对您影响大的老师依次是：王邦英、陈陆平和金庆达，为什么？

答：王邦英是我小学的校长。过去的小学是一个初小，一个高小。他是我念高小时的校长。这个校长为什么到现在我还想念他呢，第一，他对学生的教育、管理很严格。比如吃饭不许讲话，不许随便吐痰。吃饭的时候，学生和老师都在同一个食堂里，老师坐一张桌子，学生坐一张桌子，只有吃饭的声音，没有讲话的声音。不许随地吐痰，这是一个很好的习惯，从小让学生知道随便吐痰不好。

第二，他鼓励和支持学生念书。我小学还未毕业，日本军队占领了我的老家。学校搬到了离家较远的地方去了，所以我就没继续去念书，小学没毕业，在家里劳动。后来日本人投降以后，我就去考初中，结果又考上了，但是考上了还要小学毕业文凭，尽管我已经念了一个学期的初中，成绩也是班上的第一名。校长还是问我要小学毕业的文凭。我就找王校长去了，跑到他家里要走十几二十里路，跟他说能不能给我补一张文凭。一般补发文凭的时候，要有文凭费。我没有毕业，他还是发给了我毕业文凭，也没要我的钱。当时这张文凭要交费的话，要25斤粮食，他也没要我交粮食。他觉得我给他的学校争了点光吧，鼓励我好好念书。

高中我是在湖南省立一中念的，这个学校的师资力量很强，是湖南省最有名的高中。陈陆平老师当时教我们数学，他同时在湖南大学兼职教数学。他的教学效果很好，但他对我的影响并不是他的教学，而是他的正直。他讲课、改作业都是一丝不苟。

金庆达教授是教我们外科的，他的业务很好，学生都怕他。怕他就是因为他对学生要求很严，他上课要是看到底下哪个学生注意力不集中，马上就点名。他认为作为一个医生就应当专心致志，才能认真细致地诊断和治疗病人，应当培养医学生具有这样的精神。我想念这三位老师，还有很多的老师，至今不忘。

问：您认为中药怎样才能走向世界？

答：中药要闯入世界市场，第一条就是打破传统的观念，要转变观念。中医中药是中国的传统文化和东方文化的象征，如何与西医西药结合起来，是一项很艰巨的任务。凡是药就是为治病的，不管是中药还是西药也好，都是为了治病。不要把中医中药神化，要提高科技含量。中医中药是我们国家的一个瑰宝，但是我们不能说这个宝不可变动，应当在继承的基础上推陈出新，向前发展。

第二就是要有一支科研力量比较高的队伍，要围绕着中药去做一些现代化的研究。所谓现代化的研究，就是要中西医药结合。中医中药不仅要继承，更要发展。人家把药做成现代科技含量高的产品，这个药你要吃三片、五片，它吃一片就行。你说这个药滋阴补肾、活血化瘀，人家不说这些，只清清楚楚地标明这个药有什么药理效用，能治什么病，这就一目了然。

访谈人：周勍

访谈时间：2001年8—10月

刘彤华（1929—2018）

女，1929年11月出生，江苏无锡人。1953年毕业于上海圣约翰大学医学院（医学博士）。北京协和医院病理科教授、博士生导师。1999年当选中国工程院院士。

刘彤华擅长淋巴结病理、消化道疾病病理、内分泌病理等的诊断，对胰腺肿瘤特别是胰腺癌的实验性基因治疗方式进行了深入系统的研究，开展了内分泌肿瘤的分子生物学和分子遗传学研究。“胰头癌对胰内胆管环形壁内浸润”和“人胰腺癌细胞分子生物学及细胞生物学特性的研究”分别获1985年和1993年卫生部科技进步奖二等奖。“人胰腺癌细胞分子生物学及反义基因调控对其恶行表型的逆转”获1995年国家科技进步奖二等奖。

1993年被中国医学科学院、中国协和医科大学授予协和名医称号，1995年被评为全国优秀教师、北京市优秀教师，1998年获得卫生部有突出贡献专家称号，2003年获首都劳动奖章，2005年获中央保健委员会特殊贡献奖，2006年获北京协和医院卓越贡献奖，2007年被评为北京协和医院杰出贡献专家。此外，还获得了中国科协先进工作者、北京市三八红旗手标兵、北京市爱国立功标兵等多项奖励。

刘彤华院士

显微镜下的医学人生

我的家庭

问：刘院士，您能不能谈谈您小时候的家庭情况，您的父亲、母亲？

答：我的家庭是一个很普通的家庭，我没有显赫的家庭背景。我父亲原来就是一个公司的职员，后来做到经理。新中国成立前，我父亲想办工厂，结果碰见了一个骗子，所有钱都被骗光了，他就破产了。我们家虽然成分不好，但实际上很穷，没有什么特别的。

问：您父亲当时具体的工作是什么？

答：他当时是在美国美孚石油公司在无锡的一个小代销点做职员。他也没有念过什么书，也就是小学毕业。但由于工作比较勤奋，做得比较好，就当上了经理。公司原来比较小，但随后钱稍微多了一些，公司也就扩大了一些。后来我父亲跟股东商量，决定拿积累的钱去投资一个工厂，结果碰见了一个骗子，钱全被骗光了。我考的是圣约翰大学医学院，那时候学费很高。1947年我考进去时，家里还有钱，但是一年多以后，我家就破产了，经济很困难，拼拼凑凑才供我念完了医学院。我念完书时，家里就已经穷极了。我父母好不容易培养了我，而且我的弟弟妹妹们也还要上学，所以我1952年到中国协和医学院（今北京协和医学院）来进修时，把每月32元的生活费中的20元寄给家里。我结婚以后，我爱人的钱也寄到家里去，这样才把弟弟妹妹都培养出来了。

问：您父亲破产以后主要做什么？

答：破产以后，他就没什么工作了。他可能帮人做工什么的。后来主要是我和我爱人养活家里。新中国成立以后，我们算资产阶级，但实际上是很穷的资产阶级。

问：您父亲什么时候去世的？

答：我记不清楚了，因为我从不写日记，也不保存信件。他活到80多岁。

问：您怎样评价您的父亲？

答：我觉得他很努力，很想做好一个工作。他交往也比较多，但是他分不清好人和坏人，结果倒霉了。

问：您母亲呢？

答：她是一般的家庭妇女，也不会到外面去交往。她很奇怪，原来她信佛教，但到了晚年，因为她有个亲戚信基督教，20世纪90年代以后她就跟着改信基督教了，特别信。我觉得这一点对她也好，她虽然年纪大了，但她常常下楼去做礼拜。老人有一个信仰，心灵上也就有了寄托。

问：您能评价一下您母亲吗？

答：我母亲在家里一辈子也是辛辛苦苦的，她不仅抚养了这么多子女，我的两个孩子也都是她带大的。她活到94岁去世。

问：那您母亲的家庭呢？

答：我外公好像也是一个一般职工。

问：您知道他的具体工作吗？

答：我记不清楚了，他们都是土生土长的无锡人。我外公、外婆在无锡有一栋房子，我们就在那儿生活。抗日战争爆发以后，我们就离开无锡了，辗转到上海、苏州，后来在上海定居。我小学四年级到六年级以及高中是在上海念的。高中是个教会学校，然后就考到圣约翰大学医学院。

问：在无锡读小学的时候，有没有英文课？

答：我在无锡只念了三年小学，没有英文课。当时上海的小学有英文课。

问：那个时候小学阶段都有些什么课？

答：就是语文、数学，很简单。

问：您在苏州的时候见过日本人吗？

答：见过的。上海也有日本人，我记得很清楚。上海几个桥，像外白渡桥，桥两边站着两个日本人。走到那儿先要去给他鞠躬，他才让过去的。

问：您在苏州待了多长时间？

答：我初中是在苏州念的，三四年时间。

问：当时您上小学、初中，对老师有什么深刻印象？或者您觉得哪些人对您影响较大？

答：这个实在没有。我一门心思要学医，是因为我身体不好。

问：您从小就这样想？

答：对。因为我家的一个朋友是医生，我们家小孩生病都是找他看的。

问：在无锡？

答：对，在无锡。后来他也搬到上海去了。我还记得他叫徐士林，长得高高的，就像外国人一样，但没有什么具体印象了。我挺佩服他的。

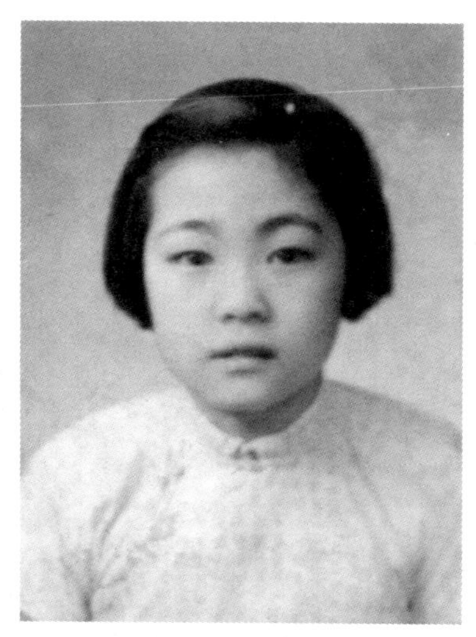

1939 年上小学四年级的刘彤华

问：您是哪年从无锡到上海的？

答：我记得是在念小学三年级时。1938年无锡被轰炸，一扔炸弹我们就跑到上海了。后又回到苏州住了几年，然后又回到上海。

问：您在家里是老大？

答：对。后来我两个弟弟念了大学，两个妹妹没念大学。

问：您的两个弟弟都比您小多少？

答：一个小7岁，一个小14岁。

问：妹妹呢？

答：一个小10岁，一个小11岁吧。我下面还有一个妹妹死掉了。我大弟弟中学念书成绩比较好，高中毕业后被保送到北京航空学院。但他后来很惨，成为右派了，就因为他说了一句话。其实他没犯什么错误，就因为说了一句话。他们北航有一个广场叫共青团广场，他说：“这不

1947 年春，刘彤华（前排中）与上海启明女中师生合影

是同学们一起修的吗？”这一下就完了。后来他被转到矿业学院，从矿业学院毕业以后，又被遣送回乡了。他现在在无锡老家，潦倒一生。我小弟弟比较幸运，从上海交通大学毕业以后，就在上海锅炉厂当工程师，现在也是高工了，经常出国。

问：您大弟弟回去以后主要做什么？

答：他回去以后在一个煤炭公司做工程师吧，连高工都没升。我外

1948 年，刘彤华（前排右）在圣约翰大学与同班女生合影

婆留下的房子拆迁，在郊区给了他一套房子，他就一个人住，一辈子也没结婚。

问：您的家庭出身对您影响大不大？

答：影响当然大了，“黑五类”嘛。20世纪50年代后期，为了学习苏联的先进经验，各医学院校都成立病理生理学科。当时各单位都抽调了很多人去向苏联专家学习病理生理，我就没被选上。我也不会存心去冒犯人家，但我觉得有些领导不欣赏我。我觉得几个老师对我都挺好，而且病理界一些前辈们对我也都挺好，真正的东西还是从前辈们那里学来的。像原来在301医院的吴在东教授，其实我跟他并不太熟，但是他对我评价比较高。我在病理学界也没有什么突出的地位，像什么学会的主任委员、主编、副主编，我都不是。一直到20世纪80年代中期，在吴在东教授和刘永教授的坚持下，我才得以进入一个编委会。那时候刚进去也只是做个编委，做做具体工作吧。当然让我做什么工作我都愿意去做。我工作比较认真，效率也比较高。后来总算当上一个副主编。我没有想到自己能当选院士，很意外。我就是一个很普通的知识分子，没有什么显赫的背景，就是每天踏踏实实认真工作，也没有辉煌的业绩。

病理诊断是确诊癌症的“金标准”

问：您能不能比较通俗地介绍一下病理学的范围？

答：病理学作为一个学科，以前就叫桥梁学科，它介于基础医学跟临床医学之间。病理学科距今已经有三百多年的发展历史了，经历了从开始的人体器官病理，发展到显微镜下的细胞病理，现在发展到分子病理这样一个发展过程。病理学主要研究的就是疾病的病因、发病机制，特别是它的形态改变，即在人体身上发生的改变。形态改变现在已经发展到分子水平的改变，从器官的到细胞的、亚细胞的（就是超微结构的），再到分子水平的改变，并与临床所见以及疾病的转归相联系。比如说伤寒吧，伤寒杆菌怎么进入人体，进入以后怎么样引起肠子的病变，这个过程叫发病机制。引发病变以后，我们就从大体形态（大体形态就是肉眼能看到的器官和组织的改变）到显微镜下细胞的形态来观察判断，最后联系到临床。具体来说，病理学有两大部分工作，第一部分在医院病理科完成，是为医院临床服务的。简单地说，比如切下来一个胃，胃内有个溃疡，这时就需要病理科来判断这个溃疡到底是良性的还是癌，然后告诉临床。如果是癌，那么临床就要进一步治疗。现在，这项工作发展得很快，工作量也很大。因为现在不仅是手术标本，还开展了内窥镜活检等。比如说胃病，以前只能剖腹探查，取胃壁一块组织；现在可以用胃内窥镜取一小块组织，然后由病理科来判断有没有增生、病变或癌变。这就是我们日常的病理诊断工作，它还有个名字叫作诊断病理学。这部分工作在医院里很重要。医学发展很快，比如说影像学也可以提供诊断，但是有些肿瘤最后还得靠病理诊断。比如说一个病人的淋巴结肿大，临床可以怀疑是一个炎症，或者是淋巴结本身的肿瘤，或者是一个转移来的肿瘤，但最后还得靠病理诊断。因为现在还没有一种技术或仪器可以从体外来诊断淋巴结里是个转移癌，还是其本身的一个淋巴瘤，或者就是一个炎症或反应性增生，所以只能靠病理诊断。国外医院对病理科还是很重视的，一个医院的水平高低，跟病理科的水平很有关系。如果说这个医院里没有一个很好的病理科的话，很多疾病就不能确诊，不能确诊也就不能正确地治疗。以前大部分靠病理诊断，而现在可以借助很多其他方法，但是还有一部分疑难病症要靠病理诊断。新中国成立以后，特别是改革开放以后，医院的病理科发展得很快。现在基层医疗机构，如县级的，甚至社区级的医院，都有病理科，当然规模很小。我们医院的病理科原来是老协和的，就是中国协和医学院（今北京协和医学院）病理学系。那时候是我的老师胡正详教授领导病理学系，他在形态病理方面是非常有名的。我们病理学系以前做得很好。后来有个阶段，因为有一些变迁的过程，所以有所削弱。1969年，原来的病理学系大部分迁到四川去了。我和当时几个医生、技术员，一共五个人就留在协和医院了。那时我们比较困难，人少，设备也少，现在慢慢地发展起来了。

问：那个时候大概是哪一年？

答：1969年。协和医院原来没有自己的病理科，工作由中国协和医学院的病理学系来承担。后来这个病理学系又变成中国医学科学院实验医学研究所的病理学系。后来整个实验医学研究所包括病理学系都迁到简阳去了。我回过头来说，病理学除了诊断病理这部分工作以外，还有一部分是实验病理，就是以动物为模型研究人体疾病的一些改变。一般大单位的病理科或病理系既做诊断，也做研究。当然现在的研究发展得比较快，已到分子水平，即结合分子生物学的技术做一些科研。另外，因为大单位里都有医学生，因此病理科或病理系也承担教学工作。病理学是一门介于基础医学跟临床医学之间的很重要的学科，念完了病理学，学生基本上就进临床科了，所以教学也是很重要的。

日常的诊断工作，主要靠在显微镜下观察标本。另外，我们还要跟临床保持密切联系。如果临床医生不告诉我这个病人的临床改变，病理诊断是很难做的，所以诊断病理也叫临床病理。科研就是各个单位自己完成课题了，有的是国家课题，有的是自己选的题目。说实在的，我们以前做的就是一些比较单纯形态的研究，真正有系统的研究是从20世纪70年代左右开始的。改革开放以后，条件比较好一点，也就可以进一步做下去了。我为什么选胰腺癌呢？因为当时我们的外科教授，也是我们的前辈曾宪九教授，他的特长就是胰腺手术。曾教授做胰腺癌手术，当时在国内是数一数二的。他是非常有学问、有经验的，对我的帮助很大。我们最开始从形态上研究，对切下来的标本做形态观察。因为光靠人的标本有些实验比较难做，所以从20世纪80年代初就开始培养人的胰腺癌的细胞系，培养成功了一两例，到20世纪90年代一共有五例细胞系。我们把从人的胰腺癌取下来的标本培养成系，可以培养很多代。从人体标本到培养细胞系，再用人的细胞系做各种分子生物学的研究，看

1992 年，刘彤华在撰写《诊断病理学》书稿

它的改变，之后再回到人体的组织来验证一下。因为人的胰腺癌细胞系是从人体的癌组织培养出来的，所以可以来回验证。可找出一些分子生物学的特点，用来进行胰腺癌的诊断。一直到1997年，我每年都带一个做胰腺癌研究的博士生，研究范围从形态、超微结构到建立细胞系，再到分子生物学，从胰腺癌的基因诊断到实验性基因治疗。1998年我已过了退休年龄，就不能收研究生了，所以停顿了两年多。我们做实验性基因治疗，拿细胞系做了比较多的东西。当时我们做的时候，国内还没有其他单位做。胰腺癌是很硬的一块“骨头”，很难啃，到现在为止死亡率还是很高。因为胰腺长在靠后背即腹膜后，很深，临床诊断发现时，多半是晚期的癌，所以治疗效果都很不理想。我们就想能不能从基因治疗方面为临床提供一点依据，所以近十年来我一直在做这方面工作，也很幸运地得了卫生部的几个奖，还有国家科技进步奖。现在我还不能退

休，只好再收博士研究生，继续做点工作。不过也很困难，因为年纪大了不能申请基金，物质条件很差。

问：有一篇关于您的文章里面谈到，病理诊断被称为“金标准”，您怎么看这个问题？

答：实际上病理诊断就是个“金标准”。我刚才说了，有些病变至少到目前为止还没有其他方法可以代替病理诊断。临床还是靠病理诊断，为什么有那么多病人的活检或手术标本，要往病理科送？因为临床需要有一个正确的诊断。有些影像诊断可以考虑某个病变是癌，但是不能确诊，不会肯定说就是癌，更不能肯定是什么癌。如果从肺里切出一块肿瘤组织，病理诊断肯定可以鉴别这是肺癌还是其他肿瘤，所以病理诊断被称为“金标准”。原来没有其他先进技术的时候，完全靠病理诊

1994 年 10 月，刘彤华（中）在香港参加第 20 届国际病理学会（IAP）大会

断。现在通过很多化验、同位素检查以及影像诊断等，也可以确诊一些病变，但还有一部分需要靠病理诊断。病理诊断也要靠不同的人，需要丰富的经验，并不是说每个人根据一个标本都能得出正确的结论。有一些典型的诊断大家都会，但是不典型的诊断很难。原来肿瘤只分为良性和恶性，但是随着科学发展，现在发现有一种交界性肿瘤，既不能说它是良性的，也不能说它是恶性的，而是介乎于良性和恶性之间。现在这种交界性病变越来越多，其诊断是相当难的。要诊断得过头一些，就把它推到恶性那边去；要诊断得保守一些，就变成良性了，这两种情况都会影响临床治疗。我认为认识了这个交界性病变，对临床治疗是有很大帮助的。医学生物学在迅速发展，我们对疾病的认识也在不断提高。以前我们诊断淋巴结的病变时，一看淋巴结结构被破坏了，就诊断为淋巴瘤。后来发现，有些并不是淋巴瘤，而是淋巴结的反应性增生。因为反应性增生的淋巴结也可以使淋巴结结构破坏，这种反应性增生可能是由病毒感染，或者一些其他环境因素造成的淋巴结肿大。反应性增生就不能像淋巴瘤那么化疗了。我们以前发现有一类病人临床有发烧，他们的淋巴结变大或坏死的症状，有的多一点，有的少一点，最后我们发现这些都是反应性增生。但到现在为止，还没有确定是什么病因，我们估计有很多是病毒感染。我们就与有关临床医生一起总结了这类病例，认为都属于反应性增生。那时还是“文化大革命”时期，既不能看文献也不能写文章，但实际上我们早就发现这种病变了。等到1979年我们发表文章的时候，日本人已经提前发表了，而且就是我们发现的那种，我们叫它组织细胞性反应性增生。病人接受激素治疗就好了，现在有一些已随诊20余年的病人都很好。所谓“金标准”，就是说有些疾病只能靠病理诊断来下结论，临床治疗要与病理诊断相结合。有些疾病的诊断现在可以靠其他的技术方法，如B超、CT、MRI、PET，等等，但至少到目前为止，有些病还是需要靠病理诊断。我们病理学现在处境很困难，一是工作量很大；二是经济效益低；三是责任很大。比如说外科医生做手术，给我们一块冰冻的小组织，或者整个一个大标本。因为冰冻的切片切得很厚，所以只能大概诊断，不是百分之百的准确。我们告诉他冰冻切片的诊断结果，但石蜡切片结果出来不是那么回事，这就是我们病理科的责任了。如果对了，就是临床医生的功劳了。现在更困难了，病人老告状，老打官司，经济效益又特别低。所以现在的病理学，以后可能会后继无人。很多年轻人都不愿意做病理学，认为都是医学院毕业的，自己为什么要做病理医生，做临床医生多好。

问：病理诊断有点像幕后工作，容易被人忽视，不像临床？

答：对，临床现在经济效益高啊。原来病人很少跟病理医生打官司，但现在也慢慢认识了。目前国内病人可以拿着片子跑遍全国，到处

1980 年 10 月，刘彤华（左二）访问英国医院

去会诊，病理医生也被推到前面来了，一打官司也常被牵扯到。可是病理科经济效益很差，领导也不重视。也不是所有的领导，有些领导还是很重视的。我上次去深圳，就看到深圳市人民医院很重视病理科，把病理科建设得特别好。我跟他们谈的时候，他们说病理科很重要，病理科要不行的话，那医院怎么行呢？我觉得他们真是很英明的。

问：您当选中国工程院院士对这个学科的发展有更大的影响吗？

答：我当选中国工程院院士的主要原因就在于诊断病理方面，还有就是科研方面。当然就像有些领导说的，我的科研跟人家是比不上的。我们就是在没有钱、没有人力的情况下，这么做一些。我当选院士后，病理界很多同道都非常高兴。尤其是医院病理科的医生们，我当选院士对他们有很大的鼓舞。他们本来觉得不被重视，但现在觉得病理学还是有希望的。当时陆召麟院长和学委会推荐我时，我没有想到自己还能够成为工程院院士。选上了至少是对病理诊断工作的一种承认吧，而且对医院病理科的同道也是很大的鼓舞，大家都特别高兴。

问：刚才听您谈了病理学，我觉得这个工作也需要很多经验。您能不能谈一谈，怎么样才能够丰富自己的这种经验？

答：其实病理诊断这个职业并不是我自己愿意做的。因为1953年毕业的时候国家有一个规定，医学院毕业的学生都要到各个医学院校去做老师，而且只能选择基础学科即前期科。所谓前期科就是解剖学、组织学、生理学、病理学、生物化学这些学科。我一直想做临床医生，因为我从小就特别爱生病，所以我就想当医生，自己给自己看病，也给别人看病。所以选前期科时，我思想上有一点想不通，后来想了半天就选了病理学。我们到中国协和医学院（今北京协和医学院）进修，那时候病理系的主任胡正详教授，在诊断方面非常有经验，给了我很大的帮助。我跟着他十几年，学到了很多东西。他看片子特别仔细，跟临床的联系也是非常密切。做出一个病理诊断前，他都要从临床各方面来综合考虑。而且他有一个最大的特点，就是跟他讨论问题时，可以提出自己不同的意见。那个时候胡正详教授的学术地位已很高，他不像有些教授，认为自己的诊断就百分之百正确，人家不能提别的意见。很不幸的是，胡教授在“文化大革命”中去世了。我虽然不喜欢这个学科，可是既然在这里工作了，还是要对病人负责。我觉得自己检查病变还是比较仔细的，有问题我就询问临床医生，我跟我们同辈的临床医生关系都很好。一般我看病理切片时，都不先看人家写什么意见，甚至我也不看我们科低年资的医生写的初步意见，以避免先入为主。我只是根据这个片子、病人的病史自己判断，不太受别人的影响。在我没有把握的时候，以前有老师可以请教老师，没老师可以请教就查书、查文献。除了仔细地看片子分析以外，我觉得下结论的时候还得要自己思考。我这个人脑子比较简单，不太愿意写很多描述性的东西，因此我会给临床一个比较明确的结论。有时一张片子，我今天看不出来，就明天再看，等我脑子清醒的时候再看。我觉得这样有很大的好处，可以避免武断和乱下结论。到了协和医院，我具体负责病理科，有问题时我已经不能再推给别人了，所以有的时候压力很大。但压力对自己也有好处，压得自己要想办法解决问题，解决后有一种很愉快的感觉。我倒不是说我什么问题都能解决或一定能解决。实际上当我能得出一个比较正确的结论时，我自己就觉得很高兴，虽然我并不喜欢这个学科。我总说，我要是做临床医生，也可以做得很好。可是我现在做病理诊断，只好面对现实，踏踏实实做好自己的工作。病理学需要经验积累，其实整个医学都需要经验的积累。所以说二三十岁就能做一个非常棒的临床医生，是不太可能的，他见的

1953年，刘彤华（右）结束在中国协和医学院（今北京协和医学院）病理科进修后，离开北京前在故宫留影

病种不多，经验少，不可能像一些年长的临床专家那样能处理好一些疑难杂症。我在北京协和医学院和协和医院已快50年了，在这两个地方有一个好处，就是见的病种多。原来协和医院，尤其是老协和，各科都是很棒的。我1952年到这里的时候（我是1953年毕业，但是1952年就被送到这里来进修了），各科都有全国最有名的专家。后来这些专家有的分到解放军军事医学科学院去了，有的到301医院、肿瘤医院、阜外医院去工作了。我跟这些老专家们在一起学习了很多，以后自己在工作里也积累了经验。我经常跟低年资的医生们说，当你看片子时要是有人跟你谈话，你最好不要下结论。有的时候如果有人跟我说话，我一个片子可以看两三个钟头，片子在显微镜下来回转都没进我脑子。要安下心来，因为这是一个诊断，安心才可以得出相对正确的诊断。当然我也会犯错，我是人又不是神仙，会犯很多错误。但是我觉得我

错了的时候，我可以说出来我错的原因。不像有的人随便就下一个结论，那就没有意义了。我有一个病人，她前几年每年都给我寄张贺年片，我也不记得她是谁了。今年她又寄来贺年片，上面写了一大堆，我才了解是怎么回事。她的女儿十年前得了鼻咽炎，以为是恶性肿瘤。我给她看了以后，觉得是重度炎症，后来她女儿也没有继续治疗，已经十年了，都挺好的。

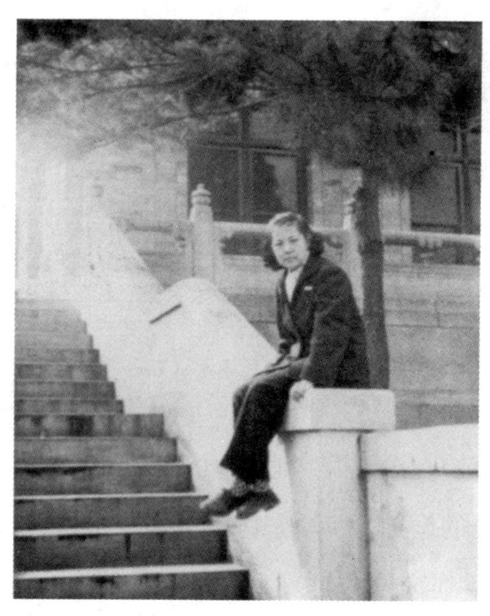

1957 年，刘彤华在中国协和医学院（今北京协和医学院）

问：原来诊断有一个肿块，怀疑可能是肿瘤？

答：对，像这样的例子很多。她女儿因发热耳闷、鼻咽肿块，怀疑是鼻咽恶性肿瘤，到北京求医。肿瘤医院和301医院都怀疑是恶性肿瘤，建议放疗。她在贺年片上写道："我在一个月中三次打扰刘主任，您在百忙中反反复复查病理切片，明确诊断为重度炎症，不是肿瘤，并安慰我们，叫我们经常查看鼻咽部。因坚信贵院，所以没有再到其他医院去检查。是你们救了我女儿，摘除了这个恶性肿瘤的帽子，说明你们1991年12月19号的报告是正确的，再次感谢。”今年我才知道这个病人叫马红英，当年23岁，大学刚毕业。这种例子很多，我记不清楚了，她自己不说我也搞不清楚马红英是谁。

问：这是对您工作的一个肯定？

答：对。

问：您的这个眼睛？

答：我的眼睛有白内障，右眼做了手术，现在还能看。左眼白内障也很厉害了，准备近期做手术，所以目前只能用一只眼睛看，相当困难。一方面，因为年纪大了有白内障；另一方面，因为我有糖尿病，所以白内障发展得更快。还有就是，整天看显微镜，受强光刺激。

问：对长时间看显微镜，受强光刺激这种情况，有没有什么防护措施？

答：没有，领导从来没有认为这是职业病。其实我们现在自己觉得是职业病，因为现在我科里一些比我年轻很多的医生的眼睛也开始不好了，跟与他们同年龄的其他科医生不能比了。

专注胰腺癌研究

问：在胰腺癌研究这方面，过去都是切片诊断，而在20世纪80年代有一个比较重要的改变，就是您最早在国内运用细针穿刺诊断，您能不能谈一下这个？

答：细针穿刺是用一根很细的针，针的直径小于0.9毫米，穿进去基本上没有什么伤口，而且穿进去了可以向不同的方向来回穿，吸出来东西后再做涂片。这样就避免了开腹切一块胰腺做冰冻，因为切了胰腺组织以后特别容易发生胰漏，而发生胰漏以后又会引发很严重的并发症。细针穿刺在20世纪70年代在北欧就开始发展了，但那时候美国不怎么用，不太相信。我们的曾宪九教授还是非常有学问、有远见的，在学术上也非常严谨，是一位非常好的老师和前辈。他提出来要做细针穿刺。我们当时邀请了几位瑞典的细针穿刺专家，他们还送了我们一些器械，比如一些针、手把等，这样我们就开展这个工作了。曾宪九教授有个研究生，正好也是我带的，这个研究生就到临床去运用，然后我帮他一起来诊断。当然诊断的人也很重要，因为我那时候已做了近30年的病理诊断，比较有经验，诊断的准确率也比较高。后来我们总结发现细针穿刺的效果很好，没有什么假阳性，可代替术中冰冻，准确率高，它避免了原来取冰冻的组织进行活检的很多弊病。我们基本上是在国内最先开展这方面工作的。有一位美国著名的细胞学教授，他看了我们做胰腺的细针穿刺材料，很佩服。

问：最早做这个穿刺是哪一年？

答：1978年就开始了。20世纪80年代初期就相对很成熟了，我们那时候做了很多。

问：关于胰岛增生的形态变化，你们用形态计量法建立了胰岛增生的诊断标准，您能不能谈一谈这个？

答：胰腺是一个很复杂的器官。它有外分泌，就是分泌胰酶等；

还有内分泌，分泌胰岛素、高血糖素、生长抑素等。外分泌和内分泌是经常混在一起的。胰腺内分泌的器官以前就称为胰岛。这个岛里主要是这些内分泌细胞，所以在胰腺切片里，除了可以看到很多腺泡、外分泌的导管外，还有一个个圆的胰岛，这在组织学上是可以分出来的。后来发现除了胰岛以外，外分泌的腺泡和导管里也有这种内分泌细胞，等于有一个弥散的内分泌胰腺。胰腺内分泌细胞可发生各种内分泌肿瘤，比如分泌胰岛素的细胞上的肿瘤就称为胰岛素瘤。病人平常胰岛素分泌太多，血糖很低，就会发生昏迷等症状。这时外科医生要去查找病人有没有肿瘤，这种肿瘤一般都比较小，只有一两厘米，长在胰腺内跟淋巴结差不多，临床医生要剖腹看看胰腺里哪个地方有小瘤子，再把它切掉。但是在有些病人体内怎么找也找不着肿瘤，因为这些内分泌细胞不形成肿瘤，而是形成很多大小不等的胰岛，即胰岛增生。所以这个时候临床只能切一部分胰腺，比如胰尾部胰岛比较多，就把胰尾部切掉。那怎么判断是否是胰岛增生呢？因为正常胰腺里就有很多胰岛。我们就统计一下正常胰腺的胰岛有多少，然后和低血糖、没有找到胰岛素瘤的病人胰腺内胰岛比较一下，发现病人本身情况和对照的胰岛数量、大小各方面有一些差别。那些真正是胰岛增生的人，胰岛特别多，这就是形态计量了。因为原来找不到肿瘤，就要切一块胰腺，而到底有没有胰岛增生，就要根据数量来判断。所以我们就用正常的作对照，然后形成一个计量标准，这样就可以做出明确的诊断。如果诊断为胰岛增生，临床医生就不再继续找了。

问：相对来说，正常人是不是有一定数量的胰岛？

答：对，我们一般都是拿没有胰腺病的胰腺作对照，得出胰岛数量的相对正常值。

问：1985年您在国内外首先提出来，胰内总胆管环形壁内浸润是胰头癌的一种特殊生物学行为，能不能谈一谈这个？

答：我们那个时候在曾宪九教授的领导下，在胰腺癌的形态方面做了很多工作。我们把医院所有的胰腺癌病例都找出来，仔细观察、比较。胰头部有个总胆管，它通过胰头到十二指肠，在胰头的那一段叫胰内总胆管。我们偶然发现有些胰头癌，癌很小，但是这个总胆管的壁内已有癌的浸润。癌的原发灶很小，但是癌浸润总胆管壁很厉害，就像橡皮管那样的，有那么一段管壁变硬，管腔变窄。之后我们就用自己设计的检查胰内总胆管的方法，把以前的胰腺癌标本回顾性地再复查了一下，发现几乎90%的胰头癌都浸润了总胆管壁。尽管有的癌很小，有的癌比较大，而且有很小的癌离胰内总胆管还有一定距离。但在我们一共12例很小的（1—2厘米）的胰腺癌中，所有的胰内总胆管都是这样被浸润的，很有规律性的。所以我们提出了这种环形的壁内浸润。另外，壶腹癌浸润的是胰内总胆管的下段，而胰内总胆管癌就是在胰头里的总胆管癌。我们对这三种癌进行了比较，发现胰头癌的浸润形成是比较突出的。后来观察新的标本，就直接剪开总胆管以后，观察那一段狭窄区。胰头癌病人是慢慢发生黄疸，而一般的黄疸是由胆石症引起的，能缓解；但是胰头癌引起的黄疸是病理性的，由于癌的浸润致使管腔狭窄，所以不能缓解。

问：您之前提到，在国内建立了多株人的胰腺癌的细胞系和裸鼠移植，这个研究从1984年开始，持续了多长时间？

答：至少有10年吧。因为建立1株人的胰腺癌的细胞系不是很容易的，不是短期就能成功的，当初有不少是失败的。现在我们有5株细胞系（确切地说目前已有6株细胞系了），而这5株细胞系已经传了好多代

1985 年 6 月，刘彤华（左二）访问澳大利亚阿德莱德伊丽莎白皇后医院病理科，左一为国际软组织病理专家 P. W. 艾伦博士

了，由一个实验室专门保存，需要的话随时就可以拿出来用。

问：胰腺癌的细胞系有没有什么特殊的培养难度?

答：怎么说呢，实际上所有癌细胞比正常的细胞都要容易培养。但人的细胞是比较难培养的，要很新鲜，然后再把它分离。我们用的方法是把人的胰腺癌细胞先接种到裸鼠皮下，让它长出来以后再培养成细胞系。总的来说，人的胰腺癌的细胞系没有那么多，国外也没有几株。而且培养出的细胞系要延续很多代，一直能够长下去，也是比较困难的。

问：您能不能谈谈胰腺癌细胞中Ki-ras基因所发生的规律性突变?

答：Ki-ras是一个癌基因，在很多癌里都有表达，用分子生物学检测，它是过表达或者是扩增的。Ki-ras在胰腺癌里都是过表达，我们的

1985 年 11 月，刘彤华（左一）与好友
B.C. 莫森教授在西安碑林

几株胰腺癌细胞系，都有Ki-ras过表达。另外，我们发现胰腺癌Ki-ras第12密码子突变率特别高，可以到90%左右。这个不是我们首先发现的，因为国外已经有报道。但是我们是用我国的胰腺癌病例来证实胰腺癌Ki-ras突变率很高。后来文献报道Ki-ras在胰腺癌的过表达和突变是最高的。我们在检测它发生突变时，就是拿第12密码子突变作为一个诊断依据，用细针穿出来的胰腺内细胞经PCR扩增以后再来检测，要是有突变的肯定是胰腺癌。

2001 年，刘彤华（前排左三）与中国协和医科大学
（今北京协和医学院）病理科医生合影

问：这个等于说是分子生物学？

答：分子生物学的一个检测方法。这个不是我们先提出来的，但我们在这方面做得比较多。因为我们长期研究胰腺癌，所以材料也比较多。

最重要的是实事求是

问：您觉得一个好学生或者说合格的学生应该具有什么素质？

答：做科研最重要的是实事求是，有科学性。我现在没有选择余地，就是学生考及格了就可以进来。我和学生商量我们做什么题目，学生要是能按这个题目做出来，我觉得已经挺好了。至于说他的品质为人，导师一般管不了。有些学生，等到毕业了以后，才暴露出他的情况。我觉得我们年纪大的人脑子比较简单，而现在的年轻人呢，每一步都想好了怎么做，第一步达到什么，第二步达到什么，第三步达到什么，所以这个问题咱们说不清楚。那些学生为什么要出国呢？一个问题是大环境、小环境都促使他们走，实际上他们早就想好要出去了。到我这里来念书只是过渡一下而已，我们没有选择的余地。他能来，能够踏踏实实、实事求是地做好这个科研，我觉得已经很好了。我听有人说，有些论文是有水分的。但我只是听说，没有抓住这个事实。我现在要求研究生进来以后能实事求是，做出的结果是阳性就是阳性，是阴性就是阴性，这样已经是最满意的结果了。至于说学生要走，那我也阻拦不了。一个要求就是，学生要先说好他是要走的，不要事先跟我说一定留，到时候再走。我不会阻拦人家的，我觉得年轻人愿意发展，寻求更好的前途是可以理解的。

1976 年，刘彤华（右）在甘肃参加医疗队期间摄于莫高窟

问：您这些学生里面有没有比较杰出的？

答：我有几个学生还是很不错的。我第一个硕士生叫王宝乐，他原来是协和医大的，非常能干，脑子也很聪明。当时他毕业了以后，我们一直想留下他，那时候我们医院的院长、副院长也想尽一切办法留下他。可是他夫人在陕西工作，结果他就没有留下来，很遗憾。他是很有能力的一个人。后来据说他又到比利时去进修了，后来就到美国去了。现在他在美国芝加哥做得很好，据说是一个实验室的负责人，或者是公司的领导，搞不清楚了，因为好久没有联系了。还有一个叫李德春的学生也不错，他是我们科里最早开展分子生物学技术研究的。他对我开展分子生物学和分子病理工作起了很多作用的。后来他去了英国，又转到美国继续研究，他很聪明。另外，现任主任陈杰也是比较好的，我对他还是花了很多力气的。说老实话，我这个人从来没有得到过国外进修的机会，就是土生土长在这里，一天到晚干活。当然改革开放以后我有机会出去，我那个时候50多岁，当时想的就是怎么尽量把科里其他年轻一点的人送出去，等他们回来后能把科里兴旺起来。陈杰那时候也是我的一个硕士生，后来又转成博士。我最早帮他联系到英国去学习一年半，后来又联系到美国学习一年半。1989年的“六四”，他当时可以留在美国，但是1990年他还是回来了。这一点领导很欣赏他，我也觉得不错。他在神经母细胞瘤和胰腺癌方面做了不少工作。在胰腺癌的基因诊断和基因治疗研究中做出贡献的，还有王志永、曾春旬、郭洪涛、许雅和张雷等博士生。

问：现在学生上学跟您上学那时候，您觉得区别大吗？

答：我觉得区别还是很大的，现在的学生很辛苦。现在连小学生都辛苦极了，功课那么多。我觉得我念医学院时没像他们那么辛苦呀，也还经常出去玩，看看电影。现在我的孙子也是一天到晚在念书，辛苦得很。我觉得现在的学生很辛苦，教学方式是一个大问题。这个课、那个课塞得满满的，脑袋都装不下去了。我要收的助教（住院医生），我不一定看他分数多好。我的想法是这样的，考100分的学生出来不一定就是一个好医生。有的学生只会念书不会动手，而出来工作既要会动手，也要动脑子。

为医学杂志倾注心血

问：您是《中华医学杂志》（英文版）编委、《中华病理学杂志》副主编，您在这方面的工作经历是怎样的？

答：我最开始做了几届《中华医学杂志》（中文版）的编委，后来也做了几届英文版的编委。原来是《中华病理学杂志》编委，后来算是副主编，一直到现在还是副主编。我为这本杂志付出了很多心血。

问：您的英文是什么时候学的？

答：我在小学、中学和大学念的都是英文。高中就是天主教学校。我还记得一件事，因为当时刚从苏州转过去，我的英文不像上海学生那么好。启明女中的校长是一个美国的嬷嬷，好凶的，她突然问我，我答不出来，所以对我印象不好。由于不服气，我就自己拼命学。到我毕业的时候，她对我态度很好了，因为我的英文已经不错了。在医学院上课时，老师主要是用英文讲。其实我们的英文应该很好，可是新中国成立以后不让念，也不让看，就慢慢忘掉了。因为好多词汇不记得了，一说话就卡住了。我已经当了好几届英文版编委，以前审读的稿件较多一点，现在少了，可能是现在病理学方面的文章少了。

问：您自己写这方面的文章吗？多不多？

答：以前还是很多的，我记得《中华医学杂志》（英文版）以及一些国外杂志都刊登过我的文章。最近十多年来写文章，都是研究生作为第一作者。因为研究工作都在研究生做的题目里，所以都是他们当第一作者。外国承认最后作者，实际上老板就是最后作者。国内不是这样，国内排名最后的是最小的，实际上不是这样的。所以我现在发表论文排名多排在第二位，第一位是研究生。20世纪80年代和90年代初我多是作为第一作者。

访谈人：舒阳

访谈时间：2001年9—10月

吴旻（1925—2017）

1925年12月生于北京。江苏常州人。肿瘤遗传学家。1950年毕业于同济大学医学院，1961年获苏联医学科学院博士学位。中国医学科学院肿瘤医院教授。1980年当选中国科学院学部委员（院士）。

1958—1961年在苏联和1961年回国后开创了苏联和我国的现代人体细胞遗传学研究。1974年开始对我国北方食管癌的遗传病因进行研究，80年代初提出通过遗传学分析对食管癌高发区进行规模预防以降低发病率的策略，并为实现这一目标不懈奋斗。1983年开始分子水平的研究，着手分离我国食管癌的易感基因(抑癌基因)，试用维甲酸等促使癌细胞分化成熟，应用抑癌基因和分化基因进行癌症基因治疗，分析食管上皮癌变过程各阶段基因表达的动态变化并参与我国人类基因组计划和生物信息学的启动和发展。

吴旻院士

只有坚持不懈地做下去，才会有所发现

要有创新精神

问：在《七十自述》中，您提到自己的座右铭是“笨鸟先飞”。接着您还讲了莫扎特的故事，并说“自己不知道该怎样表达这个座右铭”。

“狗在吠，骆驼队在前进”，这是您在参加某活动时的留言，您说这个谚语好像又补充了“笨鸟先飞”和莫扎特的故事没有包含的一些内容。您能把这两个谚语和莫扎特的故事结合起来，讲讲自己为人处世的哲学吗？

答：“笨鸟先飞”就是说我这个人没有天赋，也不比人家聪明，但是有一点我还是有把握，就是我可能比一般人勤奋、努力一些。那“笨鸟飞先”到底是干什么呢？不是说只去飞，而是要有个目标，目标就是找到虫子，先飞的就先找到，所以一定要勤奋。

成功要靠勤奋、毅力，靠有一个目标，但是光有这些还不够，还得有创新精神。关于创新精神，我记得给我印象最深的就是，1944年学德文的时候，我们学的一个关于莫扎特的小故事：

有个神童小提琴拉得很好，莫扎特很欣赏他，神童就问莫扎特：“我什么时候可以自己谱写曲子呢？”莫扎特说：“哦，那还早着呢！”神童说：“你不是五岁就写了吗？我都十岁了，怎么还早呢？”莫扎特回答的这句话很关键：“可我从来没有问过谁我什么时候可以写曲子呀。”

如果一个人自己已经问了，就等于下次要听人家的意见，按照人家的话去做，这就不是自己的原创性。自己想怎么做就去做，干吗要去问人家或者听人家的？莫扎特的小故事就是强调要创新、独立、自立，不要专门去听人家的。但是这个东西很不符合我们国家的国情，我们国家一直强调要请示汇报，如果不请示汇报自己却做了，那就是一个错误。中国古代也是这样，古代那些儒学大家，也都是强调学老师的，老师教什么就学什么，不能越雷池一步，所以中国的传统是不主张创新的，这个要改变，否则咱们的科学文化就不会有很大的进步。

问：我们的文化好像不是强调个人，而是强调集体。

答：集体是另外一回事，有些东西是需要集体去做的，要互相协作，我觉得应该强调协作，不同科学、不同科学家之间要互相协作。但是创新是另外一回事。

要什么事都请示汇报，得到同意才做，那就完了。如果全国多少亿人只有一个脑袋了，那这个民族还有什么希望呢，就完蛋了，所以我特别欣赏创新。我也经常对学生们讲，要去创新，不要去请示汇报，问人家自己该不该做。但是过去在中国社会里，这样做是会倒霉的，一定会经常挨批斗，如果没有得到批准就做什么事，好像都是犯法的。

洗冷水澡与科研的相似性

问：您能说一下您的童年吗？

答：我记得我很小的时候，身体就不好，据说两三岁的时候得了一场伤寒病，总恢复不了。后来我父母就带着弟弟离开家乡到山东去工作了，把我留在外祖母那里，所以我从小就跟外祖母生活。

外祖母信佛，念经，喜欢孩子都是白脸书生，不调皮捣蛋。我实际上也没有小伙伴，没有精力去调皮捣蛋，就跟着外祖母到处跑。她干活、谈天或者打牌时，我就坐在她旁边动也不动，也不说话，耳朵里头总觉得有"轰、轰、轰"的声音，所以我从小就以为每个人的耳朵里都是这么叫的。后来学了医我才知道，那是贫血的一个特征，贫血了就会耳鸣，就是"轰、轰、轰"，心一跳就"轰"一声。

问：您什么时候知道自己是贫血？耳鸣是什么时候停止的？

答：我到了医学院的时候，已经18岁了。那是1943年。那年秋季我考进了四川同济大学，就在距离宜宾大概30里一个叫李庄的镇上。那个镇很不错，有很多庙宇。

大学生活穷得很，家里也没有钱，我穿的衣服很不像样子。我妈妈买了土布，又买了一包草绿色的染料，然后自己把它染了一下，给我做了一套中山装，颜色很难看，也没有样子。因为那时候能上大学的起码

1935 年，吴旻（右）和二弟吴耀祖

是科长以上官员的子女，所以我在同学中就显得非常寒酸，怎么办呢？我有两个办法，一个是锻炼身体，另一个是发奋学习，早晨起来咿咿呀呀练德语发音。

一年后，一个跟我同室的好朋友说："我们当初刚看见你时，以为你马上就会死掉了，脸色发青，个很高，可是瘦极了，好像会被风吹倒，没想到过了一年你还在，还比那时候好一些了。"

我怎么开始锻炼的呢？既没有营养也没有补药。我就是利用长江，每天到长江里去游泳，到冬天的时候长江的水太冷了，下不去了，我就拿一个盆子到长江，用一盆水从头上浇下去。

这个冲凉的习惯我一直坚持了几十年，后来到了城里就用自来水了。1946年抗战胜利了，学校搬到了上海。一开始我住在位于江湾的理学院。那时候上海的自来水跟外面气温是一样的，夏天比较暖和，冬天就非常冷，有时水龙头干脆冻住了，打不开。冲凉对我的身体很有帮助，对我的意志锻炼也起了些作用，不管怎么冷、怎么累我都要冲一冲。

问：这种锻炼坚持了几十年，您觉得对您的科研有帮助吗？

答：做什么事情，都要有恒心，要坚持不懈地去做。我们选科学院院士的条件之一就是做出系统性的工作，那就是必须长期按照一个方向做下去，还要有所发现，而只有坚持不懈地做下去，才会有所发现。做科研是这样，锻炼身体也是这样。

苏联的副博士和博士是两个不同的学位

问：抗日战争胜利后，您的经历是什么？

答：抗日战争胜利后，学校就搬回到上海了。毕业后我就留在学校里做病理学助教。1951年我参加了抗美援朝。回来后，我又随学校从上海搬到了武汉。因为美国那时搞了细菌战，所以我们要搞反细菌战。1954年我被调到了位于北京昌平的中央流行病研究所工作。到了1956年，我们就被派到苏联去学反细菌战。因为当时我们没有基础，就在留苏预备部学了一年。1957年11月，我们乘奔驰在西伯利亚大铁路上的火车到了莫斯科。那个时候毛主席正好在莫斯科大学接见中国留学生，说了

1951 年 1 月，参加上海抗美援朝医疗大队的吴旻在沈阳留影

那句名言："世界是我们的，也是你们的，但是归根结底是你们的。"

问：您当时也在？

答：那时候我正好在西伯利亚大铁路的火车上。到莫斯科时，世界青年联欢节刚好结束，一派节日的景象。那时也是中苏最友好的阶段，苏联对我们中国留学生也好得不得了，我们上电车不用买票，要吃东西也不花钱。

我在那里找了一位苏联老师，挺有名的，叫阿·德·季莫菲耶夫斯基。我去的时候，他刚过七十岁的生日。后来有一天，他就把我和另外一位苏联女研究生一起叫到他家里，出了十个题目，让我们挑。那位苏联女研究生挑了一个组织化学的题目。在那十个题目中，有一个是《恶性肿瘤细胞瓶中克隆的获得》，什么是"克隆"，就是把一个细胞拿出来，让它繁衍起来。我说这个题目很好，有点挑战性。老师说："上次

1957 年，吴旻赴苏留学前和夫人彭仁珍合影

已经有人试过了，但没有成功，你还做吗？”实际上在美国已经有人做成功了，他们是把一个小老鼠的细胞做成了，但其他国家还没有人成功，包括苏联。我就说还要做。那是在1958年。

进了实验室后，我好好地研究了一下文献资料，设计了五种方法，结果花了两个多月，五种方法全部成功。苏联老师就说我可以写文章了，写完就可以答辩。我想我有三年半时间，于是我就继续做。做什么呢？做细胞遗传，做染色体。那时候染色体研究正好到了一个新阶段，细胞培养、低渗液处理、秋水仙素三者结合可以获得非常好的染色体标本。

后来，我除了在瓶子里做培养，还做了一种大白鼠的实体瘤。我把实体瘤捣碎，磨细，在显微镜下挑一个细胞，再将这个细胞注射到新生大鼠体内。因为新生大鼠的皮还没长毛，很嫩，我就将试管尖插到它的皮下，用嘴一吹，就把那个细胞吹到它皮下去了。我一下就做了一百多只大鼠。后来等了好久，最后有三只老鼠长了三个实体瘤子。

过去没有人做过这个，美国人做的是白血病，但白血病不是实体瘤，是血癌，比较好做。我把这些东西总结起来，论文也就写出来了。后来就申报了博士论文。博士论文的评定要经一个学术委员会两次表决，第一次表决通过副博士，第二次再表决，通过博士。我那个可能在苏联也是头一次，一下子就获得了博士学位。

问：在苏联是怎么区分副博士和博士两个学位的？

答：苏联的研究生，大概经过三年半就可以获得副博士学位。但是苏联的博士学位跟其他西方国家不太一样，首先要得到副博士学位，另外，在自己的科学研究中还要有重要的发现，才可以写博士论文，再去申请答辩。要没有新的发现，就一直做下去。有的人年纪很大了，职务也很高，却得不到博士学位，在其他西方国家没有一个跟苏联博士学位对等的学位。

问："学术委员会全票通过我获得副博士和博士两个学位，我要去睡觉了。"这是一封您向夫人彭仁玲女士报喜的信。您当时究竟是怎样的一种心情？

答：因为我去的时候就下了决心，一定要得到博士学位。我的学生比我早去几年，都得到了副博士，如果我还是副博士，就不行了。去了以后才知道得博士学位很不容易，必须要做出一些不一般的东西，所以我大概花了两三个月的时间，就将副博士学位的实验做出来了，但我想后面还有两年多的时间，要继续拼命地做，而且要紧跟当时国际上刚刚出现的、发展起来的一些新学科。

我答辩完后，中国的同学们都很兴奋，苏联的同学和同事们还排了一条长队，要跟我拥抱、亲吻，都兴奋得要命，还有人送给了我一块金表。但是我一回到宿舍，就忍不住关起门来大哭了一场。因为我觉得费了那么大的劲才获得博士学位，但将来回去要挨批挨斗，所以在那种情况下就给了她这么一封信。那时候思想真的矛盾，一个是因为完成了一件事觉得很高兴，另一个就是想到将来被批斗这样一个前途。回来后，那个人事干部就说我出去的时候是助理研究员，现在回来了还是助理研究员，还是原来的我。但是我没有思想准备，我说怎么了，我是缺德了吧？不是讲德才兼备吗，我已经获得博士学位了，他们就说我以前是什么，现在仍是什么，那是不是因为我缺德了？

跳回到“文革”的“刀口”上

问：您从苏联拿到博士学位回国以后，“文革”还没开始吧？

答：我是1961年6月份回国的。回国以后，正好是国内“极左”的时候，伟大领袖就说了：什么博士、硕士，那些资产阶级的东西，我们一概不要。

我回来先要改变从苏联修正主义那里染来的思想，就到语言学院学习。我记得陈毅同志专门来看过我们，给我们作了一个报告，挺长的。从语言学院出来后我就到科室里来了。那时一直是运动不断，“文革”开始后就更厉害了。有一位姓王的同学回到上海后不久就自杀了。

问：1968年，当时好像有很多人都研究慢性气管炎是吗？

答：那个时候伟大领袖得了“老（年）慢（性）支（气管炎）”，周总理就号召全国研究“老慢支”。在各大学里搞其他科学、西医的人都得去研究，所以“老慢支”就成了那个时代的研究重点。

问：您有没有搞？

答：我没有搞“老慢支”，我跟那个一点关系也没有，我还是搞我自己的研究。

问：当时因为什么批您呢？

答：那时主要是批我骄傲自大。骄傲自大在那时可是一个很大的问题。

问：您的科研工作在“文革”中是什么情况？

答：我的科研工作在“文革”期间都停止了，不敢做了。但在这之前我做得很欢，非常努力。回国后我主要做细胞遗传研究，也发表了很多文章，但那些文章不能传到国外去，只是在国内发表。后来我记得有一次，我们专门组织了一个报告会，介绍我们这个课题组的工作，而且把中国医学科学院一位姓薛的党委书记也请来听了。他是老一辈的业务干部，在延安的时候就是生理教员，“文革”时已经是教授了。后来这个事也是我受批判的一个理由，“搞了一个修正主义，还很得意，还请医科院领导来听我的”。

问：“文革”的时候，他们对您进行过身体上的伤害吗？

答：没有，那是没有的。我回来的时候才30岁出头，我上面有好多“资产阶级反动学术权威”，我的老师杨简，还有我们协和病理系主任胡正详，还有李铭新，都是在学术上早就有名的。要批要斗也是他们首当其冲，关起来也是关他们，还没有轮到我。

问：您当时是处在一个什么状况呢？科研还能继续搞吗？

答：当时都不许进图书馆了，如果进图书馆，可能也是找一些关于批斗的资料。

问：是所有人都不让进，还是受批的人呢？

答：图书馆还是开着，但是我们都不敢进去了，就待在实验室里，我都忘了做什么了，整天都开会吧。

问：您当时对这种情况有什么想法？

答：说实在的，那时候整个形势……恐怕我只能在心里叫“唉呀，我大概是错了，是我不对了”，但是不知道为什么不对，也不知道要怎么改。

问：您觉得自己哪里错了？

答：我就说我错了，我也弄不清楚到底哪里错了。那个时候我想可能大多数人都是这样的，像张志新那样有清醒的头脑的人不多。因为那时就是铺天盖地地批呀，批得你根本就无所适从，人家都说你错了，那你还不错吗？

有一次，我记得晚上要开我的批判会，唉呀，我的女儿走丢了，跟邻居的儿子一起，不知道去哪里玩了，那个孩子也很小。那天又开批判会，真是把我急得要死。我受的苦不多，不像胡正详最后自杀了，他拿了个刀片把动脉割了。他是老协和的老科学家，病理学的权威，中国病理学的第一把手。他被隔离起来批斗。也开过几次批判他的会。胡正详手下有个技术员，表现得很“左”的样子，把胡正详的头往底下按，还打了他几拳，后来他（胡）就觉得可能这关过不了了。

问：1969年年底，您和您的夫人、女儿一起被下放到青海夏日哈，当赤脚医生。请结合您的行医经历，说一说那里的生活。

答：我去的是青海海西州都兰县夏日哈公社。这个公社就在青藏公路的边上，一出家门就是公路。这个地方是个多民族的地区，有藏民、蒙民，还有哈萨克族人，我去的地方主要是藏民的公社。我们卫生所有一个年轻的大夫，他说藏民天真无邪、单纯、热情好客。给藏民看病时，他有什么好东西都尽量拿出来，在藏民的帐篷里会感觉到心情很舒畅，虽然有时候语言不是很通。与那里的其他民族相比，藏族的确是一个天真烂漫的民族。

那时候跟藏民在一起我感到很高兴，因为在单位总是检讨、挨批。后来医院搬到四川一部分，1/3人员搬到四川，1/3人员下放到江西“五七”干校，还有1/3人员下放到青海、西藏。我们这些人是被扫地出门的，不要了。这些实际上都是单位内部斗争的结果，那时候掌大权的是原来系里边掌权的人，他很恨我，想把我赶走，因为我那时候搞了一些细胞遗传的工作，都是很新的东西，他可能是出于妒忌就把我赶到青海。

问：逮到机会了？

答：对，因为嫉妒，把我赶到了青海。所以我到了那里感到很舒服，因为天高皇帝远，也不用检讨什么的，就是给农民送药、看病，另外就是扎针，那时主要是用针灸。他们很欢迎我，我跟他们关系也很好，所以感到精神上很愉快。

吴旻和小女儿吴青在一起

20 世纪 70 年代初，吴旻全家在青海海西州夏日哈公社

问：那里的自然风景也比较独特吧？

答：对。我们门口经常有大卡车，运货到西藏去。那时候叫“捷克车大依发”，捷克车很大很笨，开得很慢，速度大概只有每小时30公里，开不快。那里还有一个林场，造林的人就住在那里。还有一个兽医站。我在那里也有朋友，有时候在一起互相请客，弄些羊。到了秋天十月份，公社就发羊，一个人一头羊，我们家那时四个人就给四头羊。因为冬天很冷，就把它们挂在马棚里，有时候我们就割一条羊腿来吃涮羊肉。

问：当时朋友们聚会喝什么酒？

答：一般喝青稞酒。青稞酒大概是50度的样子。青稞酒不是经常有，要去供销社买。供销社门口挤满了藏民，他们先买一瓶啤酒，把啤酒打开倒掉，因为他们觉得啤酒跟马尿一样，完了就拿这个去打青稞酒，打完酒就喝，喝完了就醉了，摇摇晃晃。那里养猪是在地上挖一个坑，喝醉的人就跑到那个坑里跟猪一起睡，反正挺逗的。

问：您和藏民打交道，最难忘的事情是什么？

答：跟藏民交往，我也说不出什么是最难忘的，反正跟他们交往我挺愉快的。夏天他们到一个风景很好、有水草的地方去剪羊毛，把羊都赶去。我也骑着马去那里，那时候羊毛都长得很长了，就把它剪下来拿去卖，羊皮也在那里弄好拿去卖。这是他们一年一度的大聚会，平时都是一家一户一个帐篷。在剪羊毛的时候，我就跟他们住到山上的剪羊毛点去。

问：您大女儿吴双在文章里说，她记得您和您夫人说，如果以后在青海生活，就需要生一个男孩子干活，挑水、劈柴什么的。当时你们心里真觉得可能在那里一直生活下去了吗？

答：那个时候是这样的，因为不知道“文革”什么时候结束，我们在那里看，就觉得回不去了，回去的话就得挨批斗，还不许从事科学研究、做实验、写文章，就是等着受批判、写检讨，这又有什么意思呢？而在青海生活呢，我们觉得天高皇帝远，但是在那里要挑水，要劈柴。有时当地人到山里砍一些死掉的柏树，一大段一大段地砍回来，然后卖给我们，我们再劈开用。

问：听说筹建肿瘤研究所时，周总理曾亲自过问您的工作调动。您当时心里是怎么想的？

答：我们肿瘤研究所的党委书记叫李冰，是一个女同志，她是李克农的女儿。李克农是谁呢？是搞中央保卫工作的，跟周总理的关系很密切，所以她在延安时就认识周总理，周总理也认识她。

后来周总理得了膀胱癌，她就去看望总理，总理就问起来，说：

“你们的肿瘤研究所怎么样了？”她说肿瘤研究所现在就剩一个招牌了，原来很多从各方面调来的人，现在都被下放到了西藏、青海、甘肃。周总理听了以后就觉得不行，说：“怎么能把搞肿瘤的专家都下放到那里去？赶快把他们调回来，把那个肿瘤研究所建立起来。”为了这个，中央政治局还专门开了一个会。

得到要回北京的消息时，我大女儿吴双最兴奋了，她马上就弄了一盆热水洗手，因为当时她手上全是厚厚的黑垢。

问：回来的时候大多数东西都带回来了？

答：有些不该带回的东西也带回了。我去夏日哈的第一年托人从北京给我买了一个高压锅，因为夏日哈的水大概七八十度就开了，要煮熟米或蒸好馒头都不容易。回来的时候，县城里有一家人要求我们把这个高压锅留给他们，可是我们用了几年舍不得，还是带回来了。后来我一直很后悔，我说带回来干什么，在北京买高压锅很方便，而且人家在那里也确实需要高压锅，但当时就是没舍得。

问：主要是因为用了很长时间，有感情了。

答：应该送给人家的。

浅谈癌症的基因治疗

问：和国际上相比，我们国家恶性肿瘤的基因治疗现在是什么情况？

答：基因治疗也有相当长的历史了。我记得我开始关心基因治疗是在20世纪70年代末。但在美国出过的两次事故对基因治疗产生了影响。其中一次是病人做基因治疗的时候死掉了，可能是因为对基因的载体过敏。

那时候美国有100多个项目，最近大概有600个项目，大多数是用来治疗肿瘤的。因为有个别病人死了，所以基因治疗就受到了一定的影响，但是总的趋势还是积极的，美国人还是积极支持。有些中国单位也在做这方面的工作，做得也很有成绩。

问：主要有哪些中国机构和科学家在做恶性肿瘤的基因治疗？

答：位于上海的第二军医大学有个年轻的科学家，叫曹雪涛。虽然他做的是免疫治疗，但实际上也可以说是属于基因治疗的。还有位于西安的第四军医大学，是专门研究胃癌的，工作做得也不错。至于外面广告说的什么基因治疗，都是骗人的玩意。

问：您研究基因治疗集中在哪一点？

答：我们主要是研究基因治疗的载体。一般就是用病毒作为一个载体，把需要的基因放到里面，再让病毒带到身体的那个我们所希望的部分，让它发挥作用。我们主要是研究基因的运载体系。有物理的、化学的和生物的三大类，我们主要研究物理的和生物的。

问：基因运载体系的研究难点在什么地方？

答：要使它的运载量比较大。病毒本身是很小的，能够加上去的基因也是很小的。我们就用腺病毒作为载体，因为它本身较大，可以装载比较大的基因，并把这个基因运到需要发挥作用的地方。

1993年8月，吴旻（右一）在办公室接待美国分子生物学家、诺贝尔奖获得者M. 毕晓普（M. Bishop）（左一）

问：它怎么会找到它该去的地方呢，不会乱跑？

答：这个几句话也说不清楚。因为这些病毒都是感染人的，感染人以后它会跑到一些特定的部位去发挥作用。现在就是要治疗什么地方的肿瘤，就应该设计一个什么样的病毒载体，那个病毒正好是跑到那个地方去。比如说是脑瘤，就应该用侵犯脑子的病毒作载体。

问：您认为我们国家在这个领域和国际最高水平相比，主要的差距在什么地方？

答：主要的差距是队伍太小。国外这个队伍很大。国内除了找病毒以外，还有其他的方法，如在金属颗粒上面包了那个基因以后，直接用高压电把它打到组织里去。皮肤表面好打，要是肝脏，就要做动物实验，把小白鼠的腹腔打开，直接往肝脏里打。打进去以后再看，查查血什么的，看看那个基因是不是表达了，是不是有它表达的蛋白质出现了，主要做这样的一些实验。至于应用到临床上去，在中国可能还需要相当长的一段时间。

问：据说今年（2001年）我们要破译整个人类的基因组？

答：它整个的序列都弄清楚了，但只是解剖上的，还是不知道它的功能，只知道是怎么排列的。现在估计有3万～4万个基因，编码的蛋白质可能是10万以上。这些蛋白质怎么起作用，怎么调控，一下子还不能全都弄清楚，这可能是21世纪的任务了，比把排列次序弄清楚要困难。

我们现在也在做这方面的工作，主要是比较正常情况时、癌前病变时和发展成癌时各有哪些基因表达出来，看里边有哪些关键基因是起作用的。正常时不表达，或者表达很低，但到了癌前病变时一下就表达了，或者哪些原来是表达的，但是到了癌前病变时一下子不表达了。把这些东西弄清楚了，我们就可以用来做“基因芯片”，有些基因点在这个芯片上，可以给在癌症高发区的人群做测试，看哪些人有得癌的倾向，这是我们现在做的一个很重要的科研项目。

问：那最后应该是一个产品，一个能操作的仪器吧？

答：弄成芯片以后，当然还要有仪器来阅读这个芯片。

问：如果我们人类知道这几万个基因序列的作用原理，那么会为医学或者生命科学带来什么变化？

答：现在首要的工作就是找出疾病来，做成以后预测的芯片，但这可能需要相当长的一段时间。要把这三四万个基因的功能，在正常的生命中和异常的病理过程中怎么发挥作用搞清楚，需要很长的时间，不是很快就能做到的，但这是现在大家努力的方向。当然做这个也会遇到很多阻力，特别是宗教上和伦理上的。国外认为人的生命是上帝创造的，神圣不可侵犯。要把这个东西弄清楚本身就亵渎了上帝，把上帝的秘密给泄露了，要是还要改变它，那就更不合适了，现在就有好多人反对做这方面的工作。人类基因组计划那个项目，也拿出相当一部分钱专门研究牵涉伦理、法律和社会的问题。

问：您从事过基因和细胞遗传研究工作，我想知道在您眼里，一个人的出生、成长、死亡是一个什么样的过程？您的感觉跟一般人的感觉是不是一样的？

答：我跟一般人的感觉大概没有什么差别。因为人都是社会的人，受很多社会风俗习惯、法律、伦理制约，所以说人跟其他生物还是不一样的。虽然其他生物也都有生命，但是没有社会、文化、伦理这些东西。

吴旻介绍癌症的研究成果

现在主要问题可能是人和环境的关系。我们原来提的口号是“我们的任务不仅要认识世界，而且要改造世界”，我认为这个口号是非常有害的，我们对这个世界的认识还差得很远，怎么去改造呀？改造的结果往往是破坏了环境，破坏了人类生存的条件，加速了人类的消亡。

问：北京大学生命科学院细胞生物室主任翟中和在文章中说，您是从一位较典型的细胞遗传学家转变成肿瘤分子生物学家的，这是一个很大的转变。您实现这个转变时已年近60岁，而且您自己也多次说到，认准了一个方向就不能改变，否则将一事无成。但是您却选择了一个新的科研领域，当时为什么要做这个改变？

答：我不太同意“改变”的说法，我觉得是逐步深入，从染色体水平深入到分子水平。分子水平还没有完，还可以走很长的一段路。

我原来做的细胞遗传，是看人的身体里面染色体的形态，原来数不清多少，后来可以数得清，但是这些都是在光学显微镜下完成的。而这

1992年，吴旻（中）参加第八届人类遗传学国际会议与国外同行合影

么看下去，怎么也看不到分子水平，真正要了解它的本质，必须到达分子水平。所以我从形态研究进入到分子研究，我觉得是一个很自然的事情，必须要这么做，否则就得停止了，不能前进了。分子生物学现在是一个很活跃的学科，在21世纪还能够活跃好长一段时间，我要是不能够及时达到分子水平的话，就不是一个科学家了。

问：在选择科研方向上，您对中青年科学家有什么建议？做选择的时候应该考虑哪些东西？

答：选课题方向确实是非常关键的。有很多科学家能够有新的发现，做出新的贡献，成为世界级的科学家，首先就是他选题选得对，选得好，方向对。要是这一步走错了，也许就不会有什么成绩了。从那些著名的科学家身上，大概都可以看出这一点。

我觉得现在年轻的科学家，在这方面应该很注意。要有很广博的知

1994 年 2 月，吴旻（右）与分子肿瘤学国家重点实验室主任詹启敏合影

识，不要一开始就陷在一个很窄的范围，而是要有比较，对整个领域要有比较全面的了解，再决定怎么做一个比较大的实验。往往有好几十个课题，那么一开始就要了解所有课题，然后再选择一个具体的课题去深入研究，最终提出自己的一个具体课题。我觉得先要博，在博的基础上再专，就像一个金字塔，底下宽了上面就可以高、尖，否则一开始就站在一个地方，像个电线杆子，到后来上不去，可能会折断。

访谈人：张兴杰

访谈时间：2001年10—12月

吴英恺（1910—2003）

医学家，辽宁新民人，满族。1933年毕业于辽宁医学院，1933—1941年任北平协和医学院外科住院医师、讲师。1941—1943年留美进修胸外科，1944—1948年任重庆、天津中央医院外科主任，1951—1956年任中国协和医学院外科主任、教授，1956—1958年任解放军胸科医院院长兼外科主任，1958—1980任阜外医院院长兼外科主任，1981—1987年任北京市心肺血管中心主任及安贞医院院长，后任北京市心肺血管疾病研究所名誉所长。曾任中华医学会外科学分会及心血管病学会主任委员，美国外科学会及胸外科学会荣誉会员，美国外科医师学院荣誉院士。1955年当选中国科学院学部委员（院士）。

中国胸心外科的开创人之一，1940年他首次成功切除食管癌，20世纪50年代末组织华北四省一市食管癌防治科研大协作，开展流行学病理和发病学研究，降低了死亡率、提高了治愈率。1958年以来开展心血管病流行学及人群防治，1978年组建中国第一个心血管病流行预防教研组，推广心脑血管病的调研防治，取得了国内领先，国际瞩目的成果。

吴英恺院士

一位让院士们崇拜的院士

问：吴老，您是我国深受人们敬佩的老医学家，一生对医疗、预防、教育、人才培养、科学研究和国内、国际学术交流做出了多方面的贡献，请您谈谈您的主要经验好吗？

答：这是一个相当漫长曲折的过程，过去我也曾多次谈过、写过，但我还是愿意反复地谈，并高兴与大家多交流经验。

人的一生在幼年受家庭影响，青少年受学校教育影响，成年后受工作实践和社会环境影响，同时也要靠自己的努力才能不断发展。

清末宣统二年（1910）我出生于奉天省（现辽宁）新民县的一个农村，在农村度过了我的头五年。6岁迁居县城，那时家庭经济并不宽裕，父亲是严肃认真的教师，母亲是勤劳朴实的家庭妇女，我从小就爱劳

1933 年，辽宁医学院毕业时全班合影，右三为吴英恺

动，放学回家就帮助做些家务。我在县小学读书七年，中学三年，学习成绩名列前茅，还看许多课外的书刊，包括旧小说和新文化书刊，受益良多，广开思路，初步明白知识和技术的重要作用。

我1927年考入奉天小河沿医科大学（原辽宁医学院，新中国成立后并入中国医科大学）。那是一所由英国基督教会资助，按英国医学模式办的医学院校，规模不大，学生不多，注重实际，严格要求。中外教师都是言传身教、治病救人的好医生、好教师，给我的影响很深。我并不满足于课堂教学，和几位志同道合的校友合资购买了各种英文教科书，并课余在英文学习上下过很大的功夫，做到会读、会听、会说和会写，这为后来的进修发展打下了基础。

问：吴老，您从医学院毕业后，转到北京协和医学院做外科医生，

1948 年，吴英恺在北京协和医院外科办公室

请您谈谈对协和的认识和评价。

答：我在北京协和医院外科工作前后两段各8年，共计16年。第一段的8年（1933—1941），做实习医生、住院医生、主治医生（助教、讲师），那是在“老协和”，“老协和”是由美国罗氏医学基金会出资，按美国医学模式建立的一个医学学府，规模不大，科室齐全［医学基础、医疗、预防（公共卫生）、护理］，基础临床结合，教学科研结合，培养出几百名各医学领域的领导人才，在当时可称是国内领先、国际一流。

第二阶段的8年（1948—1956），在第二次世界大战之后，“老协和”开始恢复，经过两年重组人力和设备，工作量大约恢复到“老协和”的40%。1951年人民政府全面接管协和，美国人走的走了，退的退了，我任外科主任、教授。协和的领导换了，但业务工作制度和要求并未有重大改变，学校名称改为中国协和医学院（通称“新协和”），工作进展转快，加强了思想政治工作，进行一系列学习改造，形势很好。但我为了响应向科学进军的号召和发展胸心外科，于1956年辞去协和外科主任职务，转到京郊黑山扈，把一所原来解放军的结核病疗养院改革扩充成为解放军胸科医院，我任院长兼外科主任，这是我做医院领导工作的开始。

问：吴老，您在胸科医院之后，又领导建设了阜外医院和北京安贞医院，您可否就医院建设和如何领导医院，谈谈您的看法？

答：我在解放军胸科医院2年，在阜外医院22年（1958—1980），在北京安贞医院3年（1984—1987），医院情况不同，但有共同之处。主要是办院方向问题、组织分工协作问题和服务对象（病人及其家属）的负担问题。理论上大家没有大的分歧，但在不同时期则有多方面的变化。

1933 年，吴英恺在北京协和医院外科实习

我认为医院必须坚持和实行全心全意为人民服务。无限制地增加收入和不考虑病人的负担都是错误的。近年来由于社会影响，在不少医院里明的暗的不正之风仍未得到制止，成为憾事，希望各级领导多加关注，下大力气整顿。摆正医院方向是办院的根本问题。

医生的成长只靠在医学校的几年学习是不够的，必须在毕业后5年左右，在上级医生的引导帮助下，通过充分的实践和钻研，才能独立工作。学位对青年医生来说只能是锦上添花，在“锦”还未织成的时候，“花”如何添上呀？有人说“现在有些医生，学位有了，职称有了，还是不会看病”，这不是无的放矢，值得有关领导（党政和学术的）深思，采取措施，总结经验，改进干部培养的方式。

问：吴老，您已92岁高龄，身体、精神还这样好，必定是养生有

2002 年，吴英恺在家中接待张志明夫妇。1944 年在重庆中央医院，吴英恺为张志明做过左全肺切除手术

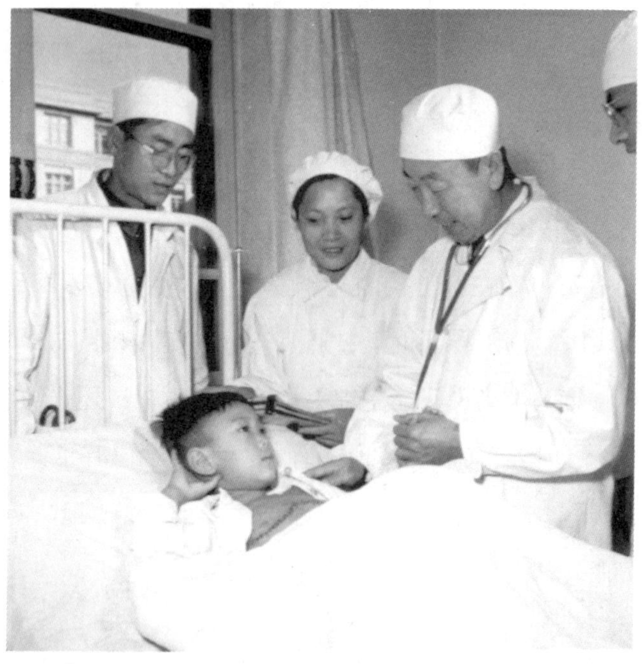

20 世纪 70 年代，吴英恺在北京阜外医院外科病房巡视病人

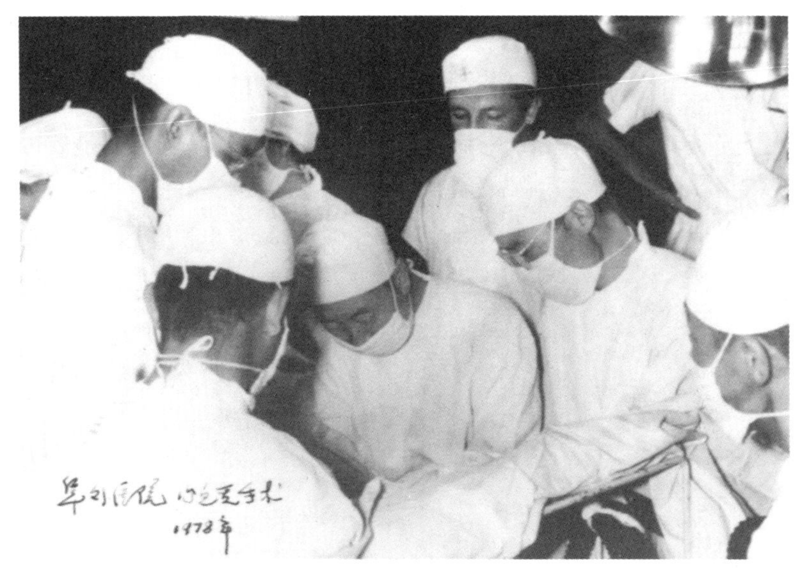

1978 年，吴英恺在北京阜外医院做心血管手术

术，请您谈谈您的自我保健经验。

答：我一生多病，年轻时得过早期肺结核、类风湿性关节炎，“文革”期间得了肝炎，总算都熬过来了，也没有对我的学习和工作造成重大影响。60多岁以后，我又开展了对我的第二专业——心血管病的流行学和人群防治的研究，做了不少科普工作，所以我对诸多慢性疾病是有些体会的，但对自我保健作认真的思考和总结分析，则是80岁以后的事。首先是冠心病时有发作，促使我不得不多加关注，特别是85岁以后，行动也开始受到限制，医务工作也停顿下来了，剩下的问题就是经常保护自己了。细想起来，许多慢性病的发生，都是长期形成的，所以自我保健，不是老年人的专事。预防保健要从青少年时期开始，养成良好的生活习惯，不沾有损健康的嗜好，坚持体育锻炼，饮食睡眠合理，体力精神协调，等等。这似乎都是常识，实际上许多中青年人甚至有高度学术造诣的人，也都欠缺全面的认识和实际行动，为此我们医务工作

者必须结合本职工作，经常做保健科普宣传，特别在控制烟酒、预防肥胖等问题上多做工作。对自我保健，我总结了四句话：规律生活；平衡膳食；劳逸结合；心情舒畅。听起来人人都懂，实行起来则是要因人而异。医务工作者和各级领导要多加倡导，多作表率。

访谈人：周勍

访谈时间：2001年8—10月